中國詩學研究

第十八辑

安徽师范大学中国诗学研究中心 编

安徽师范大学出版社
ANHUI NORMAL UNIVERSITY PRESS
·芜湖·

责任编辑:胡志恒　王　贤　　责任校对:辛新新
装帧设计:丁奕奕　　　　　责任印制:桑国磊

图书在版编目(CIP)数据

中国诗学研究.第18辑/安徽师范大学中国诗学研究中心编.—芜湖:安徽师范大学出版社,2020.12

ISBN 978-7-5676-4749-7

Ⅰ.①中… Ⅱ.①安… Ⅲ.①诗歌研究—中国—丛刊 Ⅳ.①I207.22-55

中国版本图书馆CIP数据核字(2020)第240485号

中国诗学研究

第18辑

安徽师范大学中国诗学研究中心　编

出版发行:安徽师范大学出版社
　　　　芜湖市北京东路1号安徽师范大学赭山校区　　邮政编码:241000
网　　址:http://www.ahnupress.com/
发 行 部:0553-3883578　5910327　5910310(传真)　E-mail:asdcbsfxb@126.com
印　　刷:浙江新华数码印务有限公司
版　　次:2020年12月第1版
印　　次:2020年12月第1次印刷
开　　本:787 mm×1092 mm　1/16
印　　张:15.75
字　　数:300千字
书　　号:ISBN 978-7-5676-4749-7
定　　价:55.00元

目　录

· 新书推介

中古诗学研究三人谈

中古诗学研究三人谈

——“云端诗谭”系列讲座之一

◇主讲人：

刘跃进（中国社会科学院学部委员、文学研究所所长、研究员）

傅　刚（北京大学中文系教授）

詹福瑞（国家图书馆原馆长、教授）

◇主持人：

刘运好（安徽师范大学中国诗学研究中心教授）

刘跃进教授：

我想在这个时间里，谈论我的三个基本观点，三个结论性观点，不限于诗学，可以作为汉魏六朝文学的三个结论性意见，主要就是三句话。

第一句话，我觉得我们今天研究唐代乃至宋代以前的文学要系统地整理资料，要体现时代的特色。因为唐代和唐代以前是文学史、文化史上所谓抄本时代，雕版印刷还没有出现，我们今天有条件把在雕版印刷出现之前的文献做分门别类的系统整理。理想中分门别类的资料整理，不仅仅是大规模的汇编，更重要的是还需要我们有智力的投入，学术智力的投入就是把文献尤其是经典文献重新整理，要体现我们今天的时代特色。今天的时代特色就是有充分的文献占有条件，有中外视野，可以承前启后、继往开来。

第二句话，研究唐代以及唐代以前的文学，我认为从现在开始，一定要走出文学，不能再抱着过去的《文学概论》里的文学来研究了，我甚至认为所有的文化成果，都应该纳入文学史家的视野。过去所分的经、史、子、集，当然是传统分法，我认为每一个时代的学术成果、文化成果、其他相关的形成文字的成果，都应该纳入我们的讨论范围，这叫走出狭隘的文学方域，走进历史的深处，进入历史的场景。

第三句话，就是我们今天在研究唐代和唐代以前的文学历史时，必须重新回到经典，回到中国立场。因为这100年来，我们实际上对很多经典持有一种弃如敝屣的态度。很多经典，包括《文选》、李白的诗、杜甫的诗，今天再回顾，我们一会儿把杜甫说成一个大地主，一会儿把杜甫又说成一个最伟大的诗人。经典永远是经典，不是哪个人给他加上去的，它本身就是一个历史选择，因此要重新回到经典，对经典要重新阐释。我们现在的学术趋向是什么呢？现在是逃避经典，认为经典被大家说尽了，二流、三流乃至于不入流的东西进入了我们的学术视野，这是一种逃避，也是一种亵渎。中国文化的骨干在经典，因此只有回到经典，才能回到中国的立场，因为不管你今天用什么样的西方观点、最时髦的观点，说来说去，你说不到中国的经典，也说不透中国的经典，所以还得回到中国的立场，而中国的立场是建立在经典基础上的，尤其是中华文化基础之上。

傅刚教授：

要谈对当前文学史的看法，或者说怎么样进行深一步的研究，这可能对我们来说是一种见解、一种看法，对于同学们来说，又是一种看法、一种见解。这未必说我们就看得很远，也未必说同学们看得就不远，各自的研究条件不一样。从我自己来讲，我越来越感觉到年轻人的锐气，年轻人掌握的新观念、新方法，包括对当前研究成果的把握和理解，很多方面超过我了。我谈的是不是能够符合年轻学者们的期待，符合不符合他们的实际情况，真不一定。这其实就跟魏晋南北朝时期讲的“通变”和“新变”一样。年轻人现在多是新变，我力求做一个通变。通变能通当然好，但相对来说保守持稳一点。

就目前的研究来看，年轻一代学者的确崛起了。他们的确是在使用很多的手段、观念和方法，虽然有时候觉得很生涩，囫囵吞枣，但有的时候他们运用得也挺成熟的。我跟他们比，有点落后，对中国尤其是海外研究成果的吸收，我是自愧不如的。这是非常好的现象。不过，总体来看，我觉得目前的研究是不是脱离文学史的研究太多了点？20世纪80年代，我们所受到的训练，就是领悟思想内容、学习艺术特色两种手段，所以当时我们就要思“变”。随着改革开放，新思潮、新方法的传入，我们的学术观念有了很大改变，逐渐抛弃了原来那种思想内容、艺术特色的机械分析。所以，包括我们上一代的学者，比如傅璇琮先生，再老一辈的程千帆先生，都是在引导人们开展文学与时代、环境关系的研究，这个研究延续了很长一段时间，当前这种研究方法和手段的成果还是比较多的。这种方法当然解决了很多问题，弥补了原来我们只是依靠文学作品、文学史本身的研究带来的缺陷，弥补了作家生存的历史条件和生活环境的缺陷。这种研究开展了几十年，如今便看出来这种研究的不足之处，就是越来越脱离文本、文学史，脱离文学本身，更多地向历史、哲学方面发展。我个人的观点，文学研究还应该以文学史为核心，要从历史、语言、哲学、文献等角度，解决文学的问题、文学史的问题。我自己一直这样认为，也是这样做的。我做版本研究仍然是为了研究《文选》、文学史。

对于海外成果，我个人觉得要有条件地去汲取海外汉学家的研究成果。20世纪80年代，我们渴望了解海外学术研究动态和成果，我们向往他们理论的先进、观念的新颖、方法的科学，这些也的确启发了我们的思维，丰富了我们的研究手段。当前，随着中国学术界与海外学术界交流的进一步深入，研究的框架和平台都发生了变化，中国学者，尤其是年轻学者的眼界更为开阔，方法和手段也更加多样。但也不得不提醒，目前形势下的这种交流，其实是不等的，国外的学术界还是存有欧洲中心主义，而我们目前所制定的一切以SSCI为标准的学术政策，也助长了这种态度。所以我一直提倡一定要坚守中国学者的立场，客观看待海外汉学家的方法和成果，不仅要看他们的观点和方法，更要看他们的结论和目的。如果对中国学术和文化有根本性的伤害，我们就应该警惕。不要为了引用海外学者研究论著而引用。

我们有自己这代人的研究条件，这个条件也包括我们的缺点，缺点就是不如年轻人接受新事物快。我们的优点是知道通变，知道长和短。就我自己来说，随着人生经验的增多，我在看待历史现象时就会有很多角度并不断发现有问题。比如我现在在做诗歌研究，跟10年、20年以前的观察完全不一样。我对现象的发生原因和背景感兴趣，一种现象出现的背景和条件是什么？我对这样的研究感兴趣。我曾经在中文系给学生开设了一门“魏晋诗歌研究”选修课，就是对当时的写作现象不断提出疑问，对写作现象产生的原因进行探求。2019年，我在《文学评论》发表了一篇文章《论建安文学批评的发生》，就是这样的研究。所以我现在研究文学史，对文学史中现象是如何产生的，尤其是早期现象的发生条件是什么，这个条件是如何形成的感兴趣。对这些形成条件的分析需要文献基础。比如说关于古诗的研究，古诗为什么出现在东汉后期？出现的条件是什么？出现以后是怎样保存下来的？有哪些人接触过古诗？古诗的内涵是什么？当时怎么认识它？是怎样接受它的？这些问题都是需要最先解决的，解决之后，再进一步探讨古诗的影响、古诗的优点。古诗和乐府是什么关系？古诗和乐府能不能做同一种手段分析？我看到一些魏晋南北朝乐府研究，和古诗研究没有任何区别。既然是乐府研究，乐府和古诗不一样，要用乐府的手段来研究它，要根据它具体的历史条件来分析，这就需要我们文献学的知识。我这几年又在做文献，并不是要做文献学专业的文献，而是做文学史研究的文献。我要用文献来为自己服务。只要是我的研究里面需要的背景知识，不管是历史的，还是哲学的，我都要通过文献学去了解它。如果有文献训练的话，你就会发现在分析问题的时候，就会主动要求去做一些依据上的、材料来源上的工作。你如果没有这方面训练的话，那像我以前很早的时候，根本不考虑这样的问题，前人怎么讲的，我就按照前人的方法，并在此基础上直接分析。

另外，要充分把握好文学史研究跟文献、文学批评史之间的关系。我在北大开了一门选修课，就叫"汉魏六朝文学批评"，这本不应该是我开的，应该是理论室开的。不过，我的一个基本理念是文学史研究不可强分文学、文献、语言、文学批评，我认为它们是一体的，从来没把它们分开过。我认为，文学批评史研究必须建立在文学史的写作基础之上才能展开。为什么我们中国文学批评，包括汉魏六朝文学批评没有取得一个令人满意的成果，就是因为现在很多做文学批评的人，只是搞理论，从概念到概念，对文学史不太清楚。研究《文心雕龙》的学者，对汉魏六朝秦汉以来的文体，对刘勰《文心雕龙》二十篇所论文体都了解吗？刘勰理论里面的分析，哪些是对的，哪些是错的。刘勰用了很多前人的话，用了挚虞的观点，你能分辨出来吗？对先秦以来的文学写作不了解，不熟悉，没作过研究，你就不了解《神思》《体性》《风骨》《定势》《情采》等到底在谈什么。我看过很多文章都是从概念到概念，我认为不应该，要在文学写作这个基础之上才能开展文学批评的研究。比如说，汉代初年的文学批评是怎么发生的？当时的写作实况是什么？写作的主体是什么？当时的作家是什么样的身份？主要的写作体裁是辞赋吗？辞赋是怎样出现的？这些东西都要搞清楚，才能展开批评，所以，对于我们来说，要有综合性的知识，要具备文献、语言、批评以及文化史方面的知识，综合性知识是为文学史研究服务的。

此外，研究一个时段，魏晋南北朝也好，汉代也好，先秦也好，对这一个时段的总体的性质、特征，一定要有一个清晰的理解。前段时间我在北京语言文化大学做过一个报告，谈魏晋南北朝文学的性质和特征。我谈了自己的理解，我认为整个魏晋南北朝文学就是门阀士族文学，当时的社会性质决定了文学的性质，你不能离开门阀士族这个性质去研究文学，了解了这个性质，才能确定魏晋南北朝文学的特征，并进行客观的分析。

詹福瑞教授：

我曾经对1949年以来魏晋南北朝文学研究作了一个回顾。1949年以来的魏晋南北朝文学研究，我认为是在两个传统、三大文化背景下来进行的。第一个传统就是中国数千年来一直到清代形成的一个学术传统——义理、考据、辞章。第二个传统就是20世纪前半个世纪引进来的，欧洲科学研究观念形成的现代的文学研究路径。20世纪50年代以后，马克思主义被确立为文学研究的指导思想，辩证唯物主义、历史唯物主义也成为古代文学研究的方法。这个也应该算作欧洲科学研究观念。它不应该形成一个独立的传统，所以我概括为两个传统，但实际上应该算是一种文化背景。

在这两个传统、三大背景下进行的魏晋南北朝文学研究，主要有三个方面的成就：

第一，建构了系统而又完善的知识体系。我们说一个学科是否建立起系统而又完善的知识体系是这一个学科是否成熟的标志。魏晋南北朝文学研究过了一个世纪，尤其是1949年以后70年的历程，已经形成了系统完善的知识体系，这个体系是由文献、文学史和专题研究组成的。它继承五代义理、考据、辞章的传统，同时接受和发展了现代文学研究的学科观念和学术内涵。它主要体现在这样三个方面：其一是文学文献的整理。魏晋南北朝文学文献得到了基本的整理，总集、别集的整理，基本上已经完备。总集有逯钦立收集整理的《先秦汉魏晋南北朝诗》，《文选》《玉台新咏》的校勘整理，成果尤其丰硕，这里面有跃进先生、傅刚先生，包括运好先生，都为文献整理做出了突出的贡献。别集方面，像三曹、阮籍、嵇康、王弼、二陆、陶渊明、鲍照、谢朓、沈约、三萧、庾信，这些重要作家的集子也都经过了整理。其二是文学史的编写。中国社会科学院、北京大学编写的两种《中国文学史》，形成于二十世纪五六十年代，改革开放以后，袁行霈先生主编的《中国文学史》、袁世硕先生主编的《中国文学史》(马克思主义理论研究和建设工程重点教材)，还有章培恒、骆玉明以二人之力编纂的《中国文学史》，以及中国社会科学院主持的《中国文学通史》，包括徐公持先生所著的《魏晋文学史》，曹道衡先生、沈玉成先生所著的《南北朝文学史》，以及相关的专题研究，这些文学史清晰地勾勒出这个时期文学发展的脉络和基本面貌。其三，在专题研究方面，建安文学、建安风骨、魏晋玄学与文学、魏晋经学与文学、仕途文学、诗体、文体、乐府诗、山水诗、田园诗、宫体诗、《文心雕龙》、《诗品》等研究，以及经典作家的研究也都取得了很大的成就。其基本结论应该说具有可信性，甚至确立了它的权威性。专题研究已经成为这个时期文学研究知识体系的一个构成内容。这三个方面之中，文献是知识体系里的基石，文学史是脉络，专题研究是基本内容。所以说作为知识体系，以上三个方面的内容成为后人学习和研究魏晋南北朝文学不可越过的一个知识体系，我认为这应该说是1949年以后取得的第一个成果。

第二，形成了科学规范的现代的研究范式。新文学研究的范式可分为文献整理、文学史专题研究两种类型。文献整理中诗文的收集和文本的整理基本上延续了传统的目录学、版本学、训诂学的路子，这有力地证明了这些传统的方法在文献整理方面仍然是有效的，但是我们也看到，因为现代信息技术的发展和介入，在文献的收集整理方面面临着方法和手段的革新，最近很多文献整理就利用了这种研究的手段。文学史与专题研究百年来也形成了一种成熟的研究范式，就是“史论结合”。这个研究范式在当代几十年间得到了进一步的强化。“史”的考述的目的在于还原这一时期文学发展的本来面貌，采用历史的研究方法，就是以考证史实为主，比如曹道衡先生对北朝一些史实的考证。“论”的部分主要是文本分析，通过文本分析揭示文学的真价值、审美价值，通过文学现象分析概括总结文学发展的一种规律性的现象。这十年来，魏晋南北朝文学研究又出现了新的研究路径和方法，比如对传播史的研究，还有对编年史的研究，对总集、别集编纂的研究，还有年轻学者关于写本时代的传抄研究等。但是我个人认为，这些研究仍然属于史的研究范畴。

第三，取得了一大批代表本时期学术水平的成果。像前辈学者沈玉成先生、曹道衡先生的魏晋南北朝诗文研究，袁行霈先生的陶渊明研究，罗宗强先生的魏晋南北朝文学思想研究。当代一线学者，像葛晓音先生、王锺陵先生的魏晋南北朝诗歌史研究，傅刚先生、刘跃进先生的《文选》《玉台新咏》研究，还有钱志熙先生的魏晋诗文研究，程章灿先生的魏晋南北朝赋研究，包括刘运好先生的经学与文学关系研究。我认为都应该是70年来魏晋南北朝文学的代表作。

那么，将来这个时期的文学研究会有什么样的发展前景？我个人有一些想法。

传统的研究范式并不是走尽了，仍然是有效的，可做的工作还有很多。在文献整理方面，我认为和唐代文学研究相比，这一时期的文献整理还有很多重要的工作要做。比如谢灵运的集子,到现在我认为没有一个好的整理本子。已经整理的本子还有很多问题,并不是很完善,还有对出土文献的整理和研究。所以我觉得这方面还有很多工作可做。在专题研究方面,过去的研究过于局限于诗文的研究。这是因为什么呢?因为我们受到西方文学观念的影响,限制了我们的研究。所以我很同意跃进先生的观点,就是要打开我们研究的视野。我甚至认为应该回到中国古代文学的起点。如内容研究方面,我认为还没有完全展开,我最近这三年来主要是做李白的生命意识研究,我也往前延伸到魏晋南北朝,钱志熙、徐国荣、张三夕等很多人都做了这方面的研究。但是,很多还没有完全展开,还需要进一步深入,而且应该和前后打通。专题研究还有很多很多的研究空间,如南朝形成的新体诗和唐代的近体诗之间的关系,研究成果已经很多了,但是仍然还有进一步研究的必要。专题研究的前景也是很广阔的,尤其是我们跨越西方的学术观念之后,研究的范围应该还是很广的。运好先生做这个时期经学和文学的研究,就跨越了旧的传统观念。在文学史研究方面,现在有正史、断代史、文体史、编年史、思想史、批评史,但是我最近这半年也一再讲,我们现在文学史的研究还是一种静态的研究,尤其是西方的两部文学史《剑桥中国文学史》《哥伦比亚中国文学史》进来以后,尽管我们可能看出它们有很多不足甚至有很多错误,但是它们提供了一种思路,它们是从一种发展的即传播史的角度来看一个作家,不仅仅给我们一种结论性的东西,还给我们一种动态的东西,唐代是如何、宋代是如何、明代又是如何。它是一种动态,这对我们有一定启发。尤其是研究经典,我们现在看的经典有一个形成过程,有的过去是经典,比如说陆机,在两晋以后他就是经典,现在我们虽然把他做为经典,但是我们对他的评价比较低,其实我认为如果回到他的历史的原生态来看,他为什么在那个时期是经典,那就是很有意思的话题。我认为文学史的编纂其实还有一个需要重新思考的问题,即我们到目前为止,还没有一部诗歌艺术史。其实我早就设想过,能不能写出一部魏晋南北朝诗歌艺术史,从文体的角度来讲,讲艺术,讲语言艺术。另外,能不能有新的研究范式出现?这里面就需要有新的文学观,需要新的研究方法。对此,我还是充满了期待。

我再补充几句,刚才傅刚兄发表了高见,我是赞同的。首先我们的研究视野要放宽,回到传统的经、史、子、集,但是我们的研究有它的立足点,经、史、子、集都在我们的研究范围内,但是我们的根在哪,最后落脚点落到哪,落到哲学,落到历史,落到其他方面,这是一个问题。其次,关于文学的研究方法,这几年基本上是历史的研究方法,还原历史的真面貌,但是还原历史面貌是不是我们唯一的目的？不是的。我感觉对于文本的理解和细读还是有差距的，过去我们已经研究过的问题，并不是说不可以再研究了，很多过去我们研究的问题仅仅是表面的，有些甚至是错误的，所以我觉得研究文学最根本的方法还是读书，还是对文本深入的理解，所以不管我们是从历史的研究方法，还是其他研究方法，都是要解决对文本进行准确的、深入的解读的问题。

（本文根据录音整理，经主讲人审定。整理人：宋凯。）

祖保泉先生纪念专栏

祖保泉先生对《文心雕龙》的理论建构

——以《风骨》"解说"为例

◇方锡球

摘　要：祖保泉先生对《风骨》篇的"解说"，是他古代文论"解说式"研究的组成部分。他对《文心雕龙·风骨》的解说，体现着他对古代文论的双重建构。对"风骨"内涵的建构，是对传统研究范式的继承与超越；"解说"式理论建构的取向与特征，是注重在古代文论内涵重建的基础上，建构古代文论文本外的理论空间，扩大古代文论的外延，从而建构具有现实文化品格的当代理论；"解说式"理论建构的现代品格，本质上是指向中国当下文学理论建设，使之具有扎根当代中国文化建构的现实品格。它除了是一种理论系统建构外，还具有方法论的价值。

关键词：祖保泉；《文心雕龙》；解说；理论建构

祖保泉先生是著名的古典文学专家、文艺理论家、教育家。有这三个称号，是因为他从事学术活动时，有三个面向：历史语境，当代文学理论建设，现代教育。所以他的《文心雕龙》研究的"解说"范式贯彻了这三个面向[①]。"解说"范式或方法不同于古代文论研究的一般范式，它扎根在当代理论建设和现代教育实践中。这样，无论教学活动，还是学术活动，"解说"式都具有三个向度：古典的，现实的，建设性的。

以《文心雕龙·风骨》为例来说，祖先生对《风骨》篇的"解说"，除通读、归纳段

① 杨柏岭，黄煌：《祖保泉先生的"解说"式治学方法——以祖先生〈王国维词解说〉为例》，《学术界》，2018年第1期。

落大意和注释外，有三个部分，分别是风骨的含义、风骨的理论渊源、风骨理论的现实针对性。乍一看，觉得平常。若是稍加留意，就会发现许多新鲜的见解，新的建树，特别是一种新的学术方法。

一、“解说式”内涵建构：对传统研究范式的继承与超越

祖先生无疑是在古典的、传统的研究氛围中成长的学者。他的古代文论研究的“解说式”与传统治学方式及其所取得的成果一脉相承。同时又是站在这些研究范式的肩膀上开疆拓土，在承接传统治学方式和传统治学成果的同时，进行新的学术转折，开创古代文论新的研究方法。

传统的古代文论研究，形成了几种主要的研究范式[①]。一是校勘、笺证式。就整体而言，属于旧学的范畴。二是校注、释义式。详加考析，即贴近原著，尤多创获。三是译注式。这对古代文论的学习与研究都曾起到或多或少的重要作用。四是工具书。五是理论研究式。这种研究范式固然属于理论研究的范畴，它是在文献梳理、整理的学术积累之后，对古代文论内涵和外延的发掘和分析。其主要任务是增加对古代理论文本的理解。由于观照视角各异，这种范式又生成多种理论研究的亚形式：(1)概述式；(2)“公式化”的理论研究；(3)专题研究；(4)综合研究。它是将内部与外部结合起来进行研究，视野上兼顾宏观与微观，方法上是文献与理论、传统与现代交叉使用。

上述研究，对古代文论的内涵及其价值做了多方面的挖掘和生发，使研究在传统范式内取得了突破性的成果。这些成果，形成了自己的共性特点。首先是与时代语境息息相关，它是在大的政治文化背景下展开的研究，与个人学术积累有关，但与个人学术取向关系不大。其次是重视对文论内涵的理解，从早期的校勘、笺证到后来的理论研究，以发掘内涵为主要旨归。再次是上述文献整理与研究立足于中国传统文化视野，方法也是传统的，虽然20世纪以来已有现代学术转型，但视点仍然是在国学的基础上，理论研究延续了义理阐释的范式。四是理论研究与俄苏文论和政治论文艺学密切相关，文艺社会学阐释比较普遍。即使如此，古代文论研究仍然取得巨大的成就，并通过俄苏文论、政治论文艺学和文艺社会学进入新的学术研究空间，为古代文论研究的新开拓及进行现代阐释提供了学术基础、学术参照和学术语境。尽管当时的学者积淀丰厚，学术积累后人难以企及，但由于当时的社会文化语境尚未给古代文论研究提供一个更为宏阔的

---

① 参见李平等著：《〈文心雕龙〉研究史论》，黄山书社2009年版，第22页。

视野，也没有提供用这样的视野去观照古代文论的学术条件，所以难以使古代文论研究进入现代阐释和建构阶段。同时，由于当时是在一种共性的方式方法中进行学术研究，学术语境难以生成学者个性化的理论开拓，宏阔视野、个性化的学术积淀和个人性的理论取向这些学术现代性的标志难以在上述诸范式中得到全面体现。就古代文论研究而言，上述学术现代性的三点标志亦是对古代文论进行新的建构的基本条件。古代文论的现代建构是在传统文献研究和理论研究积累基础上，对传统文论研究的创造性发挥。它是一种超越传统“理解内涵”的研究范式，祖保泉先生的“解说式”是古代文论现代建构的重要组成部分。

“解说式”传承传统与开新并存。在传统方式与新理论运用的张力结构中，将古代文论研究推向“现代阐释”之途。

《风骨》解说，对“风”的阐释兼顾文学的内与外、情与辞。就文本外部而言，先对诗的外部进行建构：

> 《风骨》篇一开始就说：“《诗》总六义，风冠其首，斯乃化感之本源，志气之符契也。”这便明白地告诉我们，“风骨”之“风”，是从《毛诗序》那里继承过来的。

接着引《毛诗序》，将风诗有“教化”作用与刘勰“斯乃化感之本源，志气之符契也”联系，将“情动于中而形于言”与“怊怅述情，必始乎风”连接，将诗的教化与诗的情感性放在一起。乍看情感性应该是属于内在的因素，但就“物感”和“感于物”而言，又与文本外部相关。这样看来，其建构无疑返回了历史语境，符合古代文论实际。

就文本内部而言，将“风”与现代理论中作家的创作个性联系起来建构。这一建构从《风骨》篇的“风”与《毛诗序》的“风”的区别性入手：

> 《风骨》篇中的“风”与《毛诗序》中的“风”，不是等同的概念。刘勰继承了《毛诗序》论“风”的观点，而又加进了新的内容。[①]

他抓住刘勰所言之“情与气偕”，论及“缀虑裁篇，务盈守气，刚健既实，辉光乃新”，认为刘勰把“情”与“气”结合起来：“诗人由于有蕴之于内的志气（情），才有发之于外的‘风’。所以他说‘风’是‘志气之符契’。”这里有两个环节，首先是情和气结合，然后是情、气和风结合。从文本生成的视野解读“风”，突出创作主体

① 刘勰著，祖保泉解说：《文心雕龙解说》，安徽教育出版社1993年版，第561页。

的个性，这样，“风”不仅显于外，也是文本内在的属性。有了这一兼顾文本内外的“解说”，就能对“风”的规定性加以新的建构。

显然，“风”的文本规定性有两个方面。一是从作者和创作的层面主张文思刚健、充实、爽朗遒劲，需要激动人心，言之有物，言之有理。“意气骏爽，则文风清焉”，从正面论作家和文本与“风”的因果。“思不环周，索莫乏气，则无风之验也”，从反面论创作和作品与“风”的关联。从作家和文本，从正与反规定了有“风”的文本特征。二是从文本与接受层面规定“风”是从作者的动情性到接受环节的感人性的统一：

> “刚健既实，辉光乃新”——文思刚健而充实，爽朗而遒劲，便有动人的“风”，便有感人的力。这“风力”只能产生在言之有物、言之有理的基础上。

他进一步以《大人赋》之“大人”即“天子”腾虚巡游，一往一来的势派来“解说”。《大人赋》作者一方面轻描淡写神仙生活之“不足以喜”，一方面满怀激情地描绘“大人”极有神异色彩的巡游，从而解说“风力遒”的要求。即使是汉武帝这等君临有大气派的帝王，看《大人赋》后：“大悦，飘飘有凌云之气，似游天地间意。”所以，《解说》断言，刘勰称赞《大人赋》“风力遒”，是着眼于这赋的抒情强度说的。而同时又指出，刘勰欣赏这类文丽用寡的作品有“气号凌云”风力，与他反对“空结奇字，纰缪成经”有些矛盾。就刘勰而言，他有自己的定见无疑。祖先生指出刘勰的矛盾，也见出他对《文心雕龙》的现代建构一刻也不离开自己的意识。

对“骨”的建构着眼于“辞”。“解说式”对“辞”的阐释与建构不仅是对文学语言的运用，也对“辞”的建构与“意脉清楚”“用词精当”“语调朗畅”三个因素联系起来。

首先是将“骨(辞)”与文章情思联结，建构“骨”的内在美。从现代文论内容与形式关系的视野来分析，他说：

> 如果说，“骨”是文章的词藻问题，那当然与文章的情思有关。因为宇宙间不存在没有内容的形式。请看，刘勰写道：“瘠义肥辞，繁杂失统，则无骨之征也。”内容不充实、语句杂乱的文章，便被判为“无骨之征”，那么，内容贫乏、空话连篇的文章，被判为“无骨”，更是理所当然的了。①

在文本层面建构了“骨”与文之“情思”的关系。为了使建构有效，进一步在创作

① 刘勰著，祖保泉解说：《文心雕龙解说》，安徽教育出版社1993年版，第562页、第563—564页。

层面建构“骨”与“情思”的关系，他将“沉吟铺辞，莫先于骨”特别提出来加以讨论。“铺辞”前的“沉吟”，是沉吟文章的情思，思量文章意脉发展的需要，是故辞待“意脉”而定：“辞之待骨，如体之树骸。”在意脉确定前提下，进而“捶字坚而难移，结响凝而不滞”，考虑字句音声辞达的问题。

为了使“骨”与情思的建构形成具有“风骨”的话语结构，还必须“意新而不乱”，避免“繁杂失统”：

> 救治这种毛病的良药，便是内容充实，措辞精炼，意脉清楚。①

为此，提出两种建构的方法。一是拒绝“乱”：意脉贯通，层次清楚。二是“潜气内转”：气，即意脉，意脉暗暗地内转，这样的文本，必然不是文风淫滥之作。

分别建构“内”与“外”的理论显然还不能反映文章的话语整体，必须将“风骨”的“内”与“外”同时建构，才能构成有生机的话语世界。既然“风”是文章的情思，“骨”又与文章的情思有关，两者区别何在呢？“解说”从现代文学活动论的视野，从两者的区别性切入，巧妙建构起“风清骨骏”的理论内涵。

首先从写作与作品的关系来看。写作层面，来自创作冲动、不吐不快的情思激动，方能下笔为文；作品层面，是通过文辞，将主观情思转化为定型的作品。其次从作品与接受者的关系看，作品蕴含的思想对读者产生感染。这就构成了一个动态的富有生命力的话语结构。具体情况是这样的：“怊怅述情，必始乎风”，是作家的创作激情；“深乎风者，述情必显”，是内在的情思显于文本的话语系统；“意气骏爽，文风清焉”，“斯乃化感之本源，志气之符契也”，是接受者受到的感染。这些建构了文学活动的整体过程。

《文心雕龙解说》从整个文学活动的视野去阐释“风骨”还远远不够，它还建构“风骨”的完整理论内涵。他先是拈出刘勰的“风清骨峻”“风力遒”“骨髓峻”等概念，对之进行解说，加以现代阐释，认为“风骨”包含上述三个概念的内涵，其审美指归是“文情并茂的、结构严谨的、刚健朗畅的力的美”。然后从“铺辞”“文质”两个方面加以建构。就“铺辞”而言，强调“捶字”和“结响”。本质要求是文附质，质待文，文质相称。亦即刘勰所言“言以足志，文以足言”。“文采所以饰言”，既反对“有实无华”，亦反对“文而失质”。“衔华而佩实”的雅丽之文，此即“文章之鸣凤”，达于文质彬彬。《文心雕龙解说》反对在风骨之外，另加文采。这种理解虽然是个人性的见解，个中消息是《文心雕龙解说》将“风骨”作为优秀文学文本话语

① 刘勰著，祖保泉解说：《文心雕龙解说》，安徽教育出版社1993年版，第565页。

系统的全部。

显然,《文心雕龙解说》是站在现代理论视野去阐释、建构《文心雕龙》的"风骨"内涵。虽然《文心雕龙》"风骨"本身有上述内涵,确实论述了"内"与"外",情与辞,论及作品、作家和接受者,亦有文与质的问题。《文心雕龙解说》并未随意生发新的东西,也就是说,解说在返回《文心雕龙》历史语境的前提下,对"风骨"进行创造性的理论建构。但《文心雕龙解说》不仅仅是理论的历史内涵建构,它还是当代文学理论建构,具有自身的建构取向和特征。

二、"解说式"理论建构的取向与特征

古代文论"解说式"研究,注重在古代文论历史内涵重建的基础上,建构古代文论文本外的理论空间,扩大古代文论的外延,从而生成具有现实文化品格的当代理论。古代文论的"解说式"无疑是古代文论研究,同时也是当代文学理论的建构。以作为资源的古代文论为依托,建构当代文艺学的生态系统,"解说式"建构重视的有三个方面:一是语境的意义;二是古典与现代的扬弃、嫁接和融汇;三是运用现代理论方法对古代文论进行阐释,最终建构文论的现代范式。在古代文论的"解说式"研究中,语境的意义不仅在重返或还原历史,也不仅在古代文论的内涵建构,而且对外延延伸和当下理论建设也颇具意义,这对激活古代文论的生命力,使之进入当代理论体系,发挥着不可替代的作用。这就必须使"风清骨峻"说显示现代理论与古典理论的对话与交融:"情"与"辞"、"内"与"外"虽然是古典的范畴,但也仍然是现代文学理论中的重要内容之一。抓住这样的概念,易于在传统与现代之间架起桥梁,使得两种理论范式有了对话的渠道,更易于取得对话的成果,使古代文论资源进入现代文论体系成为可能。经过现代"解说","风骨"不仅成为文学创作追求的目标范式,而且是对优秀作品理想结构的规定,成为古今优秀作品普遍具有的基本范型。不仅如此,这样的阐释使得古典诗学具有了理论逻辑和理性精神,克服了传统诗学进入现代文论体系的障碍,同时为中国文论的现代范式提供了历史精神和传统基因,正如童庆炳先生说的:

> 刘勰的"风骨"论,作为对艺术的内质美的规定,可以与黑格尔要求的"意蕴美"作比较。黑格尔说:"遇到一件艺术作品,我们首先见到的是它直接呈现给我们的东西,然后再追究它的意蕴和内容。前一个因素——即外在的因素——对于我们之所以有价值,并非由于它所直接呈现的;我们假定它里面还有一种内在的东西,即一种意蕴,一种灌注生气于外在形状的意蕴。"黑

格尔的思想很清楚，他把艺术作品分为两层，一层是外在的媒介，如文字、线条、颜色、音调等，通过这外在的媒介层，指向内在的意蕴，黑格尔的外层相当于刘勰所说的文辞——骨，内层相当于刘勰所说的文意——风。也就是透过文辞指向文意。①

虽然《文心雕龙解说》没有明确说明“风骨”与黑格尔“意蕴美”的关系，但从现代理论体系及其赋予的视野来看，其关系是一目了然的。从这个意义上说，显然具有建构当代文论的意图。在建构元素中，有马克思主义文论的观点，有西方的思想，但基本的理论基因组合方式来自传统，特别是建构立场来自中国式的历史精神。换句话说，中国当代文论建设除传统基因外，与西方思维、西方方法、西方逻辑、西方思想也有密切的关系，古代文论的“解说式”研究把经典理论作为参照，其意图十分明显，是要将古代文论的思想融入当代文论系统。上述对黑格尔与刘勰的比照，是运用从一般到个别的方法，从两种文论体系中抽绎出具有普遍意义的文论观，去构建当代中国文论体系。

不仅如此，《文心雕龙》的“解说式”研究还力图从刘勰古典的理论中找到一种建构当下文艺理论的信心。经过“解说式”研究，我们发现了这样一种情况：刘勰认为不仅要透过文辞指向文意，而且对文辞和文意都有特殊的美学要求。刘勰不像黑格尔所认为的那样，媒介除了指向意蕴自身就没有价值，他着重说明媒介（文辞）本身也是有价值的，文辞达到一定的美学的要求时，本身就是一种动人的力量，就能给人以美感，而不仅仅在于它能指向文意。同样，对意蕴，黑格尔没有进一步说明它的美学要求，而刘勰对文意——风，也有特殊的美学规范。由此可见，从一定的意义上说，刘勰的风骨说比黑格尔的意蕴说更富于美学的品格。通过《文心雕龙》的现代“解说”，发现刘勰对“风”与“骨”，即“文辞”与“文意”提出美学品格的要求，也就是好的作品不仅有“辞”与“意（情）”，而且要是经过美化的“辞”与“意”，具有较高的美学品格。而此一点，正是黑格尔没有关注的。其实，这一发现，特别是对“辞（骨）”的美学阐释，虽然不是受黑格尔美学的启发，却是在现代文论的视野和思维方式观照下，去阐释《文心雕龙》的理论意蕴。以这样的方式，自然能够发现《文心雕龙》的现代意义，并使之具有现实文化品格，进而能融入中国当代文论建设中，为中国当代文艺学的发展提供传统和现实文化的双重支撑。

以往的研究，多数把古代文论看作是一个非理性，缺乏逻辑体系的理论模

① 童庆炳著：《童庆炳谈文心雕龙》，河南大学出版社2008年版，第139页。

式。因此，历史研究和微观研究成为古代文论研究的主要范式。这些研究范式，缺少对文学普遍规律的揭示。在“解说式”研究中，将中国古代文论看作一个文论系统，对之进行宏观的研究，总结出具有世界意义的普遍规律，进而使古代文论的“当代形态”成为中国当代文论的有机组成部分。就“风骨”论“解说”而言，以往的研究范式聚焦考释源流，挖掘“风骨”的内涵。“解说式”研究是在内容与形式的理论系统里，不放弃历史研究和微观研究，同时重点从宏观视角将文本的内与外、情与辞建构成一种生机系统，生成古代文论的“当代形态”，使风骨在取得整体意义的同时，也成为现代文论话语系统的组成部分。当然，古代文论的宏观研究，不是将古今中外的概念、范畴加以简单对应、类比和套用，更不是随意阐释。“解说式”力求还原历史本真，还原“风骨”历史本色，让现实的“解说”主体与“风骨”文本的历史主体充分对话，寻求古今中外的共同性。在此基础上，经过“解说”的“风骨”，逻辑自洽，生成新的意蕴，即当代的文论话语，以此接续当代文论发展，实现古今贯通。这样，古代文论或古代文论精神才能成为当代文论建设的有机组成部分。因此承续传统是必要的，要将传统的有生命力的部分与当代文论的新发展建立起密切的关系，也就是使古代传统“与新的东西一起构成新的价值”。从古代的传统范式到现代文论新范式，中介是“解说”或“诠释”。解说或诠释是从传统转化为现代的关键性工作。

1996年，中国文论界提出了一个“中国古代文论的现代转换”问题，但是如何转换？这里需要做的主要工作就是要对中华文论著作中提出的概念、体系进行解说。我们民族的历史太长，古人针对当时的问题根据当时情况所提出的命题、范畴和概念，我们今天已经不容易理解了，古代汉语表达的意义与现代汉语表达的意义，差距是很远的。解说、诠释不等于翻译，不等于文献层面的注释，这就说明，诠释无法完全复原古人的文本蕴含。古人的文本信息我们无法亲自体验，历史不能变成活的现实，因此必须坚持历史原则，尽量贴近解说或阐释对象的本真，对其内涵和意义有真实的理解，在理解的基础上加以阐释。

当然，“解说”也不是“过度阐释”，也并非用西方文论或现代文论传统对古典文论的套用，而是发掘阐释对象的独特性，这种独特性是它与西方文论相区别的文化品格。“解说式”是“深度阐释”模式，这一模式既是历史文化语境的阐释，又是“现代阐释”，这种双重阐释的目的是找出古代文论话语形态与现代的关联，经过深度的现代解说或中外比较，发现古典与现代、中国与西方文论的相通、相似之处，并能用现代的多种理论做出合理的解释。建构当代的新的理论范式，基本要求有三个方面：运用多种理论解释是基本方法，解释的合理性是基本追求，发现中西古今的相通或相近是基本目的。达到这三个基本要求，核心是“解释前人的精神文本”，“在这种理解活动中，现代人不是消极地接收什么固定的意义，相反，意义是古人与今人共同创造出来的”①。显然，“解释前人的精神文本”是超越了历史研究和微观研究的，为构建中国文论的发展模式提高了深度。

三、“解说式”理论建构的现代品格

“解说式”研究使古代文论研究成为具有现代品格的理论建构，本质上是指向中国当下文学理论建设，使之具有扎根当代中国文化建构的现实品格。可见，它除了是一种古今理论的系统建构外，还具有方法论的价值。具体说来，它在文学及文学理论研究上关注两个方向。

一是注意“内部研究”和“外部研究”的结合与贯通，在古代文论研究中重视理论文本是否有这种“内”“外”兼顾的理论模式。比如，对《风骨》篇的解说，就“外部研究”而言，提出“风骨”论的目的②，是针对当时文坛的流弊，提出了“风骨”论。当时和之前文坛“习华随侈，流遁忘返”，“近世辞人，率好诡巧”，创作徒有辞藻而无真实感情。在“情”的这一面是“为文而造情”，缺乏抒写真情的作品；在“辞”的一面，浮靡诡异，“理过其辞，淡乎寡味”而造成“辞”的浮滥。针对情假辞滥的形式主义局面，《风骨》篇从内质美的角度来规定创作中“情”与“辞”应达到的“境界”，“风清骨峻”就是刘勰对文章内质美的自我设计与概括。本来“情”与“辞”是作品显于外的东西，一篇作品无论好坏，都有情、辞，这是对作品起码的外在要求。但是要使作品达到一种理想的状态，仅有情感和文辞是不够的，还应该让它们具有内在动人的力量，具有内质美，这样他对抒情提出“风”的要求，对文辞运用提出“骨”的规划。“风”与“骨”分别是指经过艺术处理的作品中情、辞的内在品格和内在力量，刘勰有云：“故辞之待骨，如体之树骸，情之含风，犹形之包气。”可见，“风”“骨”是一种比喻，刘勰把人形的内在东西用到理想的文学作品应有的内质美追求上。虽然他受形神论的影响，但与形神论把重点放在形神与“道”的相通不同，他关注文学作品的理想品格的特征问题。所以在论述作品情辞的内在美之后，把“风骨”与外形美的“采”对举，把追求外在美与内在美的统一，作为艺术美的理想状况。显然，这种对情、辞进行艺术方面的要求和规划，与形神论讨论作品通于道的本质要求大异其趣，它的取向是作品本身应有的品格。

① 童庆炳著：《中国古代诗学与美学》（童庆炳文集第八卷），北京师范大学出版社2015年版，第335页。

② 刘勰著，祖保泉解说：《文心雕龙解说》，安徽教育出版社1993年版，第570—571页。

“解说式”理论注意到刘勰用比喻的方法说明文采与“风骨”、文与质之间应有的关系：“若风骨乏采，则鸷集翰林；采乏风骨，则雉窜文囿。唯藻耀而高翔，故文章之鸣凤也。”[①]“风骨”与“采”是两种力量，哪一种力量过大，都难以取得“文质彬彬”的理想效果。两者只有和谐一致，才能达到不露痕迹的自然境界，做到“风清骨峻，篇体光华”，内在美与外形美圆融统一。

从刘勰提出“风清骨峻”说的本意看，是为了总结汉魏以来文学发展的经验，纠正当时的形式主义文风。而提出这一理论设想，又直接启发了初唐陈子昂所呼唤的“汉魏风骨”，对后来“既笔力雄壮，又气象浑厚”的“盛唐气象”的形成产生了重大影响。但内在美与外形美如何得以生成，并成为现实的艺术文本以及这种理想的感性特征问题，却缺乏讨论，所以《文心雕龙解说》也指出《风骨》篇的局限性表现在“作者不敢正视现实。作者虽强调‘刚健既实，辉光乃新’，然而这‘实’是什么？哪里去求得这个‘实’？这些在文中并没有回答。”[②]可见，刘勰呼唤的内质美与外形美统一的艺术理想境界，还在观念层面，没有把它落实到具体的审美规范和艺术操作上，实践这一诗学理想而创造出感性形式或形象的，是他以后的诗人。

二是古典文论文本内外双重建构所体现的现实文化品格。就古代文论学术史和古代文论研究史的视点而言，“解说式”研究是一种针对当下现实文化的学术理论建构。这里有两层意思：一是针对古代文论文本外学术文化发展的现实，力图使学术研究扎根在现实文化建设与发展之中；二是对作为理论资源的古典诗学，要想激活它的生命力，就必须在还原历史语境的基础上，对之进行重新建构，使之以完整的理论话语系统呈现在今人面前。换言之，既实现对古人和古代文论话语的重建，又扎根于当下文化发展现实，以古代文论作为资源，建构当代理论发展的空间。

对作为资源的古代文论的重建，是“解说式”研究的重要特色。从整体上看，是按照现代文艺学的理论思维和基本原理，对古代文论经典的内涵和外延，进行清理、阐释、挖掘和系统化。这里，清理学术史是重建的基础。各个历史时期的不同学者对古代文论及其某一内涵的理解、现代文艺学成果与古代文论文本一起成为确定古代理论原旨的资源。比如，就《风骨》“解说”而言，其理论重建是以既有学术史为逻辑起点，运用新的视野、理论和方法对之进行新的阐释，关键性的工作是清理、吸收和重建，目的是贴近“原旨”的意义。应该说，这是客观的，同

① 刘勰著，祖保泉解说：《文心雕龙解说》，安徽教育出版社1993年版，第557页。

② 刘勰著，祖保泉解说：《文心雕龙解说》，安徽教育出版社1993年版，第571页。

时也使古代文论解说、阐释扎根在时代语境中。重建古代文论内涵系统需要合理的方法,否则有些"说法"就会成为过度阐释或误读后的"说法"。古代的理论内涵从不同角度、不同理论视角可以作多种解释,但要接近原有内涵,方法确实是重要的。也就是说,学术史的清理不能仅仅停留在观点层面上,需要在方法论层面加以反思。为此,"解说式"反思本篇与外篇(主证与旁证)、微观与统观、独立篇章与文论系统、人物品评移植与理论渊源、系统探讨与单篇阐释等各类方法,明确选择现代阐释的基本方法取向。古代文论研究以往产生的分歧,追根到底是由论者所选择的不同的方法所造成的。要在学术史的各种方法的分歧中,进行综合的选择,而且所选择的几种方法,能够构成一个互相匹配、完整的系统。清理学术史,不仅在观点上,而且在方法上也要进行整合创化,以期实现对古代文论范畴内涵的重建。

"解说式"研究还注重在古代文论内涵重建的基础上,建构古代文论文本外的理论空间,扩大古代文论的外延,从而生成具有现实文化品格的当代理论。"解说"无疑是古代文论研究,同时也是对当代文学理论的建构,以作为资源的古代文论为依托,建构当代文艺学的生态系统。前文已经提到,"解说式"重视的有三个方面:一是语境的意义;二是古典与现代的扬弃、嫁接和融汇;三是运用现代理论方法对古代文论进行阐释,最终建构文论的现代范式。在"解说式"研究中,语境的意义不仅体现在古代文论的内涵建构方面,而且对外延延伸和当下理论建设也颇具意义,这对激活古代文论的生命力,使之进入当代理论体系,发挥着不可替代的作用。比如,要使"风清骨峻"说显示现代理论与古典理论的对话与交融:"情"与"辞"、"内"与"外"虽然属于古典范畴,但也仍然是现代文学理论中的重要内容之一。抓住这样的概念,易于在传统与现代之间架起桥梁,使得两种理论范式有了对话的渠道,更易于取得对话的成果,使古代文论资源进入现代文论体系成为可能。经过解说、阐释,"风骨"不仅成为文学创作追求的目标范式,而且是对优秀作品结构的规定,成为古今优秀作品普遍具有的基本范型。不仅如此,这样的阐释使得古典诗学具有了理论逻辑和理性精神,克服了传统诗学进入现代文论体系的障碍,同时为中国文论的现代范式提供了历史精神和传统基因。

(作者简介:方锡球,安庆师范大学文学院教授,著有《许学夷诗学思想研究》等。)

钟嵘《诗品》研究论著四种叙录

◇杨 焄

摘 要:黄侃《诗品笺》、陈衍《钟嵘诗品平议》、钱基博《钟嵘诗品校读记》和叶长青《钟嵘诗品集释》是近代《诗品》研究领域具有代表性的四种论著。《诗品笺》是黄侃在北大授课时所编讲义,可借此了解其文学趣味、学术理念和教学生涯。《钟嵘诗品平议》经陈衍不断修订增补完成,虽对钟嵘多有苛责,其评析仍可资借鉴。《钟嵘诗品校读记》为钱基博在无锡国专、光华大学任教期间所编讲义,内容虽然较为简略,但也具有一定参考价值。《钟嵘诗品集释》是叶长青在无锡国专任教时所编讲义,汇集诸家之说,足以反映当时《诗品》研究的整体水平。这四种著述不仅在撰述体式上各具特色,而且具有较高的学术价值。

关键词:钟嵘;《诗品》;黄侃;陈衍;钱基博;叶长青

随着近代西方文明在晚清民国之际的广泛传播,传统的文学观念为了及时加以应对,也逐渐发生一系列调整,最能反映这些变化的莫过于大学校园内文学类课程的设置和讲授。在光绪二十九年(1903)颁布实施的《奏定大学堂章程》中,文学科大学的中国文学门科目内列有"古人论文要言"一项,规定授课内容为"历代名家论文要言(如《文心雕龙》之类,凡散见子史集部者,由教员搜集,编为讲义)",意味着《文心雕龙》等传统诗文评著作已不再仅供人们于闲暇时随意披览,而是被正式纳入现代大学的学科体系之中,借助新的学术理念和研究视角,用于进行专业的文学教育。这不但促进了传统观念的转换,也有效地推动了研究范式的变革。与刘勰的《文心雕龙》同样撰着于南朝齐梁时期，且一同被视作“专门名家勒为成书之祖”（章学诚《文史通义·诗话》）、“诗文之门径”（张之洞《輶轩语·语学》）的钟嵘《诗品》，也在此时同样受到众多学者的青睐，逐渐出现在大学讲坛之上。陈延杰的《诗品注》（上海：开明书店，1927年）是现代学术史上首部正式出版的《诗品》注本，他之所以“不揆梼昧，强注《诗品》”，便与其“在中央大学讲《诗品》”（陈延杰《评〈诗品注〉语后语》，载1930年《中外评论》第十六期）的经历密切相关。另一位《诗品》研究专家许文雨则提到过“拙撰《诗品释》一书，当十八年度，撰者讲学北大，曾自费付印五百部，由北大出版社发行”（许文雨《文论讲疏·钟嵘诗品讲疏》，南京：正中书局，1937年），可知其著作正是在课堂讲义的基础之上修订完成的。而在暨南大学讲授《诗品》的陈柱，也曾经“拟发凡起例，着《诗品参平》以授之”（陈柱《诗品参平自序》，载《国立暨南大学中国语文学系期刊》1929年第二期）。除了这些开设过《诗品》专题课的学者，在讲授文学史或批评史时涉及《诗品》的专家更是不胜枚举，在胡小石《中国文学史讲稿》（上海：人文出版社，1928年）、郭绍虞《中国文学批评史》（上海：商务印书馆，1934年）、罗根泽《魏晋六朝文学批评史》（重庆：商务印书馆，1943年）、朱东润《中国文学批评史大纲》（重庆：开明书店，1944年）等脱胎于大学讲义的史著中，都有过较为细致深入的研讨。这些专家学者在研读、讲授的过程中，既能尽其所能，各守专攻，又能交流切磋，取长补短，极大地推动了近现代《诗品》研究的进程。兹据近年来搜访所得，择取其中四种论著，依照发表时间的先后，略述其成书过程及撰述旨趣。

一、黄侃《诗品笺》

黄侃（1886—1935），原名乔馨，字梅君，后更名为侃，字季刚，晚号量守居士，别署运甓、病禅、乔鼐、禾子等，湖北蕲春（今属黄冈）人。早年赴日本早稻田大学留学，后师从章太炎，精研文字、音韵、训诂之学，兼及经学和文学。又师事刘师培，深入研习经学。相继在北京大学、武昌高等师范学校、中华大学、北京师范大学、山西大学、东北大学、金陵大学、中央大学等校任教，讲授过经学、史学、文学等课程。著有《黄季刚诗文钞》《文心雕龙札记》等。另有大量遗稿、批注，经后人整理为《黄侃论学杂著》《文字声韵训诂笔记》《说文笺识》《广韵校录》《尔雅音训》《文选平点》《量守庐群书笺识》等。

黄侃于1914年至1919年担任北京大学文科国学门教授，开设文字学、词章学和中国文学史等课程，期间撰着《文心雕龙札记》《阮籍咏怀诗补注》《诗品讲疏》等作为授课讲义。其中《诗品讲疏》最终并未全部完稿，而且后世流传至稀，只在他于同一时期编撰的《文心雕龙札记·明诗第六》（载1925年《华国月刊》第二卷第十期）以及门下弟子范文澜所撰《文心雕龙讲疏》（天津：新懋印书局，1925年）中引录过部分内容。不过黄侃在当时还另外发表过一篇《诗品笺》（载1919年《尚志》第二卷第九期），其他书中所征引的《诗品讲疏》片段悉数见于其中，仅个别字句略有增损修订。由此推断《诗品笺》或许就是《诗品讲疏》，至少也是非常接近其原貌的一部作品。根据目前掌握的资料，黄侃应该是首位在大学讲授《诗品》专题研究课程的学者。虽然《诗品笺》篇幅有限，并未论及《诗品》全书，但除了注意校勘文字、溯源典故之外，还格外重视阐发其中义理，有不少意见都值得重视；与此同时，也为深入考察黄侃的文学趣味、学术理念和教学生涯等，提供了非常重要的依据。

二、陈衍《钟嵘诗品平议》

陈衍（1856—1937），字叔伊，号石遗，福建侯官（今福州）人。光绪八年（1882）中举，曾入刘铭传、张之洞幕府，参佐政事。后相继担任学部主事，京师大学堂教习，厦门大学、无锡国学专修学校等校教授，讲授过经学、小学、史学、文学等各类课程。著有《石遗室诗集》《石遗室文集》《石遗室诗话》《尚书举要》《周礼疑义辨证》《说文解字辨证》《史汉文学研究法》《通鉴纪事本末书后》《石遗室论文》等，另编有《辽诗纪事》《金诗纪事》《元诗纪事》《宋诗精华录》《近代诗钞》等。

陈衍撰《钟嵘诗品平议》一书历时较长，并非完成于一时一地。据其《石遗室诗话》（上海：商务印书馆，1929年）卷一云："乙酉之春，郑苏堪（孝胥）归自金陵，尝借余钟嵘《诗品》，因谓余曰：'盍仿其例，作《唐诗品》？'"另据其哲嗣陈声暨在《侯官陈石遗先生年谱》（民国刻本）卷二中所述，当年郑孝胥"论诗专主汉魏六朝，与家君多不合"，但两人"每夜剧谈论诗，尽二三烛而去"。由此推测《钟嵘诗品平议》或即草创于清光绪十一年（1885），最初则曾受到郑孝胥的启发引导。陈氏在《石遗室诗话叙》中又称："数十年来多说诗，意有所得，辄拉杂笔之，未成书也。"而他在1907年至1916年任教于京师大学堂期间，陆续整理过《感旧集小传拾遗》《石遗室诗话》等诗论著作，很可能对《钟嵘诗品平议》也进行过若干增订润饰。其后在1919年的《文艺丛报》第一期上，他首次公开发表《钟嵘诗品平议》，内容系对《诗品》上品部分的摘录和评论。陈衍在1923年至1926年又受聘担任厦门大学教授，开设经学、史学及诗学等课程，《钟嵘诗品平议》曾用作当时授课的讲义。厦门大学部分师生在1926年成立国学专刊社，推举陈氏担任主任。为了表示支持，他在该社主办的《国学专刊》第一卷第四期上再次发表《钟嵘诗品平议》，较前一次发表时虽略有修订，但内容仍然仅针对《诗品》上品部分。陈衍晚年继续对此稿进行修改扩充，对此前尚未涉及的《诗品》中、下品部分也加以评述。增订稿改题为《诗品平议》，在1931年5月7日至6月15日《北平晨报》的副刊《北晨艺圃》上分二十期连载。连载的内容最终又经过连缀修订，厘为三卷，今存有石遗室家刻本。陈氏弟子叶长青在1931年编纂《钟嵘诗品集释》时引述过书中部分内容，尚称之为"未刻稿"；而在家刻本问世后不久，许文雨曾在1933年初发表过书评，则其最终刊刻成书当在1932年左右。陈衍在《石遗室诗话续编》(无锡国学专修学校，1935年)卷一中尚有数条论及《诗品》，并云："余别有《钟嵘诗品平议》，刻本单行，故不复多赘。"可知在此书问世之后，他对《诗品》仍多有关注。陈氏另撰有《诗学概要》(今存未刊稿本，具体撰年不详，内容已残缺不全，整理本收入《陈衍诗论合集》中，福州：福建人民出版社，1999年)，其中《汉魏》一章有不少内容实即迻录自《钟嵘诗品平议》，足见他对书中评论颇为满意。陈衍是近代同光体代表诗人，其诗学宗尚与钟嵘多有隔阂，因而对《诗品》所言时予讥评苛责。但因他对创作甘苦有极为真切的体会，故所作评析仍可资参酌借鉴。

三、钱基博《钟嵘诗品校读记》

钱基博(1887—1957)，字子泉，又字哑泉，号潜庐，江苏无锡人。早年曾任军职，后转而投身教育，相继在江苏省立第三师范学校、圣约翰大学、清华学校、光华大学、无锡国学专修学校、蓝田国立师范学院、华中大学等校任教，开设过经史子集各类课程。著有《经学通志》《古籍举要》《版本通义》《孙子章句训义》《骈文通义》《韩愈志》《后东塾读书杂志》《近百年湖南学风》《中国文学史》《现代中国文学史》等，另编有《国学必读》《国学文选类纂》等。

钱基博于1927年至1936年担任无锡国学专修学校教授，并兼任校务主任，开设过目录学、要籍解题、古文辞类纂、文史通义等课程。期间所编讲义《名家五种校读记》和《文心雕龙校读记》曾作为"无锡国学专修学校丛书"的第九、第十种，由该校于1935年出版发行。发表于1931年《小雅》第四期上的《钟嵘诗品校读记》题名与两书相仿，可知性质亦应相同。根据无锡国学专修学校当时的课程设置，在选修科目的"文学批评类"中列有《文心雕龙》和《诗品》。由此推测《文心雕龙校读记》和《钟嵘诗品校读记》在当时或许还曾同时作为课堂讲义使用过。

此外，钱氏从1926年起兼任光华大学国文系教授，讲授目录学、文学史、文学鸟瞰、古籍鸟瞰等课程。自1933年起又担任光华大学文学院院长，在他起草拟定的《改订中国文学系学程》（载1933年《光华年刊》第八期）中，对“文学鸟瞰”课程的介绍是“以《昭明文选》为主，而说明以《文心雕龙》《诗品》，以建立中国文学批评之原则”，也同样倚重《文心雕龙》和《诗品》两书。钱基博在校读《诗品》时所据版本仅有《汉魏丛书》《学津讨原》和《历代诗话》等寥寥数种，因而所作校语可资借鉴的并不多。但他在文中提要钩玄，归纳总结钟嵘的论诗要旨，依然具有一定的参考价值。

《钟嵘诗品校读记》还牵涉到现代学术史上有关“陶诗品第”的一桩公案。在此之前，古直在《陶靖节诗笺》（上海：聚珍仿宋印书局，1926年）和《钟记室诗品笺》（上海：聚珍仿宋印书局，1928年）中认为，今本《诗品》已遭后人篡改，现居中品的陶渊明“本在上品”，此说得到了不少学界同仁的称许。但钱氏并不认同，在《钟嵘诗品校读记》中曾不点名地予以批评。然而收效甚微，并未引起对方的响应。时隔十余年后，其哲嗣钱锺书在《谈艺录》（上海：开明书店，1948年）中旧事重提，才对此说做了全面批驳，彻底廓清了古直等人对陶诗品第的误判。

四、叶长青《钟嵘诗品集释》

叶长青（1899—1946?），原名俊生，字长青（又作长清），号长卿，后以字行，福建侯官（今福州）人。早年毕业于厦门大学，后又考取北京大学研究所国学门通讯研究生，先后受知于吴曾祺、陈衍、唐文治、张尔田、陈钟凡等。相继在厦门大学、金陵大学、华南女子文理学院、无锡国学专修学校任教。著有《长青文集》《松柏长青馆诗》《闽方言考》《版本学》《文字学名词诠释》《文史通义注》《文心雕龙杂记》《汉书艺文志问答》等，另编有《国魂集》。

叶长青自1930年起受聘为无锡国学专修学校教授，后又兼任校务主任、总务主任等职务，开设过韵文、文史通义、文心雕龙、诗品等课程，《钟嵘诗品集释》即为授课所需而编纂的讲义。此书最先题为《诗品集释》，作为“松柏长青馆丛书”之一，由福建省立福州职业中学附设印刷工厂排印，具体出版时间不详。后又略作删订增补，改题为《钟嵘诗品集释》，由华通书局于1933年出版。叶氏在编纂时主要参考此前出版的陈延杰《诗品注》、古直《钟记室诗品笺》、许文玉（即许文雨）《诗品释》等各家笺注。陈、许两家注本后来都经过较大篇幅的修订增补，流传颇广。但《钟嵘诗品集释》中所引录的均为初版内容，因而仍具有相当大的参考价值。叶氏还征引过陈衍《诗学概论》、冯振《诗品》批语、陈柱《诗品参平》、陈直《诗品约注》等未刊稿，虽吉光片羽，也弥足珍视。叶氏对各家议论加以剪裁排比，虽然意在旁搜远绍，取精用弘，终不免理重事复，叠床架屋，不过也可以借此大致了解当时《诗品》研究的整体格局和水平。叶氏在汇集他人成果之余也间作案语以拾遗补缺，如下品“魏仓曹属阮瑀”诸条中有“大检似”一语，前人多不详其意，叶氏便指出“犹言大较一揆”，并引《三国志·吴志·步骘传》为证，虽寥寥数语而精确可据，足资后人采摭。

（作者简介：杨焄，复旦大学中文系教授，著有《域外汉籍传播与中韩词学交流》等。）

论范注所录铃木虎雄《黄叔琳本文心雕龙校勘记》*

◇李　平

摘　要:1936年上海开明书店版《文心雕龙注》是范文澜本人修订的最后版本,此次修订不仅在“例言”之后增补了铃木虎雄《黄叔琳本文心雕龙校勘记》的“绪言”和“校勘所用书目”,并在正文夹校中大量采摭铃木先生的校语。铃木先生的校语内容极其丰富,其据唐本、冈本、洪本及《御览》《玉海》所校《文心》之语多有胜义,杨明照以“未得窥其全豹为歉”!因此,有必要对范注所录铃木《校勘记》作详细的梳理与分析,以使学界窥其全豹并资利用。

关键词:范文澜;《文心雕龙注》;铃木虎雄;《校勘记》;迻录

范文澜先生的《文心雕龙注》脱稿于1923年,1925年由天津新懋印书局以《文心雕龙讲疏》为名刊行,1929—1931年北平文化学社分上中下三册出版修订本时更名为《文心雕龙注》,1936年上海开明书店又出版经作者再次修订的七册线装本,这一版也是范老本人亲自修订的最后版本。与文化学社版相较,开明书店版在“例言”之后,增补了日本学者铃木虎雄《黄叔琳本文心雕龙校勘记》的第一部分“绪言”和第二部分“校勘所用书目”,并在正文夹校中大量采摭铃木先生的校语。

铃木虎雄既是日本著名的汉学家,又是开启日本《文心雕龙》正式研究的代表人物。其《黄叔琳本文心雕龙校勘记》是具有现代学术规范的早期“龙学”著作

* 本文是2015年度国家社科基金项目“海峡两岸‘龙学’比较研究”(15BZW040)和2014年度国家社科基金重大项目“东亚《诗品》《文心雕龙》文献研究集成”(14ZDB068)阶段成果。

之一，范注以黄叔琳《文心雕龙辑注》为底本，而铃木的《校勘记》正好与范注互相发明、相得益彰，故范老及时地补入这一最新的校勘成果[①]。铃木《校勘记》之“绪言”对黄注本的源流得失作了充分而又精当的评价，远胜黄侃《文心雕龙札记》之“题辞及略例”。范老曾于初版《讲疏》卷首节录《札记》的“题辞及略例”，修订时则删除了其师之语，改录铃木的“绪言”，表明其择善如流的治学精神。然而，有人认为：“即令是转录，‘绪言’之后，亦不必再附其‘所用书目’。”[②]此又肤浅之论，铃木《校勘记》的学术价值和独到之处正在其“校勘所用书目”。这份书目非同寻常，它由上（旧籍著录而已亡佚者）、中（钞校注解诸专本）、下（引用及摘录校论诸本）三部分组成，辨章学术，考镜源流，大致反映了《文心雕龙》的发展、流传及影响情况。特别是每条书目后都有详细的解题，已是比较成熟的版本叙录，对后来杨明照、王利器、詹锳诸家《文心雕龙》校注的版本叙录都有明显的影响[③]。开明书店版问世后不久，杨明照惊喜地发现其卷首载有铃木《校勘记》的“绪言”和“校勘所用书目”，并撰文说：“上海开明书店新印之范文澜《文心雕龙注》，卷首载有日本铃木虎雄《黄叔琳本文心雕龙校勘记》一文，读后颇受启发。惟仅见一斑，未得窥其全豹为歉耳。”[④]而其“全豹”所缺者，就是第三部分的具体校勘内容，也就是范注正文夹校中采摭的铃木校语。因此，有必要对范注所录铃木《校勘记》作详细的梳理与分析，以使学界窥其全豹并资利用。

一、范注迻录铃木《校勘记》情况概览

范注正文夹校迻录铃木《校勘记》的具体内容大致有三类：一是对原来失校的文字据迻录铃木校语进行补校，二是在原来底本校语的基础上增补铃木校语，三是对例言一提到的顾千里、黄荛圃、谭复堂、赵万里和孙蜀丞等人的校语予以

① 据铃木虎雄“绪言”落款时间，其《黄叔琳本文心雕龙校勘记》（《支那学研究》第一卷，1929年东京斯文会刊）作于昭和三年（1928），而此前的大正十五年（1926），铃木已完成《敦煌本文心雕龙校勘记》（载《内藤博士还历祝贺支那学论丛》），范文澜当时还未见到此本，其文化学社本正文夹校所据系赵万里和孙蜀丞的唐写本校勘成果。铃木的《黄叔琳本文心雕龙校勘记》也吸收了其《敦煌本文心雕龙校勘记》成果，他在“校勘所用书目”中说，其所校唐写本系“文学博士内藤虎次郎君自巴里将来，余与黄叔琳本对比，大正十五年五月，既有校勘记之作，今之所引，止其若干条耳”。

② 王更生著：《文心雕龙范注驳正》，华正书局1979年版，第17页。

③ 详参拙文：《王更生〈文心雕龙范注驳正〉之驳正》，《中国文学观念的背景与特质——古代文学理论研究》第45辑，华东师范大学出版社2017年版，第90页。

④ 杨明照著：《书铃木虎雄黄叔琳本文心雕龙校勘记后》，《学不已斋杂著》，上海古籍出版社1985年版，第538页。另，其《文心雕龙校注拾遗》已据范注引铃木虎雄的校语，见第34页。

增补或替换。详情参见下表：

表1 范注正文夹校迻录铃木《校勘记》条目分布情况

篇名	条数	补失校	补底本校	替补顾、黄、谭、赵、孙校
原道	5	2	3	0
征圣	6	1	5	0
宗经	7	2	4*(顾校)	1(补孙校)
正纬	3	1	1	1(补孙校)
辨骚	6	5	1*(孙校)	0
明诗	4	1	1	2(补孙校)
乐府	2	1	0	1(替孙校)
诠赋	1	0	1*(赵校)	0
颂赞	9	3	5*(谭校)	1(补孙校)
祝盟	4	3	0	1(替赵校)
铭箴	3	2	0	1(补孙校)
诔碑	2	1		1(替孙校)
哀弔	5	2	1*(赵校)	2(补孙校)
杂文	3	1	1	1(补孙校)
谐隐	2	1	1	0
史传	6	5	1*(黄校)	0
诸子	9	6	2	1(补黄校)
论说	4	3	1*(孙校)	0
诏策	9	9	0	0
檄移	8	7	0	1(补顾校)
封禅	2	2	0	0
章表	3	3	0	0
奏启	9	8	1*(孙校)	0
议对	11	9	1*(顾校)	1(补孙校)
书记	7	6	1	0
神思	1	1	0	0
体性	1	1	0	0
风骨	1	1	0	0
通变	3	3	0	0
定势	0	0	0	0
情采	0	0	0	0
镕裁	2	1	1	0
声律	4	4	0	0

续表

篇名	条数	补失校	补底本校	替补顾、黄、谭、赵、孙校
章句	5	4	1*(黄校)	0
丽辞	2	1	0	1(补谭校)
比兴	2	2	0	0
夸饰	1	1	0	0
事类	2	1	1*(顾孙校)	0
练字	1	1	0	0
隐秀	2	2	0	0
指瑕	3	2	1	0
养气	3	3	0	0
附会	4	4	0	0
总术	3	1	2	0
时序	3	3	0	0
物色	1	1	0	0
才略	9	8	1	0
知音	3	3	0	0
程器	2	2	0	0
序志	16	13	3	0
合计	204	147	41	16

注:* 表示补底本校的条目中有1条兼补顾、黄、谭、赵、孙校。

由上表可见,范注正文夹校50篇,除《定势》和《情采》2篇没有迻录铃木校语外,其余48篇都有或多或少的迻录,最少的1条,最多的16条。其中,增补原本失校之处最多,有147条,占全部迻录条目的百分之七十多,增补底本校语的约占百分之二十,而对原来已有的顾千里、黄荛圃、谭复堂、赵万里和孙蜀丞等人的校语增补最少,不到百分之十。经过此次增补,范注在文本校勘方面又向前迈进了一大步。

二、范注迻录铃木据唐写本校语

铃木的《校勘记》是20世纪初《文心雕龙》最重要的校勘成果,"龙学泰斗"杨明照也认为"读后颇受启发",并以"未得窥其全豹为歉耳"。范注据以增补正文夹校,故为其书增色颇多。唐写本《文心雕龙》残卷是用以对校通行本的十分珍贵的版本校勘资料,范老在修订文化学社版本时,就曾据赵万里和孙蜀丞的唐写本校勘成果校证文本。然而,由于所据底本不同,就范注所据黄本而言,赵、孙失校之处亦不少①。相反,铃木的《校勘记》所校正是“黄叔琳本”,也就是范老所据底本,且铃木亦多据唐写本施校,这样就能弥补赵、孙校本的某些不足。

《征圣》:“郑伯入陈,以文辞为功。”“文”,底本黄校:“一作‘立’。”因所据底本不同,赵、孙于此失校,范注补引铃木云:“案诸本作‘立’,敦煌本亦作‘立’。”并注曰:“《左传》襄公二十五年‘仲尼称子产曰:志有之,言以足志,文以足言,不言谁知其志?言之无文,行而不远。晋为伯,郑入陈,非文辞不为功,慎辞也。’”②据此,冯舒云:“‘立’当作‘文’。”何焯改作“文”。杨明照按:“‘立’字是。唐写本、元本、弘治本……并作‘立’。黄氏据冯舒、何焯说改‘立’为‘文’,虽与《左传》襄公二十五年合,而昧其与下‘多文’句之词性不侔且相复也。”③同篇“妙极机神”,“机”,底本黄校:“疑作‘几’。”赵、孙亦失校,范老补引铃木云:“案敦煌本作‘机’。”尽管范老认为:“‘机’当作‘几’。《易·上系辞》:‘唯几也,故能成天下之务;唯神也,故不疾而速,不行而至。’韩康伯注云:‘适动微之会曰几。’”但是他还是在正文夹校中,补引与黄校和自己意见相左的铃木校,可见其严谨的学风和公正的态度!《释文》曰“‘几’本作‘机’”,故不烦改字。

《宗经》:“夫《易》惟谈天,入神致用。”“入”,底本黄校:“一作‘人’。从《御览》改。”赵、孙失校,范老补引铃木云:“案诸本作‘人’,敦煌本作‘入’。”同篇“故论说

---

① 赵万里在《唐写本文心雕龙残卷校记》卷首说:“据以逐校嘉靖本,其胜处殆不可胜数,又与《太平御览》所引,及黄注本所改辄合,而黄本妄订臆改之处,亦得据以取正,彦和一书传诵于人世者殆遍,然未有如此卷之完善者也。”(《清华学报》,1926年第1期)而其自注所谓“嘉靖本”即《四部丛刊》所印之本。《文心雕龙》明嘉靖刻本有二:一为刻于嘉靖十九年(1540)的汪一元本,钱允治跋谓“嘉靖庚子刻于新安”者,即此本;一为刻于嘉靖二十二年(1543)的佘诲本,钱允治跋谓“癸卯又刻于新安”者,即此本。前者版心下方有“私淑轩”三字,故又称“私淑轩本”。杨明照谓:“此汪氏原刻,极佳。”后者出于汪氏原刻,其版心下栏尚留有私淑轩本刻工姓名。可见,二本俱佳。若《四部丛刊》所收果为“明嘉靖本”,当属名椠。然,据杨明照考证,《四部丛刊》所收“上海涵芬楼景印明嘉靖本”,“盖为书贾所欺,而错认颜标耳”,实为万历七年(1579)张之象刻本。(《增订文心雕龙校注》,中华书局2000年版,第1018—1019页)另,杨明照为此专门撰写《涵芬楼影印文心雕龙非嘉靖本》一文,载《中华文史论丛》1979年第2辑,后收入其《学不已斋杂著》中。孙蜀丞所校唐写本《文心雕龙》残卷,无论在质量上还是数量上,均可与铃木虎雄、赵万里等人的校雠成果相媲美。(详参拙文《孙人和唐写本〈文心雕龙〉残卷校雠辨析与辑佚》,《古典诗文的经纬——古代文学理论研究》第47辑,华东师范大学出版社2018年版,第121页)只是因为他的校勘成果没有公开发表而未知其所据底本,从范注引录的情况来看,孙氏所据底本基本可以判断是明本而非黄本。

② 范文澜纂:《文心雕龙注》卷一,上海开明书店1936年版,第9、11页。

③ 杨明照著:《文心雕龙校注拾遗》,上海古籍出版社1982年版,第13页。

辞序，则《易》统其首”，“首”，底本黄校：“一作‘旨’。”赵、孙失校，范老补引铃木云：“梅本‘首’作‘旨’，嘉靖本、敦煌本作‘首’。”[①]《正纬》：“篇条滋蔓，必假孔氏。”“假”，元至正本、明梅庆生本、清黄叔琳本并同，唐写本作“征”，赵、孙失校，王利器亦失校，范老补引铃木云：“敦煌本‘假’作‘征’。”[②]杨明照按：“纬书多称引孔子为说，唐写本作‘征’较胜。”[③]《乐府》“缪袭所致”，文化学社版引孙蜀丞云：“唐写本‘袭’作‘朱’。”赵万里同孙校。开明书店版改引铃木云：“敦本‘袭’作‘朱’，‘致’作‘改’。”由于赵、孙所校均只及“袭”字，且范老认为“‘缪袭’唐写本作‘缪朱’，恐误”，故改用两字并校的铃木说[④]。杨明照按：“唐写本‘致’作‘改’是，‘朱’则非也。”[⑤]《颂赞》：“赞者，明也，助也。”“助也”，底本黄校：“二字从《御览》增。”文化学社版补谭校：“案《御览》有‘助也’二字，黄本从之，似不必有。”赵、孙失校，开明书店版补铃木云：“《御览》敦本有二字。”[⑥]王利器说：“今案唐写本正有‘助也’二字。下文‘并飏言以明事，嗟叹以助辞’，即承此‘明也，助也’为说。”[⑦]同篇赞曰“镂彩摛文”，“彩”，范老补铃木云：“敦本作‘影’。”这一增补非常必要，赵万里校曰：“‘镂影摛文’，‘文’作‘声’。案唐本是也，黄本作‘镂彩摛文’，非是。”[⑧]王利器也说：“‘影’唐写本以下诸本皆如是，黄注本改作‘彩’，非是。”

《诔碑》“此碑之制也”，文化学社版引孙蜀丞云：“唐写本‘制’作‘治’。”这里“治”当是“致”之误。开明书店版改引铃木云：“《御览》敦本‘制’作‘致’。”赵万里校同铃木：“‘制’作‘致’。案唐本是也，与《御览》无八九引合。”《哀弔》“盖不泪之悼”，“不泪”，唐写本作“下流”，赵、孙均失校。文化学社版引孙云：“（不）明抄本《御览》五九六引作‘下’。”开明书店版补铃木云：“《御览》敦本‘不泪’作‘下流’。”铃木校是也。王利器校曰：“‘下流’旧本作‘下泪’，黄注本‘下’改‘不’。《御览》作‘下泪’。唐写本作‘下流’。”再引铃木曰：“作‘下流’可从。‘下流’指卑者而言。《指瑕》篇曰：‘施之下流。’《雕龙》‘下流’之义可知。”最后案曰：“铃木说是，今据改。”[⑨]杨明照校曰：“‘不泪’唐写本作‘下流’，宋本、钞本、喜多本《御览》五九六引

① 范文澜纂：《文心雕龙注》卷一，上海开明书店1936年版，第13—14页。
② 范文澜纂：《文心雕龙注》卷一，上海开明书店1936年版，第19页。
③ 杨明照著：《文心雕龙校注拾遗》，上海古籍出版社1982年版，第29页。
④ 范文澜纂：《文心雕龙注》卷二，上海开明书店1936年版，第25、37页。
⑤ 杨明照著：《文心雕龙校注拾遗》，上海古籍出版社1982年版，第60页。
⑥ 范文澜纂：《文心雕龙注》卷二，上海开明书店1936年版，第62页。
⑦ 王利器校笺：《文心雕龙校证》，上海古籍出版社1980年版，第63页。
⑧ 赵万里：《唐写本文心雕龙残卷校记》，《清华学报》，1926年第1期。
⑨ 王利器校笺：《文心雕龙校证》，上海古籍出版社1980年版，第65、91页。

同（倪刻《御览》作‘下泪’）。何焯改作‘不泪’。按作‘下流’是。《三国志·魏志·阎温传》载张就被拘执与父恭疏，有‘愿不以下流之爱，使就有恨于黄壤也’语，其用‘下流’二字义，正与此同。元本及各明本‘不’皆作‘下’，惟误‘流’为‘泪’耳。黄本从何焯改‘下’为‘不’，非是。”①

三、范注迻录铃木据《御览》校语

《太平御览》作为宋代文献，极具校勘价值，历来备受学界关注。作为明代《文心雕龙》校勘之功臣，朱郁仪的突出贡献在于利用《御览》校正通行本文字之讹误。受朱郁仪影响，徐兴公校字也很重视《御览》，并特别强调以善本《御览》校读《文心》。远绍明人朱郁仪、徐兴公之遗绪，据多种《御览》版本校勘《文心》字句，并取得卓越成就者是民国时期的孙蜀丞。孙氏之所以能继朱郁仪、徐兴公之后，在运用《御览》校勘《文心》方面取得重要成绩，主要因为在于他具有多种明清《御览》版本。孙氏不仅上绍明人朱郁仪、徐兴公之遗绪，而且下启今人章锡琛、林其锬之新风，使得据《御览》校勘《文心》这一学术传统，在中国“龙学”界绵延400余年而不衰②。同样，铃木也非常重视利用《御览》校勘黄本，其所用版本为日本安政乙卯（二年，1855）江都喜多邨氏仿宋椠校刻聚珍版本，京都帝国大学所藏。范注迻录铃木据《御览》校语，以补底本失校或与底本及他人之校互证相参。

《原道》“玉版金镂之实”，“实”，底本失校，铃木云：“《御览》作‘宝’。”“则焕乎始盛”，“始”，底本黄校：“冯本作‘为’。”铃木云：“《御览》亦作‘为’。”“九序惟歌”，“惟”，底本失校，铃木云：“《御览》‘惟’作‘咏’。”“旁通而无滞”，“滞”，底本黄校：“一作‘涯’，从《御览》改。”文化学社版引孙云：“‘滞’作‘涯’。”开明书店版改引铃木云：“予所见《御览》作‘涯’不作‘滞’。”这样，正文夹校的铃木说正好与注文所引孙蜀丞说相呼应：“‘无涯’与‘不匮’义近，不当改作‘滞’也。《御览》引此文亦作‘涯’，不作‘滞’，未知所据。”③王利器亦案：“今所见宋本、明钞本、铜活字本、万历薛逢本、汪本、张本、鲍本、学海堂本、日本安政聚珍本《御览》皆作‘涯’，不知（黄叔琳）所据何本。”④杨明照再按：“钱谦益藏赵氏钞本《御览》作‘滞’（见冯舒校语），本为误字（所见宋本、钞本、倪本、活字本、喜多本、鲍本《御览》均作‘涯’），黄

① 杨明照著：《文心雕龙校注拾遗》，上海古籍出版社1982年版，第109页。

② 详参拙文：《孙人和据〈太平御览〉校雠〈文心雕龙〉考察与辑佚》，《中国诗学研究》第15辑，安徽师范大学出版社2018年版，第201页。

③ 范文澜纂：《文心雕龙注》卷一，上海开明书店1936年版，第1—2、7页。

④ 王利器校笺：《文心雕龙校证》，上海古籍出版社1980年版，第5页。

氏据冯舒校语径改为‘滞’，非是。”[①]

《明诗》“子夏监绚素之章”，“监”，范老先引孙云“唐写本作‘鉴’”，再接以铃木云“《御览》亦作‘鉴’”，前后互证。“两汉之作乎”，也是先引孙云“唐写本‘两’上有‘故’字”，再接以铃木云“《御览》‘两’上有‘固’字”，互相参校[②]。赵万里校曰：“‘两’上有‘故’字，‘乎’作‘也’。案《御览》五八六引‘两’上有‘固’字，‘固’‘故’音近而讹，疑此文当作‘固两汉之作也’，今本有脱误。”[③]“怊怅切情”，“怊”，底本失校，补引铃木云：“《御览》作‘惆’。”《诠赋》“拓宇于《楚辞》也”，“拓”，底本黄校“疑作‘括’”，文化学社版补“赵云作‘拓’字”。开明书店版又录铃木云“案《御览》《玉海》敦本并作‘拓’”，以证成赵说[④]。《铭箴》“作卿尹州牧二十五篇”，铃木云“《御览》无‘五’字”；“夫箴诵于官”，铃木云“《御览》‘官’作‘经’”。《诔碑》“逮尼父卒”，铃木云“《御览》‘逮’作‘追’”[⑤]。以上底本均失校，范老逐录铃木校语以补校。

《诏策》“敕戒州部”，“部”，铃木云“《御览》作‘郡’，嘉靖本作‘邦’”；“故两汉诏诰”，“诰”，铃木云“《御览》作‘令’”。“暨明帝崇学，雅诏间出；安和政弛，礼阁鲜才。”“明帝”，铃木云“《御览》‘帝’作‘章’”；“安和”，铃木云“《御览》作‘和安’”[⑥]。铃木所校甚是，王利器《文心雕龙校证》已据改，并校曰：“‘章’原作‘帝’，今从《御览》改。此统明章两朝言之。《时序》篇‘明章’亦误作‘明帝’，与此正同。”“‘和安’原作‘安和’，今从《御览》乙正。”《檄移》“令有文告之辞”，文化学社版引“顾云‘令’字衍”，开明书店版补“铃木云《御览》无‘令’字”，以证顾校。王利器删“令”字，并校曰：“‘有’上原有‘令’字，王惟俭本、《御览》无。按《国语·周语上》正作‘有威让之令，有文告之辞’。今据改。”[⑦]“章密太甚”，铃木云：“《御览》‘密太’作‘实文’。”[⑧]王利器《校证》改“密”为“实”，并校曰：“‘实’原作‘密’。梅六次本、徐校本、张松孙本作‘实’。按《御览》正作‘实’，今据改。”[⑨]《奏启》“王吉之观礼”，“观”，夹校引“铃木云《御览》作‘劝’”，注末又引《校勘记》：“《御览》‘观’作‘劝’

① 杨明照著：《文心雕龙校注拾遗》，上海古籍出版社版1982年版，第11页。

② 范文澜纂：《文心雕龙注》卷二，上海开明书店1936年版，第1页。

③ 赵万里：《唐写本文心雕龙残卷校记》，《清华学报》，1926年第1期。

④ 范文澜纂：《文心雕龙注》卷二，上海开明书店1936年版，第1、46页。

⑤ 范文澜纂：《文心雕龙注》卷三，上海开明书店1936年版，第2、13页。

⑥ 范文澜纂：《文心雕龙注》卷四，上海开明书店1936年版，第50—51页。

⑦ 王利器校笺：《文心雕龙校证》，上海古籍出版社1980年版，第139、145页。

⑧ 范文澜纂：《文心雕龙注》卷四，上海开明书店1936年版，第62—63页。

⑨ 王利器校笺：《文心雕龙校证》，上海古籍出版社1980年版，第147页。

（引文误为‘勤’），是也。诸本皆误。”[①]《汉书》本传载王吉宣帝时为谏官，曾上疏劝行礼制。杨明照按：“‘劝’字是。《汉书》本传上疏可證。今本‘观’字非由‘劝’之形近致误，即涉上文而讹。”王利器《校证》也据《御览》改作“劝”。“总法家之式”，“式”，夹校引“铃木云《御览》作‘裁’”。杨明照校曰：“‘式’，宋本、活字本、喜多本、鲍本《御览》引作‘裁’。按《史记》自序：‘（司马谈《论六家要旨》）法家不别亲疏，不殊贵贱，一断于法。’据此，则作‘裁’是。范宁《穀梁传集解序》：‘公羊辩而裁。’杨疏：‘裁，谓善能裁断。’诂此正合。”[②]

《议对》：“春秋释宋，鲁桓务议。”“务”，文化学社版引孙云：“明抄本《御览》引作‘预’。”开明书店版补铃木云：“《御览》‘桓务’作‘僖预’。”铃木所校极是。范注引钱大昕《十驾斋养新录》十四：

> 《文心雕龙·议对篇》“春秋释宋，鲁桓务议”二句，注家皆未详。惠学士士奇云：“案文当云‘鲁僖预议’。《公羊经》僖二十一年‘释宋公’，《传》云：‘执未有言释之者，此其言释之何？公与为尔也。公与为尔奈何？公与议尔也。’‘预’与‘与’同，转写讹为‘务’耳。”

铃木引《御览》所作“僖预”，正合惠士奇所论。“不以深隐为奇”，“深”字底本失校，范老补正文夹校：“铃木云《御览》作‘环’。”[③]王利器校曰：“‘环’原作‘深’，今据《御览》改。‘环’为彦和习用字。”[④]

《书记》：“牒者，叶也。短简编牒，如叶在枝，温舒截蒲，即其事也。议政未定，故短牒咨谋。”“短简编牒”，夹校引“铃木云《御览》无此四字”；“议政未定”，夹校引“铃木云《御览》‘议’上有‘短简为牒’四字，‘政’作‘事’”[⑤]。以上底本失校，按铃木据《御览》所引，当作“牒者，叶也。如叶在枝，温舒截蒲，即其事也。短简为牒，议事未定，故短牒咨谋”，亦可备一说。《事类》“此内外之殊分也”，“分”，底本黄校“《御览》作‘方’”；文化学社版补“顾校作‘方’，孙云明抄本《御览》作‘贫’”；开明书店版又增“铃木云案《御览》作‘分’，不作‘方’”。《御览》版本众多，不同版本或作“方”，或作“分”，或作“贫”。具体而言，宋本、倪本、活字本、喜多本作“分”，鲍本作“方”，孙蜀丞谓明抄本作“贫”。然最终还是铃木“《御览》作‘分’”

① 范文澜纂：《文心雕龙注》卷五，上海开明书店1936年版，第19、23页。
② 杨明照著：《文心雕龙校注拾遗》，上海古籍出版社1982年版，第201、205页。
③ 范文澜纂：《文心雕龙注》卷五，上海开明书店1936年版，第29、31、30页。
④ 王利器校笺：《文心雕龙校证》，上海古籍出版社1980年版，第173页。
⑤ 范文澜纂：《文心雕龙注》卷五，上海开明书店1936年版，第43页。

者是。《庄子·逍遥游》“定乎内外之分”，杨明照谓“亦可为此当作‘分’之证”，王利器谓“此彦和所本”[1]。

由于唐写本系残卷，宋本《文心雕龙》又失传，这样《御览》所引《文心》便具有承上启下的意义，极富校勘学价值。开明书店版增补铃木校语，其中铃木据《御览》校语占据很大比重，《序志》所录铃木校语最多，共16条，而据《御览》和《梁书》所出校语就有12条。这些校语不仅弥补了底本的失校之处，而且对于纠正底本的讹误衍脱起到了重要的作用。然而，由于铃木所据《御览》并非流落日本的宋闽刊本和蜀刊本，故其所校亦存在诸多遗憾！例如，《哀吊》：“及后汉汝阳王亡，崔瑗哀辞，始变前式。”范老注曰：“‘汝阳王’，不知何帝子。崔瑗仕当安顺诸帝朝，皆未有子封王；哀辞本文又亡，无可考矣。”[2]宋本《御览》卷五九六引作“汝阳主”，为和帝女，名刘广，见《后汉书·后纪》。铃木失校，故范注谓“无可考矣”。

四、范注迻录铃木据冈本校语

铃木所谓“冈本”，就是日本享保辛亥（十六年，1731）冈白驹校正句读本。“《文心雕龙》在日本的刻本，只有尚古堂刊木活字本和冈白驹（播磨国纲干村人，字千里，号龙洲）的校正训点本二种。”从版本源流的角度看，尚古堂本全据明何允中原刻《汉魏丛书》（实为《广汉魏丛书》）本，冈本则以尚古堂本为底本，“除以冈白驹刻序代替尚古堂本的佘诲序，削除卷首‘张遂辰阅’四字和版心‘尚古堂’三字，订正一些误字并对全文施加句读训点外，其余均为对尚古堂本的复刻”。尽管如此，“冈白驹的校订训点本至今仍保持着唯一的《文心雕龙》训点本的地位。就这一点看，冈本的价值固然自不待言”[3]。更为重要的是，冈本在文本校订方面，亦多有可取之处。如《原道》“业峻鸿绩”，明清《文心》各版本基本相同，而冈本则改作“峻业鸿绩”，颇见卓识。范注引黄先生曰：“案‘业’‘绩’同训功，‘峻’

① 杨明照著：《文心雕龙校注拾遗》，上海古籍出版社1982年版，第295页；王利器：《文心雕龙校证》，上海古籍出版社1980年版，第237页。

② 范文澜纂：《文心雕龙注》卷三，上海开明书店1936年版，第33页。

③ [日]户田浩晓著，曹旭译：《文心雕龙研究》，上海古籍出版社1992年版，第167、172、194页。户田教授同时说：“宝历四年刊的《宝历书籍目录》中卷里，有二册本《文心雕龙》之名，杨明照氏在‘未见版本’一栏中称之为‘宝历本’而置之于冈白驹本之前，享保十四年，即冈白驹本刊行的前年，刊行了《享保书籍目录》，而因为《宝历书籍目录》是收载《享保书籍目录》以后刊行书的集录，故《宝历书籍目录》所载《文心雕龙》，恐即为冈白驹本。被名之为‘宝历本’的，应无其他版本。”

'鸿'皆训大,此句位字殊违常轨。"[①]再如《比兴》"繁缛络绎,范蔡之说也",王利器校曰:"'范蔡之说也',原作'范蔡说之',冯校、黄本乙补。案据本赋,冯校、黄本是,今从之。"[②]而早在黄本出现之前,冈本就已改为"范蔡之说"。且冈本并没有像黄本一样据本赋补入"也"字,因为"尽可能地不增减底本的文字,而使文意通畅,正是他(冈白驹)的校订态度"。故范老于正文夹校亦多迻录铃木据冈本校语。

《正纬》"曹褒撰谶以定礼",文化学社版引"孙云唐写本'撰'作'选'",开明书店版补"铃木云冈本'撰'作'制'"[③]。《论说》"穷于有数,追于无形",底本黄校"两'于'字从汪本改",文化学社版引"孙云《御览》'于'作'及'",开明书店版补"铃木云嘉靖本作'穷有数,追无形',梅本、冈本无两'于'字,'追'下有'究'字"。《诏策》"《诗》云有命在天,明为重也","有命在天",注末引《校勘记》"'在'当作'自'";"明为重也",底本失校,开明书店版增补"铃木云冈本(明)作'命'"[④]。王利器《校证》据包括铃木在内的诸家之说,将此句改为"有命自天,明命为重也"[⑤]。"《周礼》曰师氏诏王为轻命",底本失校,夹校补引铃木云:"冈本作'诏为轻',梅本'为'上有'明诏'二字,无'命'字。"范老于注末校曰:"案此句与上'《诗》云有命自天,明命为重也'对文,当依梅本作'《周礼》曰师氏诏王,明诏为轻也'。'轻'字下'命'字衍文,当删。"[⑥]户田浩晓曾评说冈本此校的意义:

> 《诏策》篇中有"自教以下,则又有命。《诗》云:'有命在天。'明为重也。《周礼》曰:'师氏诏王。'为轻命"之语。诸本多如上。唯梅庆生《音注》本作"自教以下,则又有命。《诗》云:'有命自天。'明命为重。《周礼》曰:'师氏诏王。'明诏为轻"。而冈本作"自教以下,则又有命。《诗》云:'有命在天。'命为重也。《周礼》曰:'师氏诏王。'诏为轻"。三本相较,诸本多处文意难通,经梅本整理的意思最好。冈本在句法整齐上不及梅本,诗的文句亦未从今本改正。但它对底本作最小限度的改正却成功地疏通了文意,或者更接近刘勰当时的原貌也未可知。卢文弨在《文心雕龙辑注书后》(《抱经堂文集》卷十四)里说:此处当作"《诗》云:'有命自天。'明为重也。《周礼》曰:'师氏诏王。'

---

① 范文澜纂:《文心雕龙注》卷一,上海开明书店1936年版,第6页。
② 王利器校笺:《文心雕龙校证》,上海古籍出版社1980年版,第230页。
③ 范文澜纂:《文心雕龙注》卷一,上海开明书店1936年版,第19页。
④ 范文澜纂:《文心雕龙注》卷四,上海开明书店1936年版,第30、62、51页。
⑤ 王利器校笺:《文心雕龙校证》,上海古籍出版社1980年版,第141—142页。
⑥ 范文澜纂:《文心雕龙注》卷四,上海开明书店1936年版,第51、62页。

明为轻也。”比起卢氏之说来，似以冈白驹改为胜。卢氏此“书后”作于乾隆四十六年(1781年)，相当于冈本刊行后的五十年，假如卢氏看到冈本的话，他会从冈本改订也未可知。铃木博士除改“在”为“自”外，其余从冈本。但正如孙诒让所指出的，刘勰依据的古书，有不少是不同于今本的别本。因此，这里从今本改作“自”还必须慎重。①

此外，《指瑕》“终无抚叩酬即之语”，底本黄校“‘即’当作‘酢’”，开明书店版补“铃木云冈本作‘即酬’”；“至乃比语求蚩”，“蚩”，“铃木云冈本作‘媸’”。《养气》“战代枝诈”，“枝”，“铃木云冈本作‘技’”。除两京本、《训诂》本及冈本作“技”外，其余明清版本基本都作“枝”。“枝诈”难通，“技”者巧也，故“技诈”稍胜，且有版本依据。杨明照认为：“‘枝’与‘技’于此均费解……恐非舍人之旧。疑当作‘權’。權，俗作权。盖初由權作权，后遂讹为枝(或技)耳。”②虽然古代文献多以“權诈”连文，毕竟缺乏版本依据。《时序》“傲雅觞豆之前”，“傲”，“铃木云冈本作‘俊’”；“顾盼合章”，“合”，“铃木云冈本作‘含’”③。如此之类均不失为有识之见，尤其改“合”作“含”甚为精彩。王利器说：“日本刊本‘合’作‘含’。案《原道》篇、《征圣》篇、《神思》篇有‘含章’语，下文亦云‘文帝以贰离含章’。疑作‘含’是。”④

当然，冈本亦有不少讹误。例如，《征圣》“夫鉴周日月”，“周”，“铃木云冈本作‘同’”；《声律》“故遗响难契”，“遗”，“铃木云冈本作‘遣’”。此皆形近写刻之误，范老未及细审而录入正文夹校，读者自当明察！还有，正文夹校未录的冈本讹误，户田浩晓亦指出不少，例如：“‘竽’误为‘竿’(《声律》)，‘稚’误作‘雅’(《征圣》)，‘奠’误作‘尊’(《祝盟》)，‘侯’误作‘候’(《铭箴》)，‘含’误作‘舍’(《诏策》)，‘典’误作‘興’(《诏策》)，‘劭’误作‘劯’(《议对》)，‘瞻’误作‘赡’(《物色》)，‘傅’误作‘傳’(《程器》)等，都是较显著的例子。……且《体性》第二十七，尚古堂本误作二十二，初刻冈本蹈袭其错误亦作二十二，挖改本一仍其旧，成为改订中最粗漏的一例。”

尽管如此，诚如户田浩晓所说：“在黄叔琳本还没有产生的时代，作为一个日本人，不仅加以训点，且在校勘应具的善本大都不能见到的情况下，正确地改正了不少底本中的误字，其学识是不容否定的……因此，冈本不仅仍是今天广大的世界《文心雕龙》读者有益的参考书，其价值也是永不磨灭的。”他在注中又深有

① [日]户田浩晓著，曹旭译：《文心雕龙研究》，上海古籍出版社1992年版，第194—195页。
② 杨明照著：《文心雕龙校注拾遗》，上海古籍出版社1982年版，第317页。
③ 范文澜纂：《文心雕龙注》卷九，上海开明书店1936年版，第1、7、23页。
④ 王利器校笺：《文心雕龙校证》，上海古籍出版社1980年版，第276页。

感叹地说："在《文心雕龙》研究上成绩斐然的范文澜、杨明照二氏，均未见到冈本，这在中日文化交流方面实在是一个不堪忍受的遗憾。"[①]户田的文章发表于1958年，即杨明照《文心雕龙校注》正式出版之年，当时杨氏确实没有见到冈本，至1982年《文心雕龙校注拾遗》出版，杨氏才利用了冈本作为参校本。不过，范文澜在1936年出版的开明书店版范注中，通过引录铃木的校语而吸收了不少冈本的校勘成果，则多少弥补了令中日学者"不堪忍受的遗憾"！就此而言，范老将铃木的《校勘记》作为重要的参校本，不仅提高了文化学社版的校勘质量，而且在中日文化交流方面也做出了独特的贡献。

五、范注迻录铃木据《玉海》校语

从《校勘记》"校勘所用书目"可知，铃木据以校勘黄本的材料，除了唐写本、冈本、《御览》和明清的珍本名椠外，还有其他一些重要资料，如据以他校的《玉海》等，其中的一些校勘结论，也极具参考价值。

铃木据以他校的宋王应麟撰《玉海》，系嘉庆丙寅（十一年，1806）康基由序，复刻元至正本，京都帝国大学所藏。《颂赞》"史岑之述熹后"，底本黄校："元作'僖'，曹改。"开明书店版补："铃木云《御览》作'僖'，《玉海》作'熹'，敦本作'燕'。"《玉海》作"熹"是，原注曰："《流别集》及《集林》载史岑《和熹邓后颂并序》。""马融之《广成》《上林》"，"上林"，底本黄校"疑作'东巡'"，铃木云"《玉海》作'上林'"。《玉海》是，挚虞《文章流别论》有言："若马融《广成》《上林》之属。""以皇子为标"，底本失校，开明书店版补："铃木云《玉海》'皇'下有'太'字。""至相如属笔"，孙云"《御览》'笔'作'词'"，铃木云"《玉海》作'词'"，这是以《玉海》补证孙校[②]。

《铭箴》"昔帝轩刻舆几以弼违"，"昔帝轩"，孙云"《御览》五百九十引作'轩辕帝'"，铃木云"《玉海》作'黄帝'，无'昔'字"，此乃铃木与孙氏并校[③]。《史传》"欲其详悉于体国"，铃木云"《玉海》'国'下有'也'字"。《诸子》"入道见志之书"，"入"，铃木云"《玉海》作'述'"；"青史曲缀以街谈"，"以"，铃木云"《玉海》作'而'"；"乃称羿弊十日"，铃木云"'弊'当作'斃'，《玉海》及诸本作'斃'"；"嫦娥奔月"，"嫦"，铃木云"《玉海》作'常'，嘉靖本作'姮'"。以上俱以《玉海》补原失校之处。

---

① [日]户田浩晓著，曹旭译：《文心雕龙研究》，上海古籍出版社1992年版，第197—201页。

② 范文澜纂：《文心雕龙注》卷二，上海开明书店1936年版，第62页。

③ 范文澜纂：《文心雕龙注》卷三，上海开明书店1936年版，第1页。

《论说》“盖人伦之英也”，铃木云：“《御览》《玉海》‘人伦’作‘论’一字。”[1]王利器校曰：“‘论’原作‘人伦’二字，今从《御览》《玉海》改。《章表》篇‘并表之英也’、《事类》篇‘陈思群才之英也’，句法同。”[2]《议对》“证验古今”，铃木云：“《玉海》作‘验古明今’。”[3]王利器校曰：“‘验古明今’元本、冯本、汪本、佘本、张之象本、两京本、谢钞本、吴校本作‘验古今’，谢云：‘今’上脱一字。王惟俭本作‘考验古今’。梅、徐校本作‘证验古今’，其后诸本皆从之。《玉海》作‘验古明今’。案《玉海》是。《奏启》篇云：‘酌古御今。’《事类》篇云：‘援古证今。’句法正同，今据补正。《体性》篇‘摈古竞今’、《通变》篇‘竞今疏古’，句法亦同。”[4]此外，《体性》“学慎始习”，“慎”，铃木云“《玉海》作‘谨’”；《通变》“则文于唐时”，铃木云“《玉海》引删‘则’字”等，亦均补底本失校之处[5]。

六、范注迻录铃木据洪本校语

铃木据以他校的文献还有一种值得注意，那就是宋洪兴祖的《楚辞补注》，这是其他校勘者很少采用的一种文本，铃木称之为“洪本”。《文心雕龙·辨骚》羼入《楚辞》，陈说之本已有明言。宋黄伯思《东观余论》卷下校定《楚辞序》曰：“陈说之本，以刘勰《辨骚》在（王逸）序之前。”晁公武《郡斋读书志》记录洪兴祖《补注楚辞》十七卷《考异》一卷曰：“凡王逸《章句》有未尽者补之。自序云：‘以欧阳永叔、苏子瞻、晁文元、宋景文家本参校之，遂为定本。又得姚廷辉本作《考异》。’且言《辨骚》非《楚辞》本书，不当录。”所谓“‘《辨骚》非《楚辞》本书’云云，乃兴祖附记引鲍钦止语”[6]。

铃木《校勘记》所说的“洪本”，即洪兴祖的《楚辞补注》。户田浩晓在《作为校勘资料的〈文心雕龙〉敦煌本》一文中，引录铃木《校勘记》：“案洪本亦作《大招》，是也。”接着解释“洪本”：“据铃木博士的《黄叔琳本文心雕龙校勘记》可知：所谓洪本，即指杨升庵先生批点《文心雕龙》（明张墉洪吉臣参注，康熙三十四年重镌，武林抱青阁刊），笔者未见。”[7]此为误解。铃木在《校勘记》“校勘所用书目”中提

① 范文澜纂：《文心雕龙注》卷四，上海开明书店1936年版，第2、17、29页。
② 王利器校笺：《文心雕龙校证》，上海古籍出版社1980年版，第130页。
③ 范文澜纂：《文心雕龙注》卷五，上海开明书店1936年版，第30页。
④ 王利器校笺：《文心雕龙校证》，上海古籍出版社1980年版，第174页。
⑤ 范文澜纂：《文心雕龙注》卷六，上海开明书店1936年版，第9、17页。
⑥ 晁公武撰，孙猛校证：《郡斋读书志校证》（下），上海古籍出版社1990年版，第806页。
⑦［日］户田浩晓著，曹旭译：《文心雕龙研究》，上海古籍出版社1992年版，第119页。

到的张、洪参注，杨升庵先生批点《文心雕龙》十卷，并非其校记中所说的"洪本"。其版本叙录除户田所引外，还提到"卷头云：西湖张石宗、洪载之两先生参注。又载有武林周兆斗所识凡例，及校雠姓氏……此书全袭梅本者"。铃木对校勘所据校本的简称，一般在版本叙录中都有说明。例如：敦煌本《文心雕龙》，"余所称敦本者，即此书也"。明嘉靖本，"余之所称嘉靖本者，即《四部丛刊》本也"。杨升庵先生批点《文心雕龙》十卷，"余所称梅本者，即此书也"。刘子《文心雕龙》五卷，"余所称闵本者，即此书也"。《汉魏丛书》王谟本，"余所称王本者，即指此书；诸家称王本者，王惟俭本也"。《文心雕龙》十卷，"余所称冈本者，即此书也"。黄叔琳《辑注》本，"余所称黄氏原本者，此书是也"。黄叔琳《辑注》附载纪昀评本，"余之所用以为底本者，此节署本也"。张松孙《辑注》本十卷，"余所称张本者是也"。其中，并未提到"洪本"。另，版本叙录曾提到"洪容斋《笔记》七十四卷"，然"洪本"亦非指此。张、洪参注，杨升庵先生批点《文心雕龙》十卷，因"此书全袭梅本"，铃木未据其校勘文字，故版本叙录亦未说明其简称。户田所引《校勘记》"案洪本亦作《大招》"，而该本实作"《招隐》"，可见"洪本"决非指该本。铃木校语所据"洪本"，集中在《辨骚》篇，故其所指只能是洪兴祖的《楚辞补注》。对此，杨明照和王利器在引铃木据"洪本"校语时，均已指明①。

铃木所据"洪本"校勘《辨骚》对后人影响很大。例如，"驷虬乘翳"，铃木云："洪本'翳'作'鹥'，可从。诸本皆误。"杨明照据范注引铃木说，并谓"翳"郝懿行改"鹥"，王利器亦引铃木说，并"案王惟俭本作'鹥'，今据改。""而孟坚谓不合传"，铃木云："洪本'传'下有'体'字。""讥桀纣之猖披"，铃木云："诸本同，洪本'披'作'狂'。""举以为懽"，"懽"，铃木云："洪本作'欢'。""《招魂》《招隐》"，底本黄校："冯云《招隐》，《楚辞》本作《大招》，下云'屈宋莫追'，疑《大招》为是。"文化学社版补引孙云："唐写本《招隐》作《大招》。"开明书店版又补录铃木云："洪本亦（原误作'立'）作《大招》。""惊才风逸，壮志烟高"，"志"，文化学社版引孙云："唐写本作'采'。"开明书店版又引铃木云："洪本校注云'烟'一作'云'。"②杨明照校曰："'志'，唐写本作'采'。'烟'，《楚辞补注》旧校云：一作'云'。按'采'字是。《诠赋》篇'时逢壮采'，亦以'壮采'连文。又按《后汉书·逸民传赞》：'远性风疏，逸情云上。'沈约《梁武帝集序》：'笺记风动，表议云飞。'并以'风''云'相对，疑此文

---

① 杨明照著：《文心雕龙校注拾遗》，上海古籍出版社1982年版，第34页；王利器：《文心雕龙校证》，上海古籍出版社1980年版，第29页。

② 范文澜纂：《文心雕龙注》卷一，上海开明书店1936年版，第29—30页。

亦然。”[①]

七、范注迻录铃木其他校语

对校与他校之外，范注所补铃木运用本校和理校法的一些校语也甚为精彩，对后人校勘《文心》颇有启发。《宗经》赞曰：“三极彝道，训深稽古。”铃木云：“案‘三极彝训’已见正文，此‘道训’二字，疑错置。”[②]此乃运用本校法进行校勘，王利器《校证》已据铃木校改正原文，并案“铃木说是，今据改”。

《哀弔》：“夫弔虽古义，而华辞未造。”铃木云：“案‘未’，‘末’字之讹。”杨明照引铃木说，并按：“铃木说是。《杂文》篇有‘暇豫之末造’语。《仪礼·士冠礼》：‘夏之末造也。’郑注：‘造，作也。’（《礼记郊特牲》亦有此文）”[③]《论说》：“说者，悦也；兑为口舌，故言咨悦怿。”铃木云：“（咨）疑作‘资’。”[④]王利器已据改，并校曰：“‘资’原作‘咨’，铃木云：‘咨’疑作‘资’。案作‘资’是，《铭箴》篇‘箴全御过，故文资确切’、《书记》篇‘故谓谱者，普也；注序世统，事资周普’，又：‘符者，孚也；征召防伪，事资中孚。’语法与此俱同，今据改。”[⑤]《奏启》：“谠者，偏也。”铃木云：“‘偏’上疑有脱字。”范注：“《后汉·班彪传》下注，《文选·典引》注，皆云谠，直言也。《书·益稷·正义》引《声类》云‘谠言，美言也。’此云‘谠者偏也’疑有脱字，似当云‘谠者，正偏也。’《书·洪范》‘无偏无党，王道荡荡’。”[⑥]《章句》“若乃改韵从调”，铃木云：“案‘从’疑作‘徙’。”杨明照按：“铃木说是。《文选》嵇康《琴赋》‘改韵易调’，《晋书·文苑·袁宏传》‘移韵徙事’，可资旁证。”[⑦]《才略》“故知长于讽论”，铃木云：“（论）疑当作‘谕’。”王利器校曰：“‘谕’原作‘论’，徐云：‘论’当作‘谕’。铃木说同。案作‘谕’是，今据改。”[⑧]以上俱为理校，范注引《校勘记》以为正文夹校，为行文简洁，不得不舍去其校改依据，而仅取其校勘结论。然而，我们从杨明照、王利器的引录和案语中，不难看出铃木的理校极具功力，常发前修所未见，吉光片羽，海外争颂。

当然，铃木基于理校的校勘结论，也并非每下一字，泰山不移，其中亦有误判

① 杨明照著：《文心雕龙校注拾遗》，上海古籍出版社1982年版，第40页。
② 范文澜著：《文心雕龙注》卷一，上海开明书店1936年版，第14页。
③ 杨明照著：《文心雕龙校注拾遗》，上海古籍出版社1982年版，第115页。
④ 范文澜著：《文心雕龙注》卷四，上海开明书店版1936年版，第30页。
⑤ 王利器校笺：《文心雕龙校证》，上海古籍出版社1980年版，第132页。
⑥ 范文澜著：《文心雕龙注》卷五，上海开明书店版1936年版，第20、28页。
⑦ 杨明照著：《文心雕龙校注拾遗》，上海古籍出版社1982年版，第276页。
⑧ 王利器核笺：《文心雕龙校证》，上海古籍出版社1980年版，第285页。

或可商榷之处。如《时序》“叹儿宽之拟奏”，铃木云：“（拟）当作‘疑’。”杨明照说：“此云‘拟奏’，明指宽所为奏，其非‘已再见却’之‘疑奏’可知。不然，汉武何为称叹耶？且‘拟奏’始能与上句之‘对策’相对。”再如《物色》“瀌瀌拟雨雪之状”，铃木云：“（瀌瀌）当作‘麃麃’。”杨明照按：“今《小雅·角弓》作‘瀌瀌’。陈奂《诗毛氏传疏》卷二二云：‘瀌瀌，疑诗本作麃麃，后人加水旁耳。《韩诗外传》四、《荀子·非相篇》、《汉书·刘向传》作麃麃。’铃木氏盖本陈氏为说也。又按《角弓释文》‘雨音于付反’。是原读去声，属动词。若读上声，则与上句‘出日’之‘出’词性不合矣。”①

（作者简介：李平，安徽师范大学文学院教授，著有《20世纪文心雕龙研究史论》等。）

① 杨明照著：《文心雕龙校注拾遗》，上海古籍出版社1982年版，第336、350页。

诗学研究

杜甫北征与秦直道

◇邓小军

提　要：秦直道自云阳北抵九原，千八百里，是中国古代唯一沿山脊线修建的国防交通大道，线型顺直，路基坚实，路面宽阔平坦，被誉为中国高速公路之祖，媲美长城。本文首次提出：杜甫《北征》诗有三道确实证据——“邠郊入地底，泾水中荡潏”“菊垂今秋花，石戴古车辙”“我行已水滨，我仆犹木末”，共同确证杜甫北征经行秦直道三水县石门关—宜君县马栏段。杜甫《北征》细致叙述亲身经行秦直道石门关—马栏段，包含关于唐代秦直道自然、人文之情况的大量信息，为诗史增加了深厚的历史地理内容，是自司马迁《史记》以后关于秦直道的稀有的、最直观的、路段信息最翔实的珍贵文献。

关键词：杜甫；北征；秦直道；石门关；马栏

唐肃宗至德二载（757）四月，杜甫自安史叛军占领的长安逃出，穿越叛军战线，冒着生命危险奔赴凤翔（今陕西凤翔县）行在。五月授左拾遗，疏救宰相房琯，触怒肃宗，诏付三司推问，欲杀杜甫，因宰相张镐等相救获免。闰八月一日，当唐军即将反攻长安时，杜甫奉肃宗墨制放归鄜州（今陕西富县）省家。墨制用于公务，是对中书、门下制度的破坏。此时放归省家，是对杜甫变相的放逐。肃宗出于非法抢夺皇位而来的阴暗心理，先是有镇压永王璘水军[①]，现在开始全面贬逐清流士大夫[②]，之后则有囚死上皇唐玄宗[③]。

杜甫《北征》诗历叙放归鄜州省家全程所历所感，包含隐忧肃宗政治，关注平叛战争，自然、时代、个人、家庭，气象万千，全诗700字，超过《自京赴奉先县咏怀五百字》，为杜甫诗史第一杰作。其中，“虽乏谏诤姿，恐君有遗失”，是批评肃宗拒谏斥贤；“不闻夏殷衰，中自诛褒妲”与“凄凉大同殿，寂寞白兽闼”，是指出上皇失去贵妃与失去君位，业已为其政治失道付出沉重代价亦即赎罪，希冀肃宗能够善待上皇。杜甫早已预见到肃宗政治的全部恶果。

《北征》叙述自邠州（今陕西彬州市）朝东北至玉华宫（今陕西铜川市玉华宫遗址）之间一段行程，奇情壮彩，惊心动魄，篇幅长达140字，超过《石壕吏》120字。其中包含杜甫经行[④]三水（今陕西旬邑）县地域，行走秦直道。

秦直道自云阳县（今陕西淳化县）北抵九原郡（今内蒙古自治区包头市九原区麻池古城），千八百里，是中国古代唯一沿山脊线修建的国防交通大道，线形顺直，路基坚实，路面宽阔平坦，被誉为中国高速公路之祖，媲美长城。

杜甫北征经行秦直道南段中的自三水县石门关北至宜君县马栏段，里程约33公里（72唐里）。《北征》邠州—三水—玉华宫段28句140字，其中18句90字系叙述其中石门关—马栏秦直道行程。

《北征》包含杜甫经行三水县地域、行走秦直道、乘马、借马、随从马夫等历史地理及历史制度问题，从来无人涉及，其中路遇猛虎等细节，亦无确解。今试作郑笺，以期解决这些问题，并对《北征》邠州—玉华宫段作出笺证。

一、杜甫北征经行地点里程

杜甫北征经行地点，本文行文使用唐代地名，在第一次出现时及必要时，括注今地名。

---

① 邓小军：《永王璘案真相——并释李白〈永王东巡歌十一首〉》，《文学遗产》，2010年第5期；《李白与永王璘“谋主”李台卿——李白〈赠别舍人弟台卿之江南〉诗笺证》，《北京大学学报》（哲学社会科学版），2014年第2期；《李白从璘之前前后后》，《北京大学学报》（哲学社会科学版），2015年第5期。

② 邓小军：《杜甫疏救房琯墨制放归鄜州考——兼论唐代的制敕与墨制》上、下篇，《杜甫研究学刊》，2003年第1期、2003年第2期。

③ 邓小军：《杜甫〈北征〉补笺》，《北京大学学报》（哲学社会科学版），2007年第3期。

④ 经行：唐人习用语。杜甫《岳麓山道林二寺行》：“暮年且喜经行近。”唐杜环著有《经行记》。

杜甫北征经行里程，本文行文以唐里为主；少数里程，标明清里、公里，并换算为唐里。个别里程，清里、唐里之区别，在本文范围内意义不大，为避免烦琐，未再换算。

（一）凤翔行在（今陕西凤翔县）—麟游县（今陕西麟游县）

杜甫《宋本杜工部集》卷二《北征》：

> 归至凤翔，墨制放往鄜州作。
>
> 皇帝二载秋，闰八月初吉。杜子将北征，苍茫问家室。……回首凤翔县，旌旗晚明灭。前登寒山重，屡得饮马窟。

杜甫《宋本杜工部集》卷二《九成宫》：

> 苍山入百里，崖断如杵臼。曾宫凭风回，岌嶪土囊口。……我行属时危，仰望嗟叹久。天王守太白，驻马更搔首。

唐李吉甫《元和郡县图志》卷二《关内道》二《凤翔府·麟游县》：

> 西南至府一百六十里。
>
> 九成宫，在县理西一里，即隋文帝所置仁寿宫。每岁避暑，春往冬还。

（二）麟游县—邠州（今陕西彬州市）

杜甫《北征》：

> 前登寒山重，屡得饮马窟。邠郊入地底，泾水中荡潏。

杜甫《宋本杜工部集》卷二《徒步归行》：

> 赠李特进，自凤翔赴鄜州途经邠州作。
>
> 青袍朝士最困者，白头拾遗徒步归。……妻子山中哭向天，须公枥上追风骠。

清王朝爵修、孙星衍纂乾隆四十九年《直隶邠州志》卷二《州县故治今治二·今邠州城》：

西南至麟游县治一百四十里。①

(三)邠州—三水县(今陕西旬邑县)

杜甫北征经过玉华宫，作有《玉华宫》诗，自邠州朝东北至玉华宫，三水县地域是必经之地。

杜甫《北征》：

邠郊入地底，泾水中荡潏。

唐李吉甫《元和郡县图志》卷三《关内道》三《邠州·三水县》：

西南至州六十里。

清林逢泰重修、文倬天纂康熙十六年《三水县志》卷二《地理·道里》：

西四十里为邠州界，又二十里至州。②

清林逢泰重修、文倬天纂康熙十六年《三水县志》卷一《沿革·历代建置》：

唐代宗元年，吐蕃焚掠，移县治于职田镇。

唐元和四年，复移其古治。

清林逢泰重修、文倬天纂康熙十六年《三水县志》卷二《地理·镇市》：

职田镇。在邑东北三十里。唐时以为县，至宪宗复移旧治。

2014年《旬邑县志》第一编《行政建置志》第一章《位置与建制》第三节《县治变迁》：

隋时三水县治据《太平寰宇记》记载："开皇三年(583)移于今邠州东三里，新平故郡城"，新平故郡城即今彬县县城，大业初移治今县城东的红土坡

① 王朝爵修，孙星衍纂：乾隆四十九年《直隶邠州志》，卷二，叶6b，国家图书馆藏。
② 林逢泰重修，文倬天纂：康熙十六年《三水县志》卷二，叶4b，国家图书馆藏。

下。唐朝三水县治先承隋治，在今红土坡下。代宗时因城被焚，移治职田镇，宪宗时（元和四年或元和十二年）又从职田镇移回红土坡下。宋、金时三水县治仍在红土坡下。元时三水县并入淳化县。明成化十三年（1477）复置三水县，复县后勘地修城，新辟县治在今县城，历清、“中华民国”，再未变迁。①

案：第一，“邠郊入地底，泾水中荡潏”，确证杜甫北征自邠州北上经行三水县地域。

第二，由康熙《三水县志》、2014年《旬邑县志》可知，唐代宗以前包括肃宗至德二载（757）时之三水县治，即今旬邑县城。谭其骧《中国历史地图集》第五册40—41唐开元二十九年（741）《京畿道》标三水县位于今旬邑北（盖指职田），误。

（四）三水县—宜君县（今陕西铜川市玉华宫遗址南4里，当即铜川市玉华镇）—玉华宫（今陕西铜川市玉华宫遗址）

杜甫《北征》邠州—三水县—宜君县—玉华宫部分：

邠郊入地底，泾水中荡潏。猛虎立我前，苍崖吼时裂。菊垂今秋花，石戴古车辙。青云动高兴，幽事亦可悦。山果多琐细，罗生杂橡栗。或红如丹砂，或黑如点漆。雨露之所濡，甘苦齐结实。缅思桃源内，益叹身世拙。坡陀望鄜畤，岩谷互出没。我行已水滨，我仆犹木末。鸱鸟鸣黄桑，野鼠拱乱穴。夜深经战场，寒月照白骨。潼关百万师，往者散何卒。遂令半秦民，残害为异物。

杜甫《宋本杜工部集》卷二《玉华宫》：

溪回松风长，苍鼠窜古瓦。不知何王殿，遗构绝壁下。……忧来藉草坐，浩歌泪盈把。冉冉征途间，谁是长年者。

案：根据杜甫《北征》《玉华宫》诗意，参证古今地理文献及今地图，可知《北征》自“邠郊入地底”至“残害为异物”一段28句140字诗，是叙述自邠州经三水县经石门关、马栏至宜君县、玉华宫一段行程。可以称之为《北征》邠州—三水—玉华宫段。

《北征》写出了自马栏至宜君县行程，并未写到达宜君县、玉华宫，杜甫另有

① 旬邑县地方志编纂委员会编：《旬邑县志》，三秦出版社2014年版，第60—61页。

《玉华宫》诗标明到达玉华宫，而自宜君县至玉华宫只有4里，因此，本文称自“邠郊入地底”至“残害为异物”一段诗为《北征》邠州—三水—玉华宫段，较称之为《北征》邠州—三水—宜君县段，更为醒目。

其中“邠郊入地底，泾水中荡潏”，叙述离开邠州北上三水，回头俯瞰邠州、泾水之情景，可以理解为邠州境地行程，亦可以理解为自邠州进入三水县境地之行程。因为自邠州进入三水县境地，驿道曲折不过20清里，今地图直线距离不过7.7公里。

唐李吉甫《元和郡县图志》卷四《关内道》四《坊州（中部）·宜君县》：

> 贞观……二十年，置玉华宫，仍于宫所置宜君县，属雍州。永徽二年，与宫同废。龙朔三年，坊州刺史窦师伦奏，再置玉华宫，在县北四里。

南唐末北宋初乐史《太平寰宇记》卷三十五《关西道十一·坊州·宜君县》：

> 玉华宫，在县西四十里。

北宋末期欧阳忞《舆地广记》卷十四《陕西永兴军路下·坊州·宜君县》：

> 有玉华宫，在今县北。

清查遴纂辑、沈华订正雍正十年《宜君县志·山川》：

> 玉华山，县西南四十里，唐太宗建玉华宫，以此名山。①

《四部丛刊续编》景旧钞本清嘉庆《大清一统志》卷二百四十九《鄜州直隶州·宜君故城》：

> 按宜君县移治，诸志未详何时，但《元和志》云玉华宫在县北四里，《寰宇记》云宫在县西四十里，移治当在五代时也。

秦凤岗《宜君城的变迁》：

> 五代中的后梁时，宜君县城从玉华宫旧址迁到了战略要地——龟山顶上，也就是今天的宜君城之所在。②

---

① 查遴纂辑，沈华订正：雍正十年《宜君县志》，叶3b，国家图书馆藏。

② 中国人民政治协商会议陕西省宜君委员会文史资料委员会：《宜君文史》第1集，1984年版，第230页。

李之勤《柳宗元的〈馆驿使壁记〉与唐长安城附近的驿道和驿馆》:

唐代的宜君县治,在玉华官以南4里的地方。现在的宜君县城系明代改筑,而宜君县治从玉华宫之南迁往现在宜君县城附近的时间,据说大致在五代或北宋初年。①

1992年《宜君县志》第十三编《城乡建设志》第一章《城镇建设》第一节《城廓变迁》:

唐武德七年(624),在太宗李世民的离宫之一的玉华宫(今属铜川市郊区)附近新设宜君县治。五代时期,梁出于军事需要,将宜君县城从玉华宫附近迁至交通战略要道——龟山,即县城现址。②

案:第一,由《元和郡县图志》、南唐末北宋初乐史《太平寰宇记》、清顺治《宜君县志》、嘉庆《大清一统志》。可知:唐宜君县治位于玉华宫南4里,清(五代至今)宜君县城西南44里;玉华宫位于唐宜君县治北4里,清宜君县城西南约40里。

秦凤岗《宜君城的变迁》、李之勤《柳宗元的〈馆驿使壁记〉与唐长安城附近的驿道和驿馆》、1992年《宜君县志》,亦足资参考。

第二,北宋末期欧阳忞《舆地广记》"玉华宫,在今县北",谭其骧《中国历史地图集》第五册40—41唐开元二十九年(741)《京畿道》标宜君位于今宜君,均误。

清林逢泰重修、文倬天纂康熙十六年《三水县志》卷二《地理·铺舍》:

东路有万寿铺、职田铺、北坡铺,达马栏以通榆林。③

清查遴纂辑、沈华订正雍正十年《宜君县志·疆域》:

西南……至三水县二百四十里。④

清查遴纂辑、沈华订正雍正十年《宜君县志·镇堡》:

马栏镇,县西(南)一百二十里。⑤

① 中国古都学会编:《中国古都研究》,浙江人民出版社1985年版,第131页。
② 宜君县县志编纂委员会:《宜君县志》,三秦出版社1992年版,第368页。
③ 林逢泰重修,文倬天纂:康熙十六年《三水县志》卷二,叶3a,国家图书馆藏。
④ 查遴纂辑,沈华订正:雍正十年《宜君县志》,叶1b,国家图书馆藏。
⑤ 查遴纂辑,沈华订正:雍正十年《宜君县志》,叶3a,国家图书馆藏。

清文渊阁《四库全书》本刘於义修、沈青峰撰雍正《(雍正)陕西通志》卷十七《关梁二·鄜州·宜君县》:

马栏镇。在县西南一百二十里。通庆阳界,有防兵。

案:第一,康熙《三水县志》所述"职田铺、北坡铺,达马栏以通榆林",是指自三水县朝东北经职田至宜君县之马栏①,可以通向宜君、中部(今黄陵)、鄜州、延安府、榆林府。此即是清三水—职田—马栏—宜君驿道。

第二,由雍正《宜君县志》可知,清宜君县朝西南至马栏120清里,清宜君县经马栏朝西南至三水县240清里,马栏位于三水、清宜君县之间,三水—马栏、马栏—清宜君县,里程均为120清里。

清三水县—玉华宫—清宜君县驿道里程可表示为:

三水县→职田→马栏→唐宜君县→玉华宫→清宜君县

120清里　76清里　4里　40清里

(152唐里)　(80唐里)

第三,清三水—职田—马栏驿道,并非唐代驿道。唐代三水—玉华宫驿道路线,为自三水朝东至石门关,自石门关朝北至马栏,自马栏朝东至唐宜君县,自宜君县朝北至玉华宫。其中石门关—马栏一段,系秦直道。

唐三水县—宜君县—玉华宫驿道里程可表示为:

三水县→石门关→马栏→宜君县→玉华宫

60清里　57清里　76清里　4里

(76唐里)　(72唐里)　(80唐里)　(33公里)

考详下文《三水—石门关—马栏道与三水—职田—马栏道里程、路况之比较》。

(五)宜君县—坊州(今陕西黄陵县)

唐李吉甫《元和郡县图志》卷四《关内道》四《坊州(中部)·宜君县》:

---

① 关于马栏。清、民国马栏属宜君县,民国二十六年(1937)五月廿八日属中共陕北根据地新正县,民国三十八年(1949)九月属栒邑(今旬邑)县(旬邑县地方志编纂委员会编:《旬邑县志》,三秦出版社2014年版,第21—26页)。今旬邑县有两马栏,一为旬邑东北之马栏镇;一为马栏镇东北之马栏村,本文所述马栏均指此马栏村。马栏地名起于何时嗣考,至迟清初已经有之。马栏地名当得自于当地之马栏山、马栏河。古汃水亦名师水,今名三水河,三水河上游河段名马栏河,发源于今旬邑县、黄陵县子午岭马栏山区北部,曲折南流,转西南流向,经马栏、旬邑、彬县程家川南侧入泾河。

东北至州一百里。

(六)坊州—三川县(今陕西富县南三川驿村)—鄜州(今陕西富县)

唐李吉甫《元和郡县图志》卷四《关内道》四《坊州(中部)》:

北至鄜州一百五十里。

唐李吉甫《元和郡县图志》卷四《关内道》四《鄜州(洛交)·三川县》:

东北至州六十里。

案:由《元和郡县图志》可知,坊州—三川90里,三川—鄜州60里。

(七)鄜州—羌村(今陕西富县西北大申号村)

杜甫《北征》:

况我堕胡尘,及归尽华发。经年至茅屋,妻子衣百结。恸哭松声回,悲泉共幽咽。

杜甫《宋本杜工部集》卷二《羌村三首》其一:

峥嵘赤云西,日脚下平地。柴门鸟雀噪,归客千里至。

清文渊阁《四库全书》本刘於义修、沈青峰撰雍正《陕西通志》卷七十三《古迹二》:

杜甫草堂在鄜州南六十里,杜甫避难寓此,即三川也。又州西北三十里羌村,有杜窟。壁上诗甚多。(《延安府志》)

1994年《富县志·文化志》第五章《文物古迹》第二节《古迹》—《古遗址·名人驻地遗址·羌村》:

即今岔口乡大申号村。唐天宝十五年(756年),诗人杜甫为避“安史之乱”,携带妻子儿女驻鄜州城北30里羌村,著有《羌村三首》等。①

① 富县地方志编纂委员会编:《富县志》,陕西人民出版社1994年版,第425页。

小 结

第一，由上相关杜诗及相关历代方志，可知杜甫北征全程经行地点，是自凤翔（今陕西凤翔县）行在朝东北方向，经过凤翔府所属麟游县（今陕西麟游县）、邠州（今陕西彬州市）、邠州所属三水县（今陕西旬邑县）、三水县石门关（今旬邑石门关）、坊州所属宜君县马栏（今旬邑马栏）、宜君县（今陕西铜川市玉华宫遗址南4里，当即玉华镇）、玉华宫、坊州（今陕西黄陵县）、鄜州所属三川县（今陕西富县南三川驿村）、鄜州（今陕西富县），共计经历8个府州县，始抵达鄜州所属羌村（今陕西富县西北大申号村）。

第二，杜甫北征全程道里，自凤翔至麟游县160里，麟游至邠州140里，邠州至三水县60里，三水县至石门关76里（60清里）、石门关至马栏72里（33公里，57清里），马栏至宜君县80里（76清里），宜君县至玉华宫4里，宜君至坊州100里，坊州至三川县90里，三川县至鄜州60里，鄜州至羌村30里，共计自凤翔至羌村全程约868里。杜甫《羌村三首》其一“归客千里至”，取成数言之也。

第三，杜甫北征8个府州县之间7个行程段，距离最长之段，为自三水县至宜君县228里一段。杜甫北征自三水县至宜君县228里一段行程，尤其其中自三水县石门关至宜君县马栏秦直道72里一段行程，从来无人道及。

杜甫北征所经地理区域，是从关中平原凤翔，朝东北方向，经陕北黄土高原南缘麟游，陕北黄土高原南部邠州、三水、宜君，然后向北，经陕北黄土高原中部坊州、鄜州，到达羌村。所见地貌景观，子午岭[①]众山脉由北而南走向，南端直贯三水、宜君等县，海拔高达1700余米至1880余米，崇山峻岭，黄土塬墚，丰草长林，此起彼伏。

自三水至宜君所行道路，须横跨子午岭南端高山深壑，除自三水东之石门关北至马栏一段为秦直道，系车马大路外，只有人行驮运驿道，曲折陡峭，崎岖难行。自宜君北上鄜州，则是长安至延州（今延安）的官马大道，路况好走。故《北征》诗写沿途所见所感，叙述凤翔—麟游—邠州行程，仅用“靡靡逾阡陌，人烟眇萧瑟。所遇多被伤，呻吟更流血。回首凤翔县，旌旗晚明灭。前登寒山重，屡得饮马窟”8句40字诗，而叙述邠州—三水—宜君、玉华宫行程，乃用28句140字诗，

①《汉书》卷九十九上《王莽传上》“子午道，从杜陵直绝南山径”。唐颜师古注：“子，北方也。午，南方也。言通南北道相当，故谓之子午耳。今京城直南山有谷通梁，汉道名子午谷。又宜州西界、庆州东界有山，名子午岭，计南北直相当，此则北山者是子，南山者是午，共为子午道。”中国山脉东西走向居多，子午岭山脉系南北走向，故特以子午为名。

浓墨重彩，蔚为壮观，并以单独诗篇《玉华宫》叙述达玉华宫，《羌村三首》叙述到达羌村。至于宜君—坊州—三川—鄜州一大段延州道行程，则完全从略。

二、杜甫北征行走秦直道石门关—马栏段

（一）唐代三水至马栏可能有两条通道

1.三水—石门关—马栏道，其中石门关—马栏为秦直道

唐李吉甫《元和郡县图志》卷三《关内道》三《邠州·三水县》：

石门山。在县东五十里，峰岩相对，望之似门。

清林逢泰重修、文倬天纂康熙十六年《三水县志》卷四《艺文·七言律》唐郑谷《春过郇邑诗》：

百里花封俗化淳，名踪盛迹半犹存。谷评白虎藏岩洞，地涌金泉过石门。旧县城颓三水镇，故家树老五林村。残碑堕落夫人冢，苔藓年年长泪痕。[①]

2000年《彬县志·交通邮电志》第一章《交通》第一节《古道》：

唐代曾辟从耀州经石门关到三水，西去至宁州的驿道。由关中去庆阳的商贩多行此道。[②]

案：据唐李吉甫《元和郡县图志·三水县》“石门山，在县东五十里”，唐郑谷《春过郇邑诗》“地涌金泉过石门”，可知唐时有自三水东至石门关道路，此即是2000年《彬县志》所述“唐代曾辟从耀州经石门关到三水”的驿道——唐耀州—三水驿道。

清林逢泰重修、文倬天纂康熙十六年《三水县志》卷二《地理·道里》：

东南一百五十里至耀州。[③]

《明史》卷四十二《地理志》三《邠州·三水》：

东南有石门山。东有三水河，一名汃水，西南流入泾水。东南有石门巡

① 林逢泰重修，文倬天纂：康熙十六年《三水县志》卷四，叶63a–b，国家图书馆藏。

② 彬县志编纂委员会编：《彬县志》，陕西人民出版社2000年版，第268页。

③ 林逢泰重修，文倬天纂：康熙十六年《三水县志》卷二，叶4b，国家图书馆藏。

检司。

清文渊阁《四库全书》本刘於义修、沈青峰撰雍正《陕西通志》卷十七《三水县》:

石门关。在县东六十里石门山。……两山夹立,势极高峻,为西北要害。亦名尧门,汉更名石关,为邠之镇,以汉武于此立关而名也。(《州志》)

关外为耀州、淳化、宜君、同官四州县交错之地。明置石门关,甃石为城,设巡司,又于岭上筑岸门,重关之险。今巡司裁,雍正元年,设把总汛。(县册)

2014年《旬邑县志》第二十二编《军事》第二章《军事要地》第二节《关隘·石门关》:

位于县城东30千米的石门山中,四面环山,地势险峻,海拔1885米,为旬邑县最高点。旬(邑)耀(州)公路逾关而行,是耀旬往来之咽喉。古为秦直道关口,汉武帝时设关,明置巡检司,清为汛(千总、把总、外委统帅的绿营兵驻守的地方地)。[①]

《大唐六典》卷三度支郎中员外郎条:

凡陆行之程,马日七十里,步及驴五十里,车三十里。

《大唐六典》卷五驾部郎中员外郎条:

凡三十里一驿。

案:第一,三水—石门关—耀州150里,其中三水—石门关60里,由唐制“凡陆行之程,马日七十里,步及驴五十里”,“凡三十里一驿”,可知唐代石门关当设有馆驿。

第二,由《明史》、清雍正《陕西通志》、2000年《旬邑县志》,可知石门关为军事要地,汉时设关,明设巡司,清设把总汛,可以作为唐代石门关设馆驿,甚至设关之旁证。

① 旬邑县地方志编纂委员会编:《旬邑县志》,三秦出版社2014年版,第650页。

《史记》卷六《秦始皇本纪》:“三十五年,除道,道九原,抵云阳,堑山堙谷,直通之。”

《史记》卷八十八《蒙恬列传》:“始皇欲游天下,道九原,直抵甘泉,乃使蒙恬通道,自九原抵甘泉,堑山堙谷,千八百里,道未就。”

《史记》卷一百十《匈奴列传》:“秦灭六国,而始皇帝使蒙恬将十万之众北击胡,悉收河南地,因河为塞,筑四十四县城临河,徙适戍以充之。而通直道,自九原至云阳。”

《史记》卷八十八《蒙恬列传》:“太史公曰:吾适北边,自直道归,行观蒙恬所为秦筑长城亭障,堑山堙谷,通直道,固轻百姓力矣。”

徐君峰《秦直道道路走向与文化影响》第二章《从历史迷雾中走出的秦直道》一《史念海开历史地理学研究之先河》:

1975年,为了完成时任兰州军区司令员皮定均将军出于防修反修战备需要而交办的编写兵要地理志的任务,史念海在浩瀚的史海中,对有关秦直道的文献资料进行了搜集与梳理。[①]

司马迁曾随汉武帝刘彻亲身走过秦直道,虽然在《史记》中留下了修筑秦直道的最直接记载,但所有记载只谈及了秦直道及其南北的起讫点。至今能够见到的最早明确记述秦直道经行地点的历史文献,也是经常被学者引用的只有两条。一条见于唐元和年间撰著的《元和郡县图志》,记载的是子午岭南段的秦直道:“秦故道在(襄乐)县东八十里子午山。”史念海认为唐襄乐县就是甘肃省宁县襄乐镇(现在叫湘乐镇)。一条见于唐贞观年间编纂的《括地志》,记载了子午岭北段的秦直道:“秦故道在庆州华池县西四十五里子午山上。”原书已佚失,这条记述见于唐张守节《史记正义》征引。史念海认为唐华池县是现在甘肃省华池县的东华池村。[②]

① 徐君峰著:《秦直道道路走向与文化影响》,陕西师范大学出版总社有限公司2018年版,第47页。

② 徐君峰著:《秦直道道路走向与文化影响》,陕西师范大学出版总社有限公司2018年版,第47页。

史念海在对文献资料进行深入细致的研究后，在军区参谋和几位专家的陪同下，野外考察一个多月，用五万分之一的地图进行勾勒，寻找已湮灭在历史长河中的秦直道。尽管司马迁并未说出可供今人借鉴的途经之地的具体地名，庆幸的是他论述了途经之地"堑山堙谷"的地理环境。史念海以司马迁的论述为依据，在实地踏查的基础上，发表了长达两万馀字的《秦始皇直道遗迹的探索》一文。①

史念海《秦始皇直道遗迹的探索》(1975年)开篇：

直道与驰道不同，它只有一条，是由云阳县的甘泉山通到九原郡。②

直道由(云阳)林光宫开始，就进到甘泉山。甘泉山为子午岭南端的一个支岭，也就是说直道离林光宫后就进到子午岭，循岭北行。③

旬邑石门关的同志见告：据当地人们记忆，距今数十年前，由石门关至马栏河一段子午岭的主脉风子梁，正是关中棉花向北运输的道路。每当运花季节，梁上路旁的灌木枝上，粘花带絮，一路皆白。解放战争前，石门关是陕甘宁边区的一部分，为储粮仓库所在地，风子梁更成为转运粮草的大路。这些事实都说明，直道在秦始皇修筑以后，历代还曾断断续续加以使用，因而遗迹也得以保留。④

张在明等《岭壑无语——秦直道考古纪实》第一章《考古发掘、调查简报、论文·旬邑县秦直道调查钻探简报》(2014年)：

旬邑县位于陕西省咸阳市北部，东接铜川耀州区，北依甘肃正宁，南傍淳化，西临彬县。全县总面积1811平方公里。……全县地势东北高西南低，境内最高点位石门关，海拔1885米，平均海拔960—1350米。本县西部山地属

① 徐君峰著：《秦直道道路走向与文化影响》，陕西师范大学出版总社有限公司2018年版，第48页。

② 史念海著：《河山集》四集，陕西师范大学出版社1991年版，第435页。原载《陕西师大学报》(哲学社会科学版)，1975年第3期；又载《文物》，1975年第10期；又载孙闻博编《秦直道研究论集》，陕西师范大学出版总社有限公司2018年版。

③ 史念海著：《河山集》四集，陕西师范大学出版社1991年版，第441页。

④ 史念海著：《河山集》四集，陕西师范大学出版社1991年版，第442页。

于子午岭南端及其馀脉。[1]

一、旬邑县秦直道概况

秦直道在旬邑县境内大致为南北走向，基本沿山梁分布。……山势起伏较大，视野开阔，秦直道在该段有一定起伏。

在旬邑县境内，秦直道南于前蝎子掌接淳化县秦直道，向北，下盘头坡，越七里川，经大草沟、庙沟、石门关、碾子院东、前陡坡，越马栏河谷，至两女寨（自两女寨至黑麻湾，秦直道在甘肃省正宁县境内）折向东北，沿子午岭平坦宽阔的山脊，经黑麻湾、破山子、离灵关、景家台与黄陵县秦直道相连，境内全长约90公里。……路面一般宽10—20米。[2]

二、旬邑县秦直道的基本走向

…………

（二）石门关至旬邑、耀州交界处

该段秦直道长约17公里。

此段道路较为曲折，但大致向东北方向延伸。[3]

（三）旬邑、耀州区交界处至马栏

该段秦直道长约16公里。

总体沿北偏西方向延伸，途中弯度不大，相对较直。[4]

案：第一，由史念海《秦始皇直道遗迹的探索》（1975年）所述“旬邑石门关的同志见告：据当地人们记忆，距今数十年前，由石门关至马栏河一段子午岭的主脉风子梁，正是关中棉花向北运输的道路。每当运花季节，梁上路旁的灌木枝上，粘花带絮，一路皆白”，可知秦直道石门关—马栏段，直到民国时，畅通无阻，唐时畅通无阻，毫无问题。

第二，据张在明等《岭壑无语——秦直道考古纪实》，秦直道石门关至马栏里

① 张在明，王有为，陈兰，等著：《岭壑无语——秦直道考古纪实》，陕西师范大学出版总社有限公司2018年版，第90页。

② 张在明，王有为，陈兰，等著：《岭壑无语——秦直道考古纪实》，陕西师范大学出版总社有限公司2018年版，第90—91页。

③ 张在明，王有为，陈兰，等著：《岭壑无语——秦直道考古纪实》，陕西师范大学出版总社有限公司2018年版，第92—93页。

④ 张在明，王有为，陈兰，等著：《岭壑无语——秦直道考古纪实》，陕西师范大学出版总社有限公司2018年版，第93页。

程约33公里。

2.三水—职田—马栏道

如前所述，由清康熙《三水县志》、雍正《宜君县志》，可知清代三水—职田—马栏—玉华宫—宜君县之间，有驿道相通。清三水—马栏驿道里程为120清里。

由清康熙《三水县志》（详下文《除不经过县城的秦直道外，三水自古不通车路》所引）、1992年《宜君县志》，可知此驿道系人行驮运驿道，自古不能通车。

唐代是否有三水—职田—马栏道，文献无征，可能有之，假定有之。

（二）三水—石门关—马栏道与三水—职田—马栏道里程、路况之比较

1.里程比较

据张在明等《岭壑无语——秦直道考古纪实》，秦直道石门关至马栏里程约33公里。

光绪《钦定大清会典》卷十七《户部》：

> （康熙时）度天下之土田。……以营造尺起度，五尺为步，三百六十步为里。①

可知自康熙时期起，清制1里=5营造尺×360步=1800营造尺。

国家计量总局、中国历史博物馆、故宫博物院主编《中国古代度量衡图集·尺度》图版七〇《康熙牙尺 清》：

> 正面第一格（半寸）刻楷书“康熙御制”四字……每寸长3.2厘米，一尺合32厘米。②

丘光明《中国古代度量衡》第十六章《清朝度量衡的兴衰》—《清朝的尺度》：

> 营造尺之长还可以从以下实物作一些佐证：（1）“康熙御制”牙尺，全长5寸，一寸长3.2厘米。（2）“高宗纯皇帝钦定权度尺”（纯皇帝是乾隆谥号）一尺正合32厘米。（3）两支光绪三十四年（1908年）清政府商请国际权度局校订制造的营造尺，一尺长32厘米。③

---

① 昆岗等编纂：光绪《钦定大清会典》，光绪二十五年武英殿石印本，卷十七，叶5a—叶8a。

② 国家计量总局、中国历史博物馆、故宫博物院主编：《中国古代度量衡图集》，文物出版社1984年版，第37页。

③ 丘光明著：《中国古代度量衡》，中国国际广播出版社2011年版，第181页。

丘光明《中国古代计量史·中国历代度量衡量值表》(节略):

表1　中国古代计量史·中国历代度量衡量值表①

时代	年代(公元)	单位量值
		一尺合厘米数
唐	618—907	30.3
宋	960—1279	31.4
元	1206—1368	35
明	1368—1644	32
清	1616—1911	32

案:由上可知,自康熙时期起,清制1里=32厘米×1800营造尺=57 600厘米=576米。

秦直道石门关—马栏段33公里=33 000米÷576米=清制57.29里。

《大唐六典》卷三《户部尚书》:

> 凡天下之田五尺为步。

清文渊阁《四库全书本》宋钱易《南部新书》卷九:

> 《开元令》……《令》云……诸度地,五尺为步,三百步为一里。

案:由上可知,唐制1里=30.3厘米×5尺×300步=45 450厘米=454.5米。

秦直道旬邑石门关—马栏段33公里=33 000米÷454.5米=唐制72.6里。

据清雍正《陕西通志》,三水—石门关60清里。

60清里=576米×60清里=34 560米

34 560米÷454.5米=唐制76里

三水—石门关76唐里(60清里),石门关—马栏72唐里(33公里,57清里),三水—石门关—马栏148唐里(117清里)。

据清康熙《三水县志》、雍正《宜君县志》,三水—职田—马栏道120清里。

576米×120清里=69 120米

69 120米÷454.5米=唐制152里

同在子午岭山脉崇山峻岭中,三水—石门关—马栏道约148唐里(117清里),比较三水—职田—马栏道152唐里(120清里),里程基本相等而稍短。

① 丘光明著:《中国古代计量史》,安徽科学技术出版社2012年版,第191页。

2.路况比较

更重要的是,石门关—马栏秦直道比三水—职田—马栏驮道具有无比优越性:秦直道线型端直,路面宽阔、平坦,坡道平缓,视野开阔,而不是像驮道那样路线曲折,路面狭窄、崎岖,坡道陡峭,视野受限。毫无疑问,在唐代,三水至马栏即使有不止一条道路,石门关—马栏秦直道是行人最佳选择。

(三)杜甫行走秦直道之确证:“石戴古车辙”

1.《北征》:“石戴古车辙”

杜甫《北征》:

> 邠郊入地底,泾水中荡潏。猛虎立我前,苍崖吼时裂。菊垂今秋花,石戴古车辙。

案:第一,《北征》“邠郊入地底,泾水中荡潏”二句,是叙述离开邠州北上回头俯瞰邠州,即将取道三水县地,前往玉华宫,接着就写出“石戴古车辙”,可知“石戴古车辙”是记叙三水路上所见路面景观。

第二,“石戴古车辙”,诗言行走在古道上,古道是岩石路面,岩石路面上留有古时候的车辙印迹。

2.秦直道重要功能是并排通行多辆辎重车辆,考古发掘发现秦直道黄土路段坚硬路面上碾压所形成之车辙沟深达11厘米

《史记·秦始皇本纪》三十七年:

> 七月丙寅,始皇崩于沙丘平台。丞相斯为上崩在外,恐诸公子及天下有变,乃祕之,不发丧。棺载辒凉车中……遂从井陉抵九原。会暑,上辒车臭,乃诏从官令车载一石鲍鱼,以乱其臭。行从直道至咸阳,发丧。

案:《史记·秦始皇本纪》所载三十七年辒凉车自九原从直道至咸阳,是史言秦直道早已全线通车。

《史记》八十八《蒙恬列传》:

> 始皇二十六年……秦已并天下,乃使蒙恬将三十万众北逐戎狄,收河南。筑长城……暴师于外十余年,居上郡。

《史记》卷十五《六国年表》秦始皇三十五年:

为直道，道九原，通甘泉。

徐君峰《秦直道考察行纪》第一章《秦直道的前世今生》一《秦直道的修筑以及意义》：

一石等于二十七市斤。三十万大军（三百日）粮食消耗高达五百四十万斛，换算下来仅基本口粮即为一亿四千五百八十万斤，这还不包括其他军用物资。

辎重车辆的载重量，文献记载不一。《韩非子·外储说左上》说："用咫尺之木，不费一朗之事，而引三十石之任。"《墨子·鲁问》："说须臾刘二寸之木，而任五十石之重。"王子今在《秦汉名物丛考·流马方囊》中认为："诸子书中语有时重论效能，不免夸张，未可以为实证。从《九章算术·均输》中关于'均输粟''均赋粟'的算题所提供的情况看，汉代运粮车的载重标准一般为25斛。"那么运粮需二十一万六七辆辎重车辆。①

案：由《史记·蒙恬列传》秦始二十六年"乃使蒙恬将三十万北逐戎狄"，"暴师于外十余年，居上郡"，《史记·六国年表》秦始皇三十五年"为直道，道九原，通甘泉"，及徐君峰《秦直道考察行纪》所考可知，秦直道重要功能是通行辎重车辆，自秦都咸阳向上郡（治肤施，今陕西榆林县南）、九原三十万大军输送军用物资，一年仅输送粮食即达数百万斛，通行辎重车达数十万辆，秦时辎重车每辆载重量达数百斤以上。

清顾耿臣修、任于峤纂康熙五年《鄜州志》卷一《古迹·圣人条》：

从山岭修成大路，可并行二三两车，遇险阻则转折蜿蜒通去，自西塞外来，经庆阳入鄜境，至西安嵯峨山而尽。不知何代，为何而修，峤意始皇三十三年使蒙恬除直道，由九原抵云阳，堑山堙谷，千八百里，或即此也。②

兰草《两千年前的"高速公路"——秦直道见闻录》（1991年）：

1962年夏初，我受命参加一个考察队，赴子午岭考察陕、甘边界。

我站起来爬向（富县）望火楼最高点。远远眺望，天哪！这哪里像路！这

① 徐君峰著：《秦直道考察行纪》，陕西师范大学出版总社有限公司2018年版，第13页。

② 顾耿臣修：康熙五年《鄜州志》卷一，叶8b，国家图书馆藏。

简直像个足球场绵延远去。[①]

我丈量了足有50米宽的直道垭口。最少可并排行驶15辆大汽车。[②]

我站在(富县)"车路梁"的最高点,向北眺望一眼看不到边。这一段秦直道最宽、最平坦。路面没有生长树木。远远望去,真像一条绿色的巨蟒,仰卧在莽莽森林里。比现代飞机场跑道还宽畅。假如眼下真有一架飞机,保证能降落下来,也能顺利起飞。[③]

案:清康熙《鄜州志》"从山岭修成大路,可并行二三两车",兰草《两千年前的"高速公路"——秦直道见闻录》"我丈量了足有50米宽的直道垭口。最少可并排行驶15辆大汽车","我站在'车路梁'的最高点,向北眺望","比现代飞机场跑道还宽畅",皆表明秦直道最重要的特征一是路面宽阔平坦,可以并排行驶多辆车辆,二是直道多行走在山脊线上。

"车路梁"之小地名,仅3个字,是走车辆的道,是山脊线上的道,两个特征,兼而有之。

张在明等《岭壑无语——秦直道考古纪实》第一章《考古发掘、调查简报、论文·陕西富县秦直道考古取得突破性成果》(2009年):

二、秦直道研究回顾

2006年至2008年,考古队相继对陕西咸阳、延安和甘肃庆阳三地区九个县的直道进行了考古调查,并对陕西富县车路梁和黄陵南桂花两个地点进行了考古钻探和试掘,主要收获有:

南桂花位于黄陵县的子午岭主脉上……整个路基的上部、中部和东部均为夯土构筑,质地坚硬,色呈灰黄,上部夯层厚8~10厘米,下部厚12~16厘米。不少夯土中还夹有直径20~30厘米的礓石,以加强路基的强度。[④]

---

① 兰草:《两千年前的"高速公路"——秦直道见闻录》,《传记文学》,1991年第6期,第107页。

② 兰草:《两千年前的"高速公路"——秦直道见闻录》,《传记文学》,1991年第6期,第108页。

③ 兰草:《两千年前的"高速公路"——秦直道见闻录》,《传记文学》,1991年第6期,第109页。

④ 张在明,王有为,陈兰,等著:《岭壑无语——秦直道考古纪实》,陕西师范大学出版总社有限公司2018年版,第46—47页。

三、2009年考古发掘

富县桦沟口段秦直道位于陕甘交界处，是自南而北下子午岭支脉后过葫芦河前的一段，呈西北—东南走向。发掘中心区地理坐标：北纬36°04′14″，东经108°41′03″，海拔1205米。发掘共开5米×5米探方68个，探沟9条，发掘面积约2050平方米。①

（一）《主要遗迹》

地层关系较单纯，大部分地点分为三层。第一层为耕土或植被层（扰动层），厚15～30厘米；第二层为自然堆积层，厚25～60厘米；第三层为路土碾压层，一般厚15～35厘米。再下即为生土层。②

1.路面、车辙

路面车辙呈放射状分布。下方有11～13道车辙辙梁，分布宽度约24米。随着上坡向前，路面变窄，车辙辙梁合并减少。至中心区的咽喉处，车辙仅有6～7道，分布宽度仅约10米。

车辙间的辙梁系经过车轮反复碾压、挤迫形成。大多数辙梁剖面略呈梯形，个别的呈半圆弧形。一般上部宽20～45厘米，下部宽30～55厘米，高（也即辙沟深）4～11厘米。③

从成组或对称的车辙印判断，当时的车辆轮距有三种，即110厘米、130厘米和140厘米。

重要的是，多处路面上叠压有秦代和西汉时期的绳纹筒瓦、板瓦，两处路面上还出土了铜镞和铜币，为道路的绝对年代提供了可靠依据。④

…………

（三）时代判断

总之，发掘出土的所有证据都支持这样一种判断：桦沟口段直道及其附

① 张在明，王有为，陈兰，等著：《岭壑无语——秦直道考古纪实》，陕西师范大学出版总社有限公司2018年版，第48页。

② 张在明，王有为，陈兰，等著：《岭壑无语——秦直道考古纪实》，陕西师范大学出版总社有限公司2018年版，第48页。

③ 张在明，王有为，陈兰，等著：《岭壑无语——秦直道考古纪实》，陕西师范大学出版总社有限公司2018年版，第49页。

④ 张在明，王有为，陈兰，等著：《岭壑无语——秦直道考古纪实》，陕西师范大学出版总社有限公司2018年版，第52页。

属建筑，始建于秦代，沿用至西汉晚期或两汉之间废弃。其中，直道下层路面的时代约为秦代和西汉早期，上层路面的时代约为西汉中期和晚期。①

案：由张在明等《陕西富县秦直道考古取得突破性成果》所述秦直道黄陵南桂花段“整个路基”“为夯土构筑，质地坚硬，色呈灰黄，上部夯层厚8～10厘米，下部厚12～16厘米。不少夯土中还夹有直径20～30厘米的礓石，以加强路基的强度”，秦直道富县桦沟口段“路土碾压层，一般厚15～35厘米”，“有11～13道车辙辙梁，分布宽度约24米”，“高（也即辙沟深）4～11厘米”，足见秦直道黄土路段路基坚实，路面可以并排行驶多辆车辆，尤足见秦时直道上行驶之车辆多为辎重车辆，故在秦直道坚硬路面上碾压所形成之车辙沟，深达11厘米。

3. 秦直道包括三水段多沿子午岭山脊线连续而行，路面系松软的砂岩、风化石，辎重车辆能留下车辙沟痕迹，“石戴古车辙”是杜甫行走秦直道之确证

王开《“秦直道”新探》（1986年）：

（秦直道）位于山脊、贯通南北，连接陕北黄土高原、长“千八百里”（汉里）。②

为了编写《陕西古代道路交通史》的需要，陕西交通史、志编写委员会办公室，组织有关地区（市）县的编史人员，于1986年6月中旬至7月下旬，并在此后多次对画家靳之林认定的路线进行了重点考察。③

由石门关西侧沿子午岭主脉北行，经碾子院、前陡坡、卧牛石、老爷庙、大店至马栏河，这一段山岭统称“凤子梁”（又名枫树梁）。④

秦直道能沿子午岭山脊连续而行，这与子午岭的山系构造有关。子午岭并非只有一条主脉，而是支脉蔓延，南北行走，东西并列。山脊宽阔平坦，无

① 张在明，王有为，陈兰，等著：《岭壑无语——秦直道考古纪实》，陕西师范大学出版总社有限公司2018年版，第62页。

② 西安市交通局史志编纂委员会编：《西安古代交通志》，陕西人民出版社1997年版，第733页。原载《陕西交通史志通讯》，1986年第5期；又载《西北史地》，1987年第2期；增订稿载《成都大学学报》（社会科学版），1989年第1期；又载孙闻博编《秦直道研究论集》，陕西师范大学出版总社有限公司2018年版。

③ 西安市交通局史志编纂委员会编：《西安古代交通志》，陕西人民出版社1997年版，第735页。

④ 西安市交通局史志编纂委员会编：《西安古代交通志》，陕西人民出版社1997年版，第736页。

坚石，均为松软的砂岩构造，开凿较易。……正因为子午岭是风化石或土山，与秦岭绝不相同，才出现了一条千馀里长的“沿脊线”路——直道。①

王学理《咸阳帝都记》第六章《以首都为中心的道路交通网》第二节《内史通天下的大道》六《直道》：

子午岭主脉及其支脉呈南北走向，系风化石和砂岩结构，顶部大多平坦宽阔，筑路工程与视野条件极佳。直道作为一种“沿脊线”，其弯道半径不少于40米，最大坡度也在10%以下，现存路基宽度30～55米。②

张在明等《岭壑无语——秦直道考古纪实》第一章《考古发掘、调查简报、论文·陕西富县秦直道考古取得突破性成果》一《秦直道简况》（2009年）：

与常规道路沿河谷选线不同，秦直道的设计者巧妙地利用了陕甘交界处的子午岭及黄土高原特有的地形，建成了中国古代唯一沿山脊和高地选线的国家级交通大道。修成的直道线形顺直，弯道很大，道路标准很高，被誉为中国高速公路之祖。③

张在明等《岭壑无语——秦直道考古纪实》第一章《考古发掘、调查简报、论文·旬邑县秦直道调查钻探简报》（2014年）：

一、旬邑县秦直道概况

秦直道在旬邑县境内大致为南北走向，基本沿山梁分布。④

（二）石门关至旬邑、耀州交界处

子午岭主脉在此蜿蜒，而秦直道则沿山脊延伸。⑤

案：第一，由张在明等《旬邑县秦直道调查钻探简报》，可知秦直道旬邑石门关以北段，多沿子午岭主脉山脊线延伸。

---

① 西安市交通局史志编纂委员会编：《西安古代交通志》，陕西人民出版社1997年版，第746页。

② 王学理：《咸阳帝都记》，三秦出版社1999年版，第360页。

③ 张在明，王有为，陈兰，等著：《岭壑无语——秦直道考古纪实》，陕西师范大学出版总社有限公司2018年版，第44页。

④ 张在明，王有为，陈兰，等著：《岭壑无语——秦直道考古纪实》，陕西师范大学出版总社有限公司2018年版，第90页。

⑤ 张在明，王有为，陈兰，等著：《岭壑无语——秦直道考古纪实》，陕西师范大学出版总社有限公司2018年版，第93页。

第二，由王开《"秦直道"新探》"秦直道能沿子午岭山脊连续而行"，是因为子午岭山脊"均为松软的砂岩构造"，"是风化石或土山"，"开凿较易"，王学理《咸阳帝都记》"子午岭主脉及其支脉呈南北走向，系风化石和砂岩结构，顶部大多平坦宽阔，筑路工程与视野条件极佳"，可知秦直道子午岭山脊路面多系松软的砂岩、风化石，辎重车辆能留下车辙沟痕迹；《北征》："邠郊入地底，泾水中荡潏"，是写离开邠州北上三水县，接着写出"石戴古车辙"，确证了杜甫行走三水县地域秦直道，亦即秦直道石门关—马栏段。

（四）除不经过县城的秦直道外，三水自古不通车路，杜甫北征三水段未走秦直道的可能性完全排除

清林逢泰重修、文倬天纂康熙十六年《三水县志》卷四《艺文·议》林逢泰《请停缓续派粮草议》：

> 查得十四年续派粮草，先奉文拨运邻州，旋改运泾州。……本县设在万山之中，四面沟崖崎岖，自古无车辆可通。肩挑背负，所运几何？①

清林逢泰重修、文倬天纂康熙十六年《三水县志》卷四《艺文·议》林逢泰《请改征草束及免车辆议》：

> 盖本县僻处山陬，沟崖崎岖，自古不通车路，并无车辆。②

清林逢泰重修、文倬天康熙纂十六年《三水县志》卷四《艺文·议》林逢泰《再请改征草束免车辆议》：

> 至于派车七十九辆，因山沟崎岖，自古不通车路，业已折夫若干名、驴若干头。③

清文渊阁《四库全书》本刘於义修、沈青峰撰雍正《陕西通志》卷五十三《名宦四·令长·国朝》

> 林逢泰，晋江人，举人，康熙八年，由陇西令调三水。厘奸剔弊，志在澄清，邑文庙、公署久圮，逢泰即捐俸修复。城垣仓库，次第整理。及王辅臣之变，训练乡勇，修饬城守，邑赖以全。至免荒粮，豁逃丁，及改征、折色、房税、

① 林逢泰重修，文倬天纂：康熙十六年《三水县志》卷四，叶43a—叶44a，国家图书馆藏。

② 林逢泰重修，文倬天纂：康熙十六年《三水县志》卷四，叶44b，国家图书馆藏。

③ 林逢泰重修，文倬天纂：康熙十六年《三水县志》卷四，叶46b，国家图书馆藏。

地税诸议，尤见其实心爱民云。

1992年《宜君县志》第九编《交通邮电志》第一章《交通》第二节《道路》一《驮道》：

> 到清末、民国时，宜君境内已形成的主要人行驮运干道有20条，由县城和五里镇、七里镇（又名店头，今属黄陵县）、偏桥、焦坪四镇辐射向本县马栏（今属旬邑）……周围的城镇。①

案：第一，由康熙初期三水知县林逢泰《请停缓续派粮草议》“本县设在万山之中，四面沟崖崎岖，自古无车辆可通”，《请改征草束及免车辆议》“本县僻处山陬，沟崖崎岖，自古不通车路，并无车辆”，《再请改征草束免车辆议》“因山沟崎岖，自古不通车路”，可知除不经过县城的秦直道外，三水自古不通车路，只有人行驮运小道，不能通车，包括三水—职田—马栏道。

第二，由1992年《宜君县志》可知，清三水—职田—马栏—玉华宫—清宜君县驿道系人行驮运驿道，不能通车，可以作为林逢泰所述三水“自古不通车路”之旁证。

第三，除不经过县城的秦直道外，三水自古不通车路，因此，杜甫《北征》三水县部分“石戴古车辙”，确证杜甫北征乃是行走石门关—马栏秦直道。此段行程，全程为三水—石门关—马栏—宜君—玉华宫。

第四，杜甫北征三水段未走秦直道的可能性，至此完全排除。

《唐律疏议》卷十《职制律·乘驿马枉道》：

> 诸乘驿马辄枉道者，一里杖一百，五里加一等。
>
> 疏议曰：乘驿马者，皆依驿路而向前驿。若不依驿路别行，是为“枉道”。

案：由《唐律疏议》可知，判断一条道路是否是唐代官方驿道的标准，是该道路是否为当地馆驿人员领送往来官员经行的道路。

至德二载闰八月，杜甫是在三水馆驿马夫领送下，经行三水—石门关—马栏道，可知三水—石门关—马栏道才是唐代官方驿道。唐代即使有三水—职田—马栏道，也不是官方驿道。

唐代三水—宜君官方驿道路线，系三水—石门关—马栏—宜君。

行文至此，杜甫北征经行秦直道石门关—马栏段考察既明，杜甫北征全程经

① 宜君县县志编纂委员会编：《宜君县志》，三秦出版社1992年版，第242—243页。

行地点、路线，可用示意图表示如下。

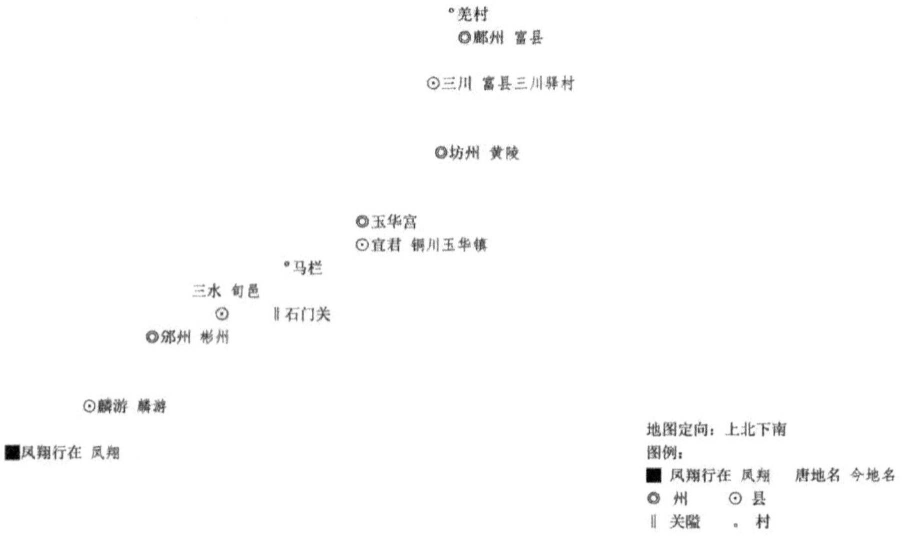

图1 杜甫北征示意

三、杜甫北征乘马、借马、仆夫

(一)杜甫北征自凤翔至邠州乘马，所乘马是借马，须自邠州归还凤翔

杜甫《九成宫》：

天王守太白，驻马更搔首。

杜甫《北征》：

前登寒山重，屡得饮马窟。邠郊入地底，泾水中荡潏。

《大唐六典》卷三度支郎中员外郎条：

凡陆行之程，马日七十里，步及驴五十里，车三十里。

《唐六典》卷五驾部郎中员外郎条：

凡三十里一驿。

《唐会要》卷六十一《御史台中·馆驿》：

长安四年五月二日。乘传人使，事闲缓每日不得过四驿。

1993年《麟游县志》第八编《交通邮电》第一章《交通》第二节《道路》一《古道路》(三)《唐路》：

麟游古代道路遗址有迹可考者，始于隋唐。

唐贞观四年(630)，唐太宗诏改仁寿宫为九成宫，太宗、高宗相继游幸。……当时又开辟了麟凤古道，此路为唐王驻跸九成宫时，驻凤官员与南来使节奏对朝贺必经之道。其具体路线由凤翔县城过老君顶、姚家沟、亢家河，上十八岭坡，经石门关、三官庙、良舍至麟游。①

杜甫《宋本杜工部集》卷二《徒步归行》：

赠李特进，自凤翔赴鄜州途经邠州作。

明公壮年值时危，经济实藉英雄姿。国之社稷今若是，武定祸乱非公谁。凤翔千官且饱饭，衣马不复能轻肥。青袍朝士最困者，白头拾遗徒步归。人生交契无老少，论交何必先同调。妻子山中哭向天，须公枥上追风骠。

《九家集注杜诗》卷三：

赵云：李特进，嗣业也。

《钱注杜诗》卷二略引《旧唐书》卷十《肃宗本纪》至德二载：

二月戊子，幸凤翔郡。……众上议，大举收复两京，尽括公私马以助军。

《旧唐书》卷一百九《李嗣业传》：

李嗣业，京兆高陵人也。身长七尺，壮勇绝伦。天宝初，随募至安西，频经战斗，于时诸军初用陌刀，咸推嗣业为能。每为队头，所向必陷。……天宝七载，安西都知兵马使高仙芝奉诏总军，专征勃律……嗣业引步军持长刀上……贼不虞汉军暴至，遂大溃……遂长驱至勃律城擒勃律王、吐蕃公主，斩藤桥，以兵三千人戍。于是拂林、大食诸胡七十二国皆归国家，款塞朝献，嗣业之功也。由此拜右威卫将军。十载，又从平石国，及破九国胡并背叛突

① 麟游县地方志编纂委员会编：《麟游县志》，陕西人民出版社1993年版，第198页。

骑施，以跳荡加特进，兼本官。……与大食战，仙芝大败。……嗣业持大棒前驱击之，人马应手俱毙。胡等遁，路开，仙芝获免。仙芝表其功，加骠骑左金吾大将军。

及禄山反，两京陷，上在灵武，诏嗣业赴行在。嗣业自安西统众万里，威令肃然，所过郡县，秋毫不犯。至凤翔谒见，上曰："今日得卿，胜数万众，事之济否，实在卿也。"遂与郭子仪、仆固怀恩等常犄角为先锋将。嗣业每持大棒冲击，贼众披靡，所向无敌。……至德二年九月，嗣业从广平王收复京城……嗣业时为镇西、北庭支度行营节度使，为前军，朔方右行营节度使郭子仪为中军，关内行营节度王思礼为后军。

《新唐书》卷一百三十八《李嗣业传》：

嗣业忠毅忧国，不计居产，有宛马十疋，前后赏赐，皆上于官以助军云。

案：第一，由杜甫《九成宫》"驻马更搔首"，《北征》"前登寒山重，屡得饮马窟"，可知至德二载闰八月一日杜甫北征启程，自凤翔经麟游至邠州，是乘马行路，并非"徒步归行"。

第二，杜甫自凤翔至邠州乘马，马从何来？参证《徒步归行》"白头拾遗徒步归""须公枥上追风骠"，杜甫自邠州至鄜州羌村所乘骑之马，是在邠州所借李嗣业之军马，可知杜甫自凤翔至邠州所乘骑之马，是在凤翔所借之马①。但借马乘骑只能至邠州，自邠州归还。至德二载二月以来"尽括公私马以助军"，馆驿已经无马，在邠州系借军马，在凤翔当亦是借军马，但是借马行程日期更为短暂。

第三，据1993年《麟游县志》，唐太宗时已有凤翔—麟游道，乃是太宗驻跸九成宫时驻凤官员、南来使节必经之大道，自麟游至邠州则已不远。故杜甫自凤翔经麟游至邠州行程，当为独自骑马行路，不需馆驿人员步行领送（参见下文），以行程节省时间，及时归还凤翔所借之马。杜甫自凤翔经麟游至邠州300里，以马一日行70里计，当在第4天闰八月四日，抵达邠州。

第四，杜甫《徒步归行》题下注"赠李特进，自凤翔赴鄜州途经邠州作"，记述途经邠州向李嗣业借马事，当为自注，非他人所能拟；诗言"凤翔千官且饱饭，衣马不复能轻肥"，亦当为人在邠州语气，非在凤翔语气；可知至德二载闰八月初，

① 借马本是唐人生活常事。《宋本杜工部集》卷十六《从驿次草堂复至东屯茅屋二首》其一："峡内归田客，江边借马骑。"明王嗣奭撰《杜臆》卷九："借马，借驿马也。"清杨伦《杜诗镜铨》卷十七："驿乃白帝城之驿。草堂，瀼西草堂也。"

特进、镇西、北庭支度行营节度使李嗣业驻节邠州。盖邠州历来为长安西北军事重镇，现在乃是凤翔行在北方屏障故也。

第五，杜甫至邠州即已归还在凤翔所借之马，已经无马，故“赠李特进”诗得曰“徒步归行”。说明无马，以便借马。

第六，杜甫在邠州借得李嗣业军马，得乘骑此马直至鄜州北羌村矣。

（二）杜甫在邠州如何归还凤翔之马

至德二载二月以来“尽括公私马以助军”，馆驿已经无马，在凤翔所借马当为军马，借期短暂，须自邠州归还凤翔，如何归还？此点亦关系到杜甫至羌村如何归还在邠州所借之军马，以及唐代制度驿马及领送人员之运作方式。

清武英殿聚珍版丛书本宋岳珂《宝真斋法书赞》卷八《唐摹杂帖·李邕·光八郎帖行书十行》：

> 光八郎记室：劳借马，甚堪骑，悚息。濮王少若问，还报驿上安置，得不示之。
>
> 岳珂曰：右唐人摹北海太守赠秘书监李邕字泰和《光八郎帖》真迹一卷。明皇之子琚，封于光，太宗之曾孙峤，袭于濮。唐世重郎，称在至尊，犹或名之，故虽帝子之贵，弗为渎也。邕以宗室在属籍，致迎劳，通假借，亲亲之谊，为有加焉。

案：第一，李邕从光王处借马乘骑回家后，将马交付与自家附近馆驿安排，使马归还光王处。此种由馆驿安排归还借马，本是唐代馆驿运作功能之一。

第二，由此可知，杜甫在邠州归还在凤翔所借之马，当是通过邠州、麟游馆驿人员接力乘骑，归还凤翔。

（三）杜甫自邠州至宜君随行之仆夫，系沿途各州县及中间站馆驿所派出之驿丁或马夫，接力担任步行领送任务

杜甫《北征》邠州—宜君县部分：

> 我行已水滨，我仆犹木末。

《大唐六典》卷八《门下省》：

> 左拾遗二人，从八品上。

《大唐六典》卷五《尚书兵部·驾部郎中》条：

凡三十里一驿，天下凡一千六百三十有九所。（原注：二百六十所水驿，一千二百九十七所陆驿，八十六所水陆相兼。若地势险阻及须依水草，不必三十里。每驿皆置驿长一人，量驿之闲要，以定其马数。都亭七十五疋，诸道之第一等减都亭之十五，第二第三皆以十五为差，第四减十二，第五减六，第六减四。其马官给。……凡马三名给丁一人。凡驿皆给钱以资之，什物并皆为市。凡乘驿者，在京于门下给券，在外于留守及诸军、州给券。）

《唐律疏议》卷十《职制律·增乘驿马者》条：

疏议曰：依《公式令》，给驿，职事三品以上若王四匹，四品及国公以上三匹，五品及爵三品以上二匹，散官、前官，各递减职事官一匹，余官爵及无品人各一匹。

《唐律疏议》卷二十六《杂律·诸应给传送》条：

疏议曰：应给传送，依《厩牧令》，官爵一品给马八匹，嗣王、郡王及二品以上，给马六匹，三品以下，各有等差。

《唐律疏议》卷八《卫禁律·诸私度关者》条：

疏议曰：水陆等关，两处各有门禁，行人来往皆有公文，谓驿使验符券，传送据递牒。

唐杜佑《通典》卷三十三《职官十五·乡官》条：

三十里置一驿，（原注：其非通途大路，则曰馆。）各有将，以州里富强之家主之，以待行李。（原注：自至德之后，民贫不堪命，遂以官司掌焉。）

案：第一，《唐律疏议》所述“给驿”（“驿乘”），是指馆驿为执行公务往返经过之官员提供驿乘之马（或驴、车、船等）。“给传”（“传送”“传乘”），是指馆驿为官员省亲往返经过或官员因公家人随行往返经过提供传乘之马（或驴、车、船等）。

第二，唐制：馆驿根据往返经过官员所持符券给驿乘之马，根据往返经过官员所持递牒给传乘之马；官品高低不同，所给驿乘或传乘之马匹之数，各有等差；与此同时，为往返经过官员提供负责道路领送之驿丁或马夫（通常为步行，但到达前方馆驿后，可以乘所领送之马返回原出发馆驿，详见下文)，并提供食宿、饲马(“凡驿皆给钱以资之，什物并皆为市”，“以待行李”)。

第三，杜甫为朝廷现任职官左拾遗，奉墨制回鄜州省亲，按唐代制度，持有递牒，经行沿途馆驿得给传乘一马，提供负责步行领送之驿丁或马夫，并提供食宿、饲马。现在“尽括公私马以助军”，馆驿已经无马，但是杜甫自己有借来的马，经行沿途馆驿，得仍照常提供负责步行领送之驿丁或马夫，并提供食宿、饲马。

第四，杜甫自邠州乘骑所借军马至鄜州北羌村，一路步行领送之驿丁或马夫，应当是由经行各州县馆驿及其下属中间站馆驿所接力派出者，而不是邠州李嗣业部下士兵或马夫。因为自邠州至鄜州羌村所历6个州县568里长途，只有沿途各州县馆驿及其下属中间站馆驿人员，才能熟悉当地地形、道路，沿途馆驿分段接力，步行领送人员才能胜任愉快，不致过劳。

第五，杜甫经行三水县—石门关—马栏—宜君县228里路段，系通过于子午岭南端深山老林，地形复杂，诸多艰难险阻，必须由三水、石门关、马栏等馆驿接力派出熟悉当地地形、道路之驿丁或马夫步行领送，始能到达目的地，否则或寸步难行。杜甫《北征》：“我行已水滨，我仆犹木末。”是写自石门关北行至马栏河南岸，即将过马栏河，到达马栏。此处“我仆”，应即是由石门关驿为杜甫所派出之驿丁或马夫，担任步行领送至马栏之任务。

第六，杜甫从邠州李嗣业所借之马，当系军马、良马，故能一直乘骑到鄜州北羌村胜任愉快。此马完成任务返回邠州，当由鄜州、三川、坊州、宜君、三水沿途各地馆驿人员，接力乘骑归还邠州。

(四)关于唐代驿丁、驿卒、马夫

《大唐六典》卷五《尚书兵部·驾部郎中》条：

> 凡三十里一驿……凡马三名给丁一人。

《唐大诏令集》卷六十九《典礼·广德二年南郊赦文》：

> 京兆府驿丁、屯丁。

《册府元龟》卷六百九十《牧守部》吕“元膺”条：

> 都亭驿卒五人、甘水驿卒三人。

《大唐六典》卷五《兵部尚书》：

天下诸军有健儿。

［日］荒川正晴《关于唐向西域输送布帛与客商的关系》：

观察敦煌的情况，可知传马由附属于县的传马坊管理，并且是官马。因此马子如果丢失了传马将被要求以新马抵充。而见诸度支指示中的脚夫，是指被差遣作为劳力的搬运人夫。如果以传马组成运输队，这些脚夫就是引导传马驴的马子。在敦煌文书中，他们是作为“充行马子”“行马子”出现的。①

孙晓林《试探唐代前期西州长行坊制度》：

健儿是区别于一般百姓和卫土等其他兵士的基本身份，马子是他们成为健儿以后被派遣担任的职务，据此，可知天宝年间长行坊马子是由健儿充任的。②

《全唐诗》卷三百三十八韩愈《天星送杨凝郎中贺正》：

天星牢落鸡喔咿，仆夫起餐车载脂。

《全唐诗》卷四百三十一白居易《自秦望赴五松驿，马上偶睡，睡觉成吟》：

长途发已久，前馆行未至。体倦目已昏，瞌然遂成睡。右袂尚垂鞭，左手暂委辔。忽觉问仆夫，才行百步地。

案：第一，唐代馆驿隶属于兵部，驿长、驿丁、驿卒均为军事体制人员；唐代西域各府州县所属交通运输机构传马坊、长行坊的马子（马夫），往往是由健儿（士兵）充任，馆驿马夫亦可能由士兵充任。

第二，韩愈《天星送杨凝郎中贺正》、白居易《自秦望赴五松驿，马上偶睡，睡觉成吟》诗中之“仆夫”，当皆为馆驿之驿丁或马夫，与杜甫《北征》之“我仆”身份相同。

① ［日］荒川正晴著，乐胜奎译，李少军校：《关于唐向西域输送布帛与客商的关系》，武汉大学历史系魏晋南北朝隋唐史研究室编：《魏晋南北朝隋唐史资料》第16辑，武汉大学出版社1998年版，第343页。

② 孙晓林：《试探唐代前期西州长行坊制度》，唐长孺主编：《敦煌吐鲁番文书初探 二编》，武汉大学出版社1990年版，第203页。

（五）关于唐代制度驿马及领送人员运作方式

《法藏敦煌西域文献》第27册法Pel.chin.3714V°《乾封二年至总章二年传马坊牒案卷》（15–7）：

传马坊

马一十九匹去七月廿四日送殷大夫往伊州。

十四程未满，在伊州坊未还。

九匹停经十二日，覆给使人甘元柬乘。

一匹回至内涧北廿里致死，给得使人公验，唐孝积。

八匹见到：

郭延客马	赤	次	张安都马	赤	次
解玄惠马	者白	次下	杨仁马	忩（悤、骢）	次
左孝积马	忩	次	唐满生马	留	次
张武通马	留	次	夏惠马	赤驳	次

牒上件马，差送使往伊州今还至，请定肤第。

谨牒。

总章二年八月廿日行马子郭延客

前校尉杨迪[①]

孔祥星《唐代新疆地区的交通组织长行坊——新疆出土唐代文书研究》：

马子，亦称马夫。许多文书中都可以看到这个名称。……可知马子负责领马，并随马送使到目的地后再返回出发地。[②]

王冀青《唐前期西北地区用于交通的驿马、传马和长行马——敦煌、吐鲁番发现的馆驿文书考察之二》：

长行马和传马都由马坊派专人负责领送，领送者长行马文书中称"马子"

① 中国上海古籍出版社、法国国家图书馆编：《法藏敦煌西域文献》第27册，上海古籍出版社2002年版，第54页。本件唐代敦煌文书首次介绍与录文，见卢向前：《伯希和三七一四号背面传马坊文书研究》，北京大学中国中古史研究中心编：《敦煌吐鲁番文献研究论集》，中华书局1982年版；卢向前著：《唐代政治经济史综论——甘露之变研究及其他》，商务印书馆2012年版。

② 孔祥星：《唐代新疆地区的交通组织长行坊——新疆出土唐代文书研究》，《中国历史博物馆馆刊》，1981第3期。

或“马夫”，在传马坊文书中称“行马子”，马匹到达目的地后由马子（或行马子）乘回，或由使人复乘而回。①

《永乐大典》卷一万九千四百十七《二十二勘·站·站赤二》录元《（皇朝）经世大典》：

（至正十年）九月，中书兵部议，诸官府出使，事非急速，往往在路停止，及至上为兼程奔骤，遂将铺马损毙。今立程法，遍行遵守。

…………

一、依验札子应付正马外，其元来兀剌赤，已给马者听。无马者徒步引送，许乘正马以回，仍关前路照会。②

方龄贵《古典戏曲外来语考释词典（以源于蒙古语者为主）》上编《元明戏曲中的蒙古语》13《兀剌赤》：

兀剌赤的职责分别为：

1. 牧马，也可称马夫；

2. 驾驿车，为车夫；

3. 用铺马迎送乘驿的人，自己或步行，或骑马，亦即马夫，或驿夫。

《元史》卷九九《兵志二宿卫·四怯薛》：“典车马者曰兀剌赤，莫伦赤。”③

案：第一，唐代驿马及领送人员运作方式细节，今存传世唐代史料语焉不详，但是敦煌、吐鲁番唐写本传马坊、长行坊文书，可资参证。元《皇朝经世大典》所述站赤制度，其中相关之处，当是承袭自前代，亦可资参证。

第二，参证敦煌唐写本《乾封二年至总章二年传马坊牒案卷》所述“（沙州敦煌县）传马坊马一十九匹去七月廿四日送殷大夫往伊州。十匹程未满，在伊州坊未还，九匹停经十二日，覆给使人甘元柬乘（回）。一匹回至内涧北廿里致死”，“行马子郭延客”等“八匹见到”，以及元《经世大典》“（兀剌赤）无马者徒步引送，许乘正马以回”，可知唐代驿马及领送人员运作方式为：出发馆驿为往返经过官员提供驿乘之马，或传乘之马，同时，向往返经过官员提供负责道路领送之驿丁或马夫（马子），往往是步行领送，在到达前方馆驿后，由负责领送之驿丁或马夫

① 王冀青：《唐前期西北地区用于交通的驿马、传马和长行马——敦煌、吐鲁番发现的馆驿文书考察之二》，《敦煌学辑刊》1986年第2期。

② 解缙等修纂：《永乐大典》第八册，中华书局1986年版，第7199页。

③ 方龄贵著：《古典戏曲外来语考释词典》，汉语大词典出版社，云南大学出版社2001年版，第53—54页。

将此马从前方到达馆驿乘骑回到出发馆驿，或由往返经过官员覆乘而回。其后行程，以此类推。

四、杜甫北征行程日期推算

唐制：陆行之程，马日行70里，步50里。唐代旅行的行程，制度规定里程只能是基本参照，州县实际间距会有所伸缩，此有所伸缩的州县间距，可能决定实际行程。

杜甫北征行程日期、起止地点，推算如下表：

表2　杜甫北征行程日期推算

时间：至德二载闰八月	起止地	里程
1日—2日	凤翔—麟游	160里
3日—4日	麟游—邠州	140里
5日	邠州—三水	60里
6日—7日	三水—石门关	76里
8日	石门关—马栏	72里
9日—10日	马栏—宜君	80里
	宜君—玉华宫	4里
11—12日	宜君—坊州	100里
13—14日	坊州—三川	90里
15日	三川—鄜州	60里
16日	鄜州—羌村	30里
总计	868里	

备注：
1.宜君—坊州100里，已包含宜君—玉华宫4里。
2.凤翔—邠州行程，以独自骑马行路，一日行70里计。邠州—羌村行程，以沿途馆驿人员接力步行领送，一日步行50里计。
3.凡两日行程，起止地之间，有一止宿馆驿或止宿地，从略。其余行程中间，或有馆驿，亦从略。
4.按《北征》："夜深经战场"，述自马栏至宜君。《羌村三首》其一："峥嵘赤云西，日脚下平地。柴门鸟雀噪，归客千里至。"述到达羌村。可见此二日每日实际行程可能比推算日期行程更长，因此，北征完成时间有可能比推算时间更早两天。

五、杜甫在邠州所借李嗣业军马，在唐军反攻长安之前已归还到李嗣业军中

杜甫《北征》：

> 皇帝二载秋，闰八月初吉。杜子将北征，苍茫问家室。

《资治通鉴》卷二百十九唐肃宗至德二载闰八月：

> 戊辰（23日），上劳飨诸将，遣攻长安，谓郭子仪曰："事之济否，在此行也！"对曰："此行不捷，臣必死之！"

案：第一，参照唐制陆行之程，根据州县间距，推算杜甫北征行程日期，自凤翔至邠州300里，杜甫至德二载闰八月一日离开凤翔启程，以独自骑马行路，一日行70里计，当在第4天闰八月四日抵达邠州。

第二，自邠州至羌村568里，以闰八月五日启程，乘骑所借邠州军马，沿途馆驿人员接力步行领送，一日步行50里计，当在第12天闰八月十六日抵达羌村。

第三，自羌村至邠州568里，以闰八月十六日鄜州馆驿人员乘骑杜甫所借邠州军马启程（鄜州—羌村仅30里，可以当天往返），沿途馆驿人员接力乘骑，马一日行120里计，当在第5天闰八月二十日返抵邠州，归还借马。

第四，闰八月二十日杜甫所借军马归还至邠州，是在闰八月二十三日开始的凤翔唐军反攻长安之前3天，并不影响唐军反攻长安作战使用该军马。

第五，即使闰八月二十日邠州李嗣业军已经开赴凤翔，邠州至凤翔300里，以闰八月二十一日启程，马一日行120里计，杜甫所借军马由邠州馆驿人员或李嗣业军留守人员乘骑，亦可以在第3天闰八月二十三日凤翔行在肃宗劳飨诸将、遣攻长安之当天，归还到凤翔李嗣业军中。

第六，按《北征》述自马栏至宜君："夜深经战场。"马栏—宜君距离为80里，似乎中途并未止宿，故行路至于夜深。《羌村三首》其一述到达羌村："峥嵘赤云西，日脚下平地。柴门鸟雀噪，归客千里至。"鄜州—羌村距离仅30里，不至于行路至于黄昏。可见此二日每日实际行程可能比推算日期行程更长，因此，北征完成时间有可能比上述推算时间更早两天，然则杜甫归还李嗣业军马的时间也就可能比上述推算时间更早两天。

六、《北征》自邠州至玉华宫段笺证

《北征》自"邠郊入地底"至"残害为异物"一段28句140字诗，可称为《北征》邠州—三水—玉华宫段，其中自"猛虎立我前"至"我仆犹木末"一段18句90字诗，系叙述自三水石门关—宜君马栏秦直道行程，可以称之为《北征》秦直道段。

"邠郊入地底，泾水中荡潏。"

注释

"荡潏"：涌腾起伏。南朝齐张融《海赋》："沙屿相接，洲岛相连，东西荡潏，如满于天。"唐陈子昂《感遇》诗之二十二："云海方荡潏，孤鳞安得宁。"

笺证

2000年《彬县志·概述》：

> 本县属陇东黄土高原塬墚沟壑区。塬面破碎，沟壑密布。地势西南高、东北低。泾河自西北向东南斜贯中部，将全县分割成东北、西南两塬夹川道的地貌格局。两个塬体均向泾河下游倾斜。境内最高海拔1501米，最低海拔715米。①

2000年《彬县志·行政建置志》第四章《县城》第一节《古县城》：

> 邠县城　即隋豳州城，唐邠州治新平故城，宋邠州治新平故城，明清邠州治城，民国邠县城。隋开皇三年(583年)在今泾河川道建豳州城。……历经隋、唐、五代十国、宋、元、明、清、"中华民国"至今1407年。②

2000年《彬县志·行政建置志》第四章《县城》第二节《今县城》：

> 位于县境中部，地处泾河川道南侧，城区川道宽2.8公里，城区总面积2.23平方公里。县城十字口海拔841.33米。③

《彬县文史资料》第5辑《果乡彬州》第二节《彬县自然气候特点》一《自然条件》：

> 地形地势　泾河川道区　地势由南北两侧向泾河倾斜……川道开阔平

① 彬县志编纂委员会编：《彬县志》，陕西人民出版社2000年版，第2页。

② 彬县志编纂委员会编：《彬县志》，陕西人民出版社2000年版，第76页。

③ 彬县志编纂委员会编：《彬县志》，陕西人民出版社2000年版，第79页。

缓，可分为河漫滩，一级阶地、二级阶地。……一级阶地高出河床10—20米……二级阶地高出河床100—120米，地貌多呈掌状原梁。

海拔高度　境内海拔715—1501米，高差786米，北原海拔900—1240米，南原海拔900—1501米，泾河川道海拔715—873米。[1]

2019年3月31日谷歌卫星地图Google Earth：

彬州城中心海拔841米。
彬州城北泾河河心海拔826米。
彬州东北旬凤高速李家坡村海拔1102米[2]。

彬州东北旬凤高速旬邑庄里村海拔1165米。

案：第一，杜甫走过的邠州城，即今彬州市城，位于西北—东南流向的泾水（今泾河）川道南侧。《北征》“邠郊”，即泾河川道。川道深陷于东北、西南两塬夹缝之中。

第二，彬州城北泾河河心海拔826米，彬州城中心海拔841.33米，泾河川道北原海拔900—1240米，彬州东北旬凤高速李家坡村海拔1102米，彬州东北旬凤高速旬邑庄里村海拔1165米，杜甫从邠州往东北三水行走，置身泾河川道北原之上，俯瞰邠郊泾河川道，相对高差（广义落差）可以高达278—339米，真是“邠郊入地底”矣。

第三，“邠郊入地底，泾水中荡潏”，乃鬼斧神工之笔。

第四，杜甫诗史之史，包含精准之历史地理。

“猛虎立我前，苍崖吼时裂。”

笺证

上二句“邠郊入地底，泾水中荡潏”，是叙述离开邠州北上三水，接着“猛虎立我前，苍崖吼时裂”二句及其下文，是叙述自石门关北上马栏秦直道上情景。因为下文中之“我行已水滨，我仆犹木末”，是写自石门关北行至马栏河南岸，即将过马栏河，到达马栏。

中间略去自邠州行60里到达、止宿三水驿，次日自三水行76里到达、止宿石门关驿。此种省略写法，唐诗常见。例如李白《峨眉山月歌》：“峨眉山月半轮秋，

[1] 政协彬县委员会学习文史委员会：《彬县文史资料》第5辑，2000年，第6页。

[2] 旬凤高速公路，参照了百度地图。

影入平羌江水流”，写经平羌江赴嘉州，下句“夜发清溪向三峡”，写拂晓前从清溪驿出发，中间略去到达、止宿嘉州和自嘉州到达、止宿清溪驿[1]。一一交代行程，是日记的写法，不是诗的写法。

“猛虎立我前，苍崖吼时裂”之解释，历来聚讼纷纭，或以为是形容苍崖，或以为是夸张想象，从来无人援引过古今地理文献关于当地有虎的记载。

清姚本校、阎奉恩撰康熙重修明万历二十七年己亥《邠州志》卷一《地理十七·土产·三水县》：

> 兽属：虎、豹、狐狸、野豕、黄鼠。[2]

清查遴纂辑、沈华订正雍正十年《宜君县志·物产》：

> 虎、鹿、野鸡。[3]

清丁翰修、张柏香等纂嘉庆十二年《中部县志》卷二《物产》：

> 兽：狐、兔、虎、豹、鹿、狼。[4]

兰草《两千年前的“高速公路”——秦直道见闻录》(1991年)：

> 1962年夏初。我受命参加一个考察队，赴子午岭考察陕、甘边界。我的主要武器是照相机、手电筒、笔记本和县志。[5]
>
> 大伙一块沿车路梁一直北上。
>
> 突然，一只金钱豹，追撵着一群野猪，距离我们不到百米远，山摇地动。一轰而过。大伙都吓呆了，唯有大个子老杨，眼尖手快，立即端起步枪，正准备射击，被王向导一把拦住说：“别开枪！别开枪！你险些闯下大祸。一猪二熊

---

① 《李白〈峨眉山月歌〉释证》：“李白诗言‘峨眉山月半轮秋，影入平羌江水流’，经平羌江至嘉州见上弦月，当在初七、初八日，夜宿之时。复据李白诗言‘夜发清溪向三峡’，拂晓前从清溪驿出发，可知是前日即当在初八、初九日拂晓前从嘉州出发，日行一百五十里，当日到清溪驿宿，次日即当在初九、初十日拂晓前从清溪驿出发。”[《北京大学学报》(哲学社会科学版)，2006年第5期]

② 姚本校，阎奉恩撰：康熙重修明万历二十七年己亥《邠州志》卷一，叶57b，国家图书馆藏。

③ 查遴纂辑，沈华订正：雍正十年《宜君县志》，叶54b，国家图书馆藏。

④ 丁翰修：嘉庆十二年《中部县志》卷二，叶31b，国家图书馆藏。

⑤ 兰草：《两千年前的“高速公路”——秦直道见闻录》，《传记文学》1991年第6期。

三老虎。咱们没有带猎狗,万不可随便开枪,不然,它会回头扑人的。”

大家受了一场虚惊,谁也没心思再高谈阔论了。[①]

徐伊丽《秦直道档案:大秦直道》之《刘家店还在沿用的秦直道》(2014年):

去刘家店林场可以从旬邑县城出发,沿211国道到藻池,向北上306省道,经马栏到刘家店林场。[②]

(2003年)我第一次到刘家店林场是冬天,当时赶到此处时已经接近傍晚了,而且积雪很深,给考察带来一定的难度。一个队友始终如一地跑在最前面,距我们约1里路。另一队友有些着急,一边呼喊,一边朝前冲。由于体力不支,这场雪又下得突然,让人没有心理准备,所以在这深山里我也不敢贸然行动,只得和司机坐在车里等他们。

二十分钟左右,司机指着远处对我说:“前面有一头奶牛。”我好奇地东张西望,由于车里有雾气,我没能看清楚。下得车来,我用望远镜一看,天啊,那不是奶牛,是一只健壮的金钱豹,它在目视着我们,并不时地向前迈上一小步。我将望远镜递给司机,司机看了一眼,收起望远镜,立即开车去追前面的队友。好在有惊无险,车艰难地拐了一个弯朝回走,再次走到我们发现金钱豹的地方时,大家人多,底气也足了,就想下车拍一张照片,可此时夜幕急速降下,已经看不到200米远了,金钱豹早已没了踪影。[③]

大家感觉没有尽兴,路遇一位老农,便上前搭讪,老农说:“秦直道?我知道,这条路长得很,淳化县是起点,一直向北走,好像要走到内蒙古的一个什么地方。你们是干啥的?”我说:“拍电视的。”老农紧张地说:“说句你们不爱听的话,你们这电视就别拍了。”我问:“为什么?”老农说:“这条路早就没人走了,听老人们说,这条路危险得很,路上有很多古村庄,有进去的人,没出来的人,沿途到处是陷阱和暗器,那都是古人打仗时候埋下的。还有些地方路难走得很,走着走着就迷路了,迷了路走不出来,饿都要把你饿死的。

① 兰草:《两千年前的“高速公路”——秦直道见闻录》,《传记文学》,1991年第6期。

② 徐伊丽著:《秦直道档案:大秦直道》,陕西师范大学出版总社有限公司2014年版,第103页。

③ 徐伊丽著:《秦直道档案:大秦直道》,陕西师范大学出版总社有限公司2014年版,第105—106页。

你就是不进古村庄，一路上也会碰到野兽，野猪和豹子最多。好在这冬天蛇都冬眠了，否则蛇也不少。听说多年前有两个外地来考察子午岭秦直道的，就是叫豹子吃了，有个山里的猎人看到的时候，只剩下一堆骨头，旁边是几件血衣服和一个照相机。他看了看旁边留下的蹄印，是金钱豹的。从那以后，考察的人就少了。我爷爷说，秦直道这条路不吉祥，从古到今都是一条死人的路。真的，人走在那路上就容易死。”

老人说得我们毛骨悚然的，我们确实捏了一把汗，因为我们刚刚是看到了金钱豹的，相信老农说的话是真的。①

2014年《旬邑县志》第五编《环境保护》第二节《自然保护区建设》：

石门山自然保护区面积34667公顷，绿化覆盖率72.1%。保护区有金钱豹、林麝、白鹳、黑鹳、金雕六种国家一级保护动物。②

《咸阳年鉴(2010)》《自然保护区·石门山自然保护区》：

位于旬邑县城东南部，距县城21公里，保护区面积3万多公顷。区内有保存完好的自然生态体系，天然次生林、原始森林及人工林构成良好的植被条件。生活有国家一、二类及省级一、二类保护动物金钱豹、土豹、穿山甲等30余种。③

案：第一，三水、宜君、坊州（治所中部县，清鄜州中部县，今黄陵县）、鄜州相互毗连，同属子午岭地区，野生动物种类基本上是一样的。

第二，清康熙重修明万历《邠州志·土产·三水》、雍正《宜君县志·物产》、嘉庆《中部县志·物产》均记载当地有虎，确证了杜甫《北征》诗“猛虎立我前，苍崖吼时裂”的真实性。1962年秦直道考察先行者兰草在旬邑北富县车路梁秦直道遇见金钱豹，2003年秦直道考察者徐伊丽在旬邑北甘肃正宁县刘家店林场秦直道遇见金钱豹，今《旬邑县志》《咸阳年鉴》记载旬邑石门山自然保护区有金钱豹、土豹，亦足资参证。

换言之，三水、宜君、坊州子午岭地区，自唐至清嘉庆时有虎，今天仍然有金

① 徐伊丽著：《秦直道档案：大秦直道》，陕西师范大学出版总社有限公司2014年版，第105—106页。

② 旬邑县地方志编纂委员会编：《旬邑县志》，三秦出版社2014年版，第193页。

③ 咸阳年鉴编纂委员会编：《咸阳年鉴(2010)》，三秦出版社2014年版，第39页。

钱豹、土豹。历来关于“猛虎立我前,苍崖吼时裂”是形容苍崖或夸张想象的聚讼纷纭,似可息讼止诤矣。

杜甫如何能从虎口脱险?

“猛虎立我前,苍崖吼时裂”,杜甫与虎对峙可知。杜甫安然无恙,此不言而喻。然则杜甫如何从虎口脱险?杜甫没有述及。根据杜诗及相关文献,推测如下,或可资参考。

其一,杜甫曾经学剑,终身长剑防身。

《宋本杜工部集》卷九《投赠哥舒开府翰二十韵》:“防身一长剑,将欲倚崆峒。”

《宋本杜工部集》卷十《蕃剑》:“致此自僻远,又非珠玉装。如何有奇怪,每夜吐光芒。”

《宋本杜工部集》卷十四《暮春题瀼西新赁草屋五首》之四:“壮年学书剑。”

《宋本杜工部集》卷十五《秋日夔府咏怀奉寄郑监审李宾客之芳一百韵》:“雄剑鸣开匣,群书满系船。”

《宋本杜工部集》卷十六《夜》:“独坐亲雄剑。”

《宋本杜工部集》卷十七《人日两篇》之二:“佩剑冲星聊暂拔。”

其二,杜甫漂泊西南经常与虎近,杖剑防虎。

《宋本杜工部集》卷五《发阆中》:“前有毒蛇后猛虎,溪行尽日无村坞。”

《宋本杜工部集》卷六《客居》:“峡开四千里,水合数百源。人虎相半居,相伤终两存。”

《宋本杜工部集》卷六《课伐木并序》序:“山有虎,知禁,若恃爪牙之利,必昏黑撑突。夔人屋壁,列树白菊,镘为墙,实以竹,示式遏。为与虎近,混沦乎无良。”诗:“虎穴连里闾,堤防旧风俗。”

《宋本杜工部集》卷六《又上后园山脚》:“忧来杖匣剑,更上林北冈。”

《宋本杜工部集》卷七《夜归》:“夜来(半)归来冲虎过,山黑家中已眠卧。”

《宋本杜工部集》卷十四《题忠州龙兴寺所居院壁》:“淹泊仍愁虎,深居赖独园。”

《宋本杜工部集》卷十四《示獠奴阿段》:“山木苍苍落日曛,竹竿袅袅细泉分。郡人入夜争馀沥，竖子寻源独不闻。病渴三更回白首，传声一注湿青云。曾惊陶侃胡奴异，怪尔常穿虎豹群。”

《宋本杜工部集》卷十五《秋》：“不寐防巴虎。”

《宋本杜工部集》卷十五《复愁十二首》：“人烟生处僻，虎迹过新蹄。”

《宋本杜工部集》卷十六《东屯月夜》：“泥留虎斗迹，月挂客愁村。”

《宋本杜工部集》卷十七《太岁日》：“愁寂鸳行断，参差虎穴邻。”

宋刻本《李太白集》卷二十六《上安州李长史书》：“乃杖剑去国，辞亲远游。……与蜀中友人吴指南同游于楚，指南死于洞庭之上，白禫服恸哭，若丧天伦。……虎前临，坚守不动。遂权殡于湖侧。”

其三，领送杜甫之马夫持有刀枪防虎。

《大唐六典》卷五《尚书兵部·驾部郎中》条：“凡三十里一驿，……每驿皆置驿长一人，……凡马三名给丁一人。”

《大唐六典》卷五《兵部尚书》：“天下诸军有健儿。”

孙晓林《试探唐代前期西州长行坊制度》：“天宝年间长行坊马子是由健儿充任的。”①

《四部丛刊》景元至正本元苏天爵《国朝文类（元文类）》卷四十一《经世大典序录·政典总序·急递铺》：“卒腰革带，带悬铃、手枪，挟被褁赍文书以行。夜则持火炬焉。道狭，车马者、负荷者闻铃则遥避诸旁，夜亦以惊虎狼。”

《永乐大典》卷一万四千五百七十五《六暮·铺》录元《（皇朝）经世大典·国朝诸司职掌·急递铺》：“铺兵每名合置夹板一副，铃攀一副，缨枪一把、棍一条、回历一本。”②

《元史》卷一百《兵志四·站赤·急递铺兵》：“凡铺卒皆腰革带，悬铃，持枪，挟雨衣，赍文书以行。夜则持炬火，道狭则车马者，负荷者，闻铃避诸旁，夜亦以惊虎狼也。”

① 孙晓林：《试探唐代前期西州长行坊制度》，唐长孺主编：《敦煌吐鲁番文书初探二编》，武汉大学出版社1990年版，第203页。

② 解缙等修纂：《永乐大典》，第七册，中华书局1986年版，第6467页。《经世大典》题目见第6458页。

小结

案：第一，杜甫曾经学剑，终身长剑防身。杜甫漂泊西南经常与虎相近，杖剑防虎，甚至“夜半归来冲虎过”，其夔州仆夫阿段亦“常穿虎豹群”，虽然是在至德二载北征遇虎一事之后，但是足资参考。

第二，唐代馆驿隶属于兵部，驿长驿丁均为军事体制人员，长行坊马子（马夫）往往由健儿（士兵）充任，馆驿马夫亦可能由士兵充任；元代急递铺铺兵每人腰铃攀一副，持缨枪一把，以防虎狼，当承袭自前代；而唐代三水县石门关子午岭山区有虎，石门关驿马夫亦有可能是由士兵充任，或虽非士兵，亦娴熟刀枪，领送行路必持有刀枪，应能对付猛虎。否则驿道停矣。

第三，因此可以推知，当杜甫北征于三水秦直道路遇猛虎时，杜甫与马夫剑枪齐举，与虎对峙，锋刃逼退猛虎，因此杜甫与马夫以及乘马始能安然无恙。或者一举杀伤此虎，亦未可知。李白杖剑去国，洞庭之上，与虎对峙，锋刃逼退猛虎，可以参证。是耶非耶，仅供参考。

至德二载，杜甫三次经历生死关头。四月，杜甫自安史叛军占领的长安逃出，穿越叛军战线，冒着生命危险奔赴凤翔行在，是本年第一次出生入死。如杜甫《喜达行在所》云：“生还今日事，间道暂时人。”五月，以左拾遗疏救房琯，触怒肃宗，诏付三司推问，欲杀杜甫，是本年第二次出生入死。如杜甫《寄岳州贾司马六丈巴州严八使君两阁老五十韵》云：“微班性命全。青蒲甘受戮。”《祭故相国清河房公文》云：“见时危急，敢爱生死。君何不闻，刑欲加矣。”闰八月，北征秦直道上，“猛虎立我前，苍崖吼时裂”，是本年第三次出生入死。至德二载杜甫此三次出生入死，哪一次对杜甫危害最大？千百年上下，读杜诗者，当能知之矣。

“菊垂今秋花，石戴古车辙。”

注释

“戴”：顶，把东西加在头上或用头顶着。《孟子·梁惠王上》：“颁白者不负戴于道路矣。”宋刻递修本《陶渊明集》卷二《归园田居》之三：“带（一作戴）月荷锄归。”“石戴古车辙”，写出岩石路面上，顶戴着古时候深深的车辙印。“戴”字拟人，生动传神。

笺证

萧之葆撰修民国二十四年《续纂栒邑县志》卷十《物产·花木》：

> 花卉树木，恒赖人之培植。邑山僻，花木不及通都之多。所产之花，以牡

丹、芍药为冠。秋菊品类颇多。[①]

案：由“菊垂今秋花”，和民国《续纂栒邑县志·物产》“秋菊品类颇多”，可见三水从来菊花之盛，包括野生菊花、人工培植的菊花皆盛。

观2017年9月2日富县外宣公众号文章《中国秦直道富县首届露营大会》“秋天的菊花漫山遍野”诸照片，不能不赞叹杜诗“菊垂今秋花”之写实，如在眼前。

三水、宜君、坊州、鄜州相互毗连，同属子午岭地区，野生植物种类基本上是一样的。

“石戴古车辙”句笺证，已详上文《杜甫行走秦直道之确证：“石戴古车辙”》。

“青云动高兴”

注释

“青云”：指高空的云，借指高空。《楚辞·远游》：“涉青云以泛滥兮，忽临睨夫旧乡。”晋傅玄《历九秋篇》诗：“齐讴楚舞纷纷，歌声上激青云。”

笺证

清丁翰修、张柏香等纂嘉庆十二年《中部县志》卷一《山川》：

子午岭　县西北一百八十里，南北绵亘千余里，隔界延、庆二府，自咸阳通九原，云中直道。秦蒙恬堑山堙谷，即此岭也。[②]

王开《“秦直道”新探》（1986年）：

（秦直道）位于山脊、贯通南北，连接陕北黄土高原、长“千八百里”（汉里）。[③]

秦直道能沿子午岭山脊连续而行……出现了一条千余里长的“沿脊线”

① 萧之葆撰修：民国二十四年《续纂栒邑县志》，《旬邑文库·旧志稽注卷下》，三秦出版社2016年版，第308页。

② 丁翰修：嘉庆十二年《中部县志》卷一，叶16b，国家图书馆藏。

③ 西安市交通局史志编纂委员会编：《西安古代交通志》，陕西人民出版社1997年版，第733页。原载《陕西交通史志通讯》，1986年第5期；又载《西北史地》，1987年第2期；增订稿载《成都大学学报》（社会科学版），1989年第1期；又载孙闻博编：《秦直道研究论集》，陕西师范大学出版总社有限公司2018年版。

路——直道。[①]

史念海、吴宏岐《略论秦直道》(1997年):

> 1980年中科院地理研究所编制的百万分之一O.N.C(Operationnal Navigation Chart)片上,显示出子午岭山脊上确有古道路存在。[②]

> 子午岭主脊上的秦直道,宽度在5米左右,二三辆大车可并行其间从定边到十二连城的直道北段,地势较为平坦,路面宽度则在22米左右,更非一般道路所可及。[③]

张在明等《岭壑无语——秦直道考古纪实》第一章《考古发掘、调查简报、论文·旬邑县秦直道调查钻探简报》(2014年):

> 秦直道在旬邑县境内大致为南北走向,基本沿山梁分布。……山势起伏较大,视野开阔。[④]

案:秦直道大多数路段行走于子午岭山脊亦即山巅,视野开阔,如在青天,嘉庆《中部县志》称之为"云中直道";直道宽阔平坦,甚至一马平川,行人随意走;故曰"青云动高兴"。

相反,山中驮道多行走于溪谷沿岸,视野逼仄,悬崖峭壁,遮天蔽日,甚至只见一线天,狭窄陡峭,崎岖曲折,行人"蹴踏崖谷滑",不可同日而语矣。

石门关—马栏秦直道多行走于子午岭山脊线,已详上文。

"幽事亦可悦。山果多琐细,罗生杂橡栗。或红如丹砂,或黑如点漆。雨露之所濡,甘苦齐结实。"

注释

"幽事":幽景,僻静、幽雅之景物。南朝梁王籍《入若耶溪》诗:"蝉噪林逾静,

---

① 西安市交通局史志编纂委员会编:《西安古代交通志》,陕西人民出版社1997年版,第746页。

② 秦始皇兵马俑博物馆《论丛》编委会编:《秦文化论丛》(第5辑),西北大学出版社1997年版,第14页。

③ 秦始皇兵马俑博物馆《论丛》编委会编:《秦文化论丛》(第5辑),西北大学出版社1997年版,第16页。

④ 张在明,王有为,陈兰,等著:《岭壑无语——秦直道考古纪实》,陕西师范大学出版总社有限公司2018年版,第90页。

鸟鸣山更幽。”杜甫《秦州杂诗》之九：“丛篁低地碧，高柳半天青。稠叠多幽事，喧呼阅使星。”杜甫《江村》：“清江一曲抱村流，长夏江村事事幽。”

“琐细”：细小。唐任华《杂言寄李白》：“我闻当今有李白，《大鹏赋》《鸿猷文》，嗤长卿，笑子云，班、张所作琐细不入耳。”“琐”，细碎、细小。汉袁康《越绝书·外传记宝剑》：“观其断，岩岩如琐石。”

“罗”：①陈列、罗列。《楚辞·招魂》：“轩辌既低，步骑罗些。”汉王逸注：“罗，列也。”杜甫《赠卫八处士》：“问答未及已，驱儿罗酒浆。”②分布；分散。

《史记·五帝本纪》：“时播百谷草木，淳化鸟兽虫蛾，旁罗日月星辰水波土石金玉。”唐司马贞索隐：“罗，广布也。”唐韩愈《南山诗》：“或罗若星离，或翕若云逗。”

“橡栗”：栎树的果实，又名橡实、橡子、橡果，外表硬壳，棕红色，内仁如花生仁，含有丰富的淀粉。《庄子·盗跖》：“昼拾橡栗，暮栖木上，故命之曰有巢氏之民。”

笺证

萧之葆撰修民国二十四年《续纂栒邑县志》卷十《物产·花木》：

> 自桃、李、梨、杏外，如萱草、玫瑰、玉簪、海棠、水仙、月季、夜合、鸡冠、凤仙、石榴、木芙蓉等，均楚楚争胜。莲花间亦有之，惟罂粟过多，近在禁种之列，不得与群芳为伍。木则以松、柏为上，馀如椿、楸、槐、榆、漆、桐、棠棣、橡、枣、桑、竹、杨、柳，则所在皆有。①

2014年《旬邑县志》第五编《环境保护》第五章《生态保护》第二节《自然保护区建设》：

> 石门山自然保护区面积34 667公顷，绿化覆盖率72.1%。保护区有金钱豹、林麝、白鹳、黑鹳、金雕等六种国家一级保护动物，另有鸳鸯等17种国家二级保护动物；有包括杜松、水曲柳等珍贵树种在内的高等植物72科668种，另有猪苓、党参、黄芪等药用植物。②

清查遴纂辑、沈华订正雍正十年《宜君县志·物产》：

① 萧之葆撰修：民国二十四年《续纂栒邑县志》，《旬邑文库·旧志稽注卷下》，三秦出版社2016年版，第308页。

② 旬邑县地方志编纂委员会编：《旬邑县志》，三秦出版社2014年版，第193页。

榛子、核桃。[①]

案：由“山果多琐细，罗生杂橡栗。或红如丹砂，或黑如点漆。雨露之所濡，甘苦齐结实”，民国《续纂栒邑县志·物产》“桃、李、梨、杏”“棠棣、橡、枣、桑”，“所在皆有”，雍正《宜君县志·物产》“榛子、核桃”，可见三水、宜君从来果木之盛，包括野生山果、人工培植的果木皆盛。

观2017年9月2日富县外宣公众号文章《中国秦直道富县首届露营大会》“不要问我这红红的是什么东东，我只会告诉你它可以吃”系列照片，2017年10月23日延安融媒体中心公众号文章《秦直道上秋风起，秋色今年又等你》“这别致的小景儿”系列照片，不能不赞叹杜诗“山果多琐细，罗生杂橡栗。或红如丹砂，或黑如点漆”之写实，如在眼前。

清仇兆鳌《杜诗详注》卷五注云：“大约菊垂以下，皆郊土风物，此属佳景。”引周甸注：“途中所历，有可伤者，有可畏者，有可喜者，有可痛者。”又引申涵光曰：“丹砂数句，混然元化。”诸家注皆有见地，但此段诗歌之意义，似犹可引申说明。

“菊垂今秋花”十句，在上下文所写呻吟流血的人间世中，突然写出一片“可喜”之“佳景”，真是韵致，是大家气象。虽然人世间在呻吟流血，大自然却仍然在开花结果，灿烂的山花，丹红、漆黑的山果，在雨露滋润下，纷纷开花结果。这些细小而顽强的生命，深深地感动了诗人，鼓舞了诗人，复苏了他悲怆的心灵，滋长了他精神的活力。自然的生机，人心的生机，乃融为一体。这就是诗人在那多难的时代氛围里产生由衷喜悦的深刻原因。

诗人渴望祖国新生的愿念，因此更加顽强有力。诗末再三致意说，“胡命其能久？皇纲未宜绝”，“周汉获再兴”，“于今国犹活”，“煌煌太宗业，树立甚宏达”。在诗人全幅心灵和诗境里，从大自然汲取的精神力量，转化成了投入现实人间的精神力量。

从大自然汲取生机，以复苏忧伤心灵，是杜诗独创的体验和意境。此种体验和意境，始见于《北征》，以后陆续呈现在一系列诗歌中，例如：《江亭》《后游》《江畔独步寻花七绝句》《续得观书》《云》《月三首》《月》《江汉》。

从大自然汲取生机意境中的自然意象美，是对盛唐诗自然意象传统的突破与发展。在盛唐诗中，自然意象美意味着人开朗的心情，它所反映的人与自然的关系，是平常状态的融洽，人在这时从自然的所得，好比是锦上添花。在杜诗中，自然意象美则意味着人与自然的特殊关系，人在这时从自然的所得，好比是雪中

① 查遴纂辑，沈华订正：雍正十年《宜君县志》，叶54 b，国家图书馆藏。

送炭，它意味着人对悲剧命运的克服，人比悲剧命运更强、更高。

“缅思桃源内，益叹身世拙。”

注释

“缅思”：遥想。杜甫《画鹘行》：“缅思云沙际，自有烟雾质。”“缅思桃源”，字面是指陶渊明《桃花源记》之桃源，其实是指眼前“青云动高兴，幽事亦可悦”之子午岭山中桃源何在？远在天边，近在眼前也。

“缅思桃源内，益叹身世拙”，诗言面对此“青云动高兴，幽事亦可悦”之世外桃源，更加感慨自己身陷战乱时代与黑暗政治之中。

事实上，子午岭秦直道一带山中，还真是世外桃源。

笺证

兰草《两千年前的“高速公路”——秦直道见闻录》(1991年)：

> 到了二十世纪六十年代自然灾害时期，逃荒难民来到这里，发现又宽又平的路，正好种地。谁知，路基地质硬，种上庄稼不肯长，以后再也没人种了。①

张在明等《岭壑无语——秦直道考古纪实》第四章《孤村夜语——考古日志选·黑户》：

> 女主人毫不掩饰地说自己家为黑户，即无户口、无身份证，政府各部门(农业、林业、公安、民政、人口、计划生育等等)均未在册登记，中华人民共和国法定13亿余人口以外的人家。女主人还说在这山里，黑户一满都有。交谈得知，女子志丹人，其掌柜靖边人，两人青春时不满父母包办婚姻，私奔至此绝境安身，借放羊种地为生，已十八年矣。今育有二男一女。②

杜甫对此世外桃源之言，不经意间，竟成为预言。

“坡陀望鄜畤，岩谷互出没。”

注释

“坡陀”：山势起伏不平貌。汉司马相如《子虚赋》：“罢池陂陀，下属江河。”

“鄜畤”：秦文公在鄜地建立祭祀天地五帝的祭坛，称鄜畤。畤，古时帝王祭祀天地五帝的祭坛。《史记·秦本纪》：“秦文公东猎汧渭之间，卜居之而吉。文公

① 兰草：《两千年前的“高速公路”——秦直道见闻录》，《传记文学》，1991年第6期。

② 张在明，王有为，陈兰，等著：《岭壑无语——秦直道考古纪实》，陕西师范大学出版总社有限公司2018年版，第286页。

梦黄蛇自天下属地，其口止于鄜衍。文公问史敦，敦曰：'此上帝之徵，君其祠之。'于是作鄜畤，用三牲郊祭白帝焉。"刘宋裴骃《集解》："李奇曰：鄜音孚。山阪曰衍。"鄜畤，此代指鄜州。

笺证

2014年《旬邑县志》第二编《自然地理》第一章《地貌》：

> 旬邑县地处黄土高原，地势东北高、西南低，山塬各半，落差明显。平均海拔1358米。石门山峰最高海拔1885.5米，是全县最高点；三水河出境处是全县最低处，海拔850米。东北部的马栏、石门山地是子午岭伸向西南的余脉，海拔1300—1855米。①

1992年《宜君县志》第二编《自然地理志》：

> 宜君地属子午岭桥山山系，……境内群山毓秀，林丰草茂。地势西南高而东北低，自西向东呈阶梯状，仅东与东北部分为破碎黄土高原。海拔最低622米，最高1734米多，相对高差1112.9米。②

1995年《黄陵县志·概述》：

> 黄陵县位于陕西省中部，延安地区南端。北与富县接壤，南与宜君毗连，东临洛川县，西靠甘肃省正宁县。……境内地形复杂，山、川、原、坡、沟并存，西北高而东南低。最高海拔1762.2米，最低海拔740米，最大高差1022.2米。③

1994年《富县志·概述》：

> 境内最高海拔1687米，最低846.6米，一般海拔在1000到1200米之间。县境东有洛河，西部有葫芦河，……两川之间是……高原沟壑区。……高原沟壑的北部和西部为丘陵沟壑区。……土石低山，主要分布在县境西部与甘肃省交界的子午岭地区……林草覆盖率高达90%以上，属天然次生林保护区，被称为陕北黄土高原上的绿色明珠。④

---

① 旬邑县地方志编纂委员会编：《旬邑县志》，三秦出版社2014年版，第89页。

② 宜君县县志编纂委员会编：《宜君县志》，三秦出版社1992年版，第59页。

③ 黄陵县地方志编纂委员会编：《黄陵县志》，西安地图出版社1995年版，第1页。

④ 富县地方志编纂委员会编：《富县志·概述》，陕西人民出版社1994年版，第3页。

案：自三水朝东北至宜君、黄陵、鄜州一带之地貌形态，均为子午岭山脉和黄土高原交错。其地势高低，三水平均海拔1358米，最高海拔1885.5米；宜君海拔最低622米，最高1734米多，地势稍低于三水；黄陵最高海拔1762.2米，最低海拔740米，约与宜君相等；鄜州最高海拔1687米，最低海拔846.6米，一般海拔在1000到1200米之间，地势又稍低于宜君、黄陵。因此，杜甫行走在三水石门关—宜君马栏的子午岭山脊秦直道上，“坡陀望鄜畤，岩谷互出没”，乃是约略以俯瞰姿态，遥望鄜州方向黄土塬墚与群山万壑，此起彼伏，交错出没——那是家的所在。

“我行已水滨，我仆犹木末。”

注释

“水滨”：指马栏河南岸。

“我仆”：此当指步行领送杜甫自石门关至马栏的石门关驿马夫。

“木末”：树梢。《楚辞·九歌·湘君》：“采薜荔兮水中，搴芙蓉兮木末。”南朝梁刘孝标《东阳金华山栖志》：“夫鸟居山上，层巢木末。”

“我行已水滨，我仆犹木末”，诗言我走下坡路已到河边，我仆夫还走在后面高处路上，树梢之畔。杜甫《山馆》：“路危行木杪，身远宿云端。”可以参读。

黄庭坚《次韵伯氏长芦寺下》：“携手霜木末，朱栏见潮生。”“携手霜木末”，极言立处之高，是从杜甫《北征》“我行已水滨，我仆犹木末”句化出。

笺证

王开《“秦直道”新探》（1986年）：

> 由石门关西侧沿子午岭主脉北行，经碾子院、前陡坡、卧牛石、老爷庙、大店至马栏河，这一段山岭统称“凤子梁”（又名枫树梁），下凤子梁过马栏河（又称三水河），即上杨家胡同梁。这座山梁很高，现为旬邑县杨家店林场所在地。①

张在明等《岭壑无语——秦直道考古纪实》第一章《考古发掘、调查简报、论文·旬邑县秦直道调查钻探简报》（2014年）：

> 一、旬邑县秦直道概况
>
> 在旬邑县境内，秦直道南于前蝎子掌接淳化县秦直道，向北，下盘头坡，

① 西安市交通局史志编纂委员会编：《西安古代交通志》，陕西人民出版社1997年版，第736页。

越七里川，经大草沟、庙沟、石门关、碾子院东、前陡坡，越马栏河谷，至两女寨。①

二、旬邑县秦直道的基本走向

（一）前蝎子掌至石门关

该段秦直道长约11公里。大部分路段沿山脊线延伸，道路普遍比较平直，在七里川过河一次。秦直道旬邑段的最南端，始于淳化、旬邑两县交界的前蝎子掌。②

（二）石门关至旬邑、耀州交界处

该段秦直道长约17公里。

石门关向北……到达上瓦房川……到达卧牛石。……③

（三）旬邑、耀州交界处至马栏

该段秦直道长约16公里。

……经过上庄子，再延伸约1.2公里到达大店，大店标高为1528米。大店向北约1公里到达风子梁。该段的子午岭支脉山梁通称为风子梁。从风子梁开始，秦直道向正北方向延伸。向北约300米过标高点1602米，再向北约2公里到达马栏河谷地的马栏。④

（四）马栏至刘家店

该段秦直道长约14公里。

其间过马栏河上山一段非常曲折，此后较为平直。大体向西北方向延伸，在标高点1631米处进入甘肃省正宁县境内。秦直道过马栏河后，从马栏革命旧址窑洞处上坡。⑤

---

① 张在明，王有为，陈兰，等著：《岭壑无语——秦直道考古纪实》，陕西师范大学出版总社有限公司2018年版，第90—91页。

② 张在明，王有为，陈兰，等著：《岭壑无语——秦直道考古纪实》，陕西师范大学出版总社有限公司2018年版，第92页。

③ 张在明，王有为，陈兰，等著：《岭壑无语——秦直道考古纪实》，陕西师范大学出版总社有限公司2018年版，第92—93页。

④ 张在明，王有为，陈兰，等著：《岭壑无语——秦直道考古纪实》，陕西师范大学出版总社有限公司2018年版，第93页。

⑤ 张在明，王有为，陈兰，等著：《岭壑无语——秦直道考古纪实》，陕西师范大学出版总社有限公司2018年版，第94页。

案：第一，根据王开《“秦直道”新探》、张在明等《旬邑县秦直道调查钻探简报》可知，秦直道自石门关向北经碾子院东、上瓦房川、前陡坡、卧牛石、老爷庙、上庄子、大店、风子梁到达马栏河，过马栏河到达马栏；复按1955年美国陆军制图局二十五万分之一中国图NI49-1《PIN-HSIEN 邠县》地图，2014年地之图官网陕西省测绘地理信息局《咸阳市—旬邑县地图》，并参照2020年百度地图旬邑县，秦直道自石门关向北经碾子院东、上瓦房川、前陡坡、卧牛石、老爷庙、上庄子、大店、风子梁至马栏之间，除马栏南的马栏河外，别无东西流向河流，可知杜甫《北征》“我行已水滨，我仆犹木末”，是写自石门关北行抵达马栏河南岸，即将过马栏河到达马栏。

第二，张在明等《旬邑县秦直道调查钻探简报》历述旬邑县秦直道由南而北全程越过河流两次，一是在石门关南过七里川河，二是在马栏南过马栏河，其中石门关至旬邑、耀州交界处，旬邑、耀州交界处至马栏河以南，并无过河，亦可以作为有力旁证。

2014年《旬邑县志》第二编《自然地理》第四章《水文》第一节《水系·主要河流·三水河》：

> 亦称汃河。上游河段称马栏河，发源于马栏山区北部杨家洞西北部与黄陵县分界(分水岭)的西南侧。从源头向东南流到杨家洞后，转为北南向，从关门子又转为东北—西南向，经转角、马栏、县城于丈八寺镇蔡家河滩出境流入彬县。全长128.1千米，旬邑境内长113.5千米，为境内最长的一条河流。①

> 三水河上段穿流马栏山区，河宽一般在10—20米。河床比降大，10‰—15‰，水流较急，河床切入基岩80—100米；转角以下即中段，河道比降明显减小，只有5‰；县城以下的河道处在黄土高原区，河流下切强烈，两岸陡峭，河道较为开阔，宽50—100米，河床比降微有增加，为5.9‰。②

2014年《旬邑县志》第二编《自然地理》第四章《水文》第二节《水文状况》：

> 河川径流时间分布　三水河的汛期为7—10月，径流总量4940万立方米，占年径流量的53.8%。
>
> 洪水与枯水　以三水河为例，洪水主要由暴雨造成，多在6—9月出现，

① 旬邑县地方志编纂委员会编：《旬邑县志》，三秦出版社2014年版，第102页。
② 旬邑县地方志编纂委员会编：《旬邑县志》，三秦出版社2014年版，第102页。

以7、8两个月最多。[①]

案:第一,由马栏河河床比降较大,河床切入基岩较深,可知子午岭上秦直道在过马栏河时,会有较大的下坡;而在下坡路上,马行走势自然较快,因此形成"我行已水滨,我仆犹木末",诗人骑马已经快步走到前方下坡路尽头的马栏河南岸,马夫犹在后面高坡路上。

在秦直道大多数平坦路上,杜甫乘马是与步行领送的马夫一起行路,形影不离。

第二,至德二载闰八月,马栏河正值汛期,水势很大,秦直道过马栏河当有河桥,可以安稳过河。

《北征》自"猛虎立我前"起,至"我仆犹木末"止一段诗,是叙述自石门关至马栏一段行程,可以称之为《北征》秦直道段。

《北征》完整地记叙了邠州—马栏的两次过河:"邠郊入地底,泾水中荡潏",是记叙越过泾水北上;"我行已水滨,我仆犹木末",是记叙抵达马栏河南岸。

石门关至马栏72里(33公里,57清里),是一日较大行程,唐代马栏当有馆驿,隶属于宜君县。杜甫与马夫到达马栏后,当止宿于马栏驿,次日凌晨,杜甫自马栏启程至宜君县,当由宜君县马栏驿人员步行领送。

根据上文所考,杜甫北征止宿马栏驿,时间当在至德二载闰八月八日左右。

石门关驿马夫已完成领送任务,或将等待杜甫所乘借之马,由鄜州、坊州、宜君馆驿接力乘回马栏,再乘回石门关,然后经石门关、三水馆驿接力,最终归还到邠州。

"鸱鸟鸣黄桑,野鼠拱乱穴。"

笺证

上二句"我行已水滨,我仆犹木末",写抵达马栏河,略去到宿马栏,接着此二句"鸱鸟鸣黄桑,野鼠拱乱穴",应是写次日自马栏至宜君县、玉华宫驿道上所见景象。自马栏至宜君县,系驮道。

徐伊丽《秦直道档案:大秦直道》之《刘家店还在沿用的秦直道》述旬邑北甘肃正宁县刘家店老农说:

> 这条路危险得很,路上有很多古村庄,有进去的人,没出来的人,沿途到

① 旬邑县地方志编纂委员会编:《旬邑县志》,三秦出版社2014年版,第104页。

处是陷阱和暗器，那都是古人打仗时候埋下的。[①]

张在明等《岭壑无语——秦直道考古纪实》第四章《孤村夜语——考古日志选·大麦秸沟梁探直道》：

2007年4月28日　星期六　晴

占民、小史继续发掘探沟4、5。老张、小王、小阎步行调查、GPS测量（富县）大麦秸沟梁直道。

该段直道长约20公里，因为远离村落，一路无人烟，加之绝大多部分路面被梢林覆没，过去从未调查过。

大麦秸沟梁直道注：大麦秸村、椿树庄、白水崾岘，均为秦直道上曾经的居民点，今多已被废弃，无人居住。[②]

案："鸱鸟鸣黄桑，野鼠拱乱穴"，当为叙述自马栏至玉华宫驿道子午岭山中之荒无人烟。由徐伊丽《秦直道档案：大秦直道》所述旬邑北甘肃正宁县刘家店老农说"这条路危险得很，路上有很多古村庄，有进去的人，没出来的人"，张在明等《岭壑无语—秦直道考古纪实》所述富县"大麦秸村、椿树庄、白水崾岘，均为秦直道上曾经的居民点，今多已被废弃，无人居住"，可见今日子午岭山中很多地方之荒无人烟，今犹如此，何况千年之前之唐代耶。

"夜深经战场，寒月照白骨。"

笺证

此下六句，续写自马栏至宜君县、玉华宫驿道上所见所感。《北征》并未写到到达宜君县、玉华宫，杜甫另有《玉华宫》诗标明到达玉华宫。在实际行程中，马栏—宜君县80里，宜君县至玉华宫仅4里，杜甫当是止宿宜君县。翌晨启程，经行玉华宫，前往坊州。

马栏—宜君距离为80里，岂中途并未止宿，故行路至于夜深耶？然则已接近宜君县治矣。

拙作《〈诸将〉第一首笺证一则》：

关于安史叛军入关后关中战区态势。

① 徐伊丽著：《秦直道档案：大秦直道》，陕西师范大学出版总社有限公司2014年版，第106页。

② 张在明，王有为，陈兰，等著：《岭壑无语——秦直道考古纪实》，陕西师范大学出版总社有限公司2018年版，第288页。

安史叛军攻破潼关，在玄宗天宝十五载即肃宗至德元载(756)六月九日，十日后入长安。唐军收复长安，在至德二载(757)九月二十八日，月内收复潼关。安史叛军占据关中东起潼关西至长安一带地区，计一年又三个月。

至(至德元载)八月，据《旧唐书·崔光远传》及《通鉴》，唐朝军营("光远营")已驻扎渭北，并在渭北之泾阳(今陕西泾阳)歼灭"剽掠"至此之安史叛军二千馀人，使安史叛军畏其"勇劲，常避其锋"。这表明，唐军已控制长安以北泾阳一线。渭水，位于长安北50里。泾阳，位于长安北(微偏西北)70里。

由上所考可知，至德元载六、七、八月，安史叛军兵力所及范围，在长安西140里(武功)至长安北70里(泾阳)一线之内。

至德元载八月以后，关中唐军与安史叛军作战，虽双方互有胜负，但总体形势是推向长安近郊以至长安以东，直至收复长安以至潼关。①

案：从至德元载六月安史叛军占领长安，到至德二载(757)九月二十八日唐军收复长安期间，安史叛军从未到达泾阳一线以北，更不用说远在泾阳一线以北的三水、宜君。由此可知，"夜深经战场，寒月照白骨"，虽未写出"古"字，但实际是指古战场，与安史之乱战争无关。

张在明等《岭壑无语——秦直道考古纪实》第一章《考古发掘、调查简报、论文·富县车路梁秦直道发掘简报》(2014年)：

2006年11月30日—12月7日、2007年4月9日—5月6日，陕西省考古研究所(院)秦直道考古队，先后对陕西富县车路梁段的秦直道进行了考古发掘，还对富县马莲沟梁、桦沟梁、大麦秸沟梁的秦直道进行了考古调查。②

探沟5出土的铜镞与秦陵兵马俑一号坑所出者完全相同，殊为珍贵，不失为本次发掘的一个重要收获。同时说明，在秦汉时期，富县的车路梁一带，曾经是一个兵家必争的古战场。③

张在明等《岭壑无语——秦直道考古纪实》第四章《孤村夜语——考古日志

① 邓小军：《〈诸将〉第一首笺证一则》，《杜甫研究学刊》，1996年第1期。

② 张在明，王有为，陈兰，等著：《岭壑无语——秦直道考古纪实》，陕西师范大学出版总社有限公司2018年版，第3页。

③ 张在明，王有为，陈兰，等著：《岭壑无语——秦直道考古纪实》，陕西师范大学出版总社有限公司2018年版，第32页。

选·出土铜镞》:

2009年5月9日　星期六　多云转雨

上午发掘。下部探方车辙辙梁上出土无铤铜镞1件,与前年车路梁所出铜镞迥异,甚喜。查看铜镞方向,系自下而上,略为自东向西,可判断为匈奴一方使用的武器。算一下,两次铜镞出土地点相距(直线距离)仅两三公里。

看来,(富县)桦沟口这个秦直道上的关卡,经历了不止一次的南北战争。①

案:由张在明等《岭壑无语——秦直道考古纪实》所述,在富县车路梁段秦直道、富县桦沟口段秦直道,均有出土铜镞,与秦陵兵马俑一号坑所出者完全相同,表明"在秦汉时期,富县的车路梁一带,曾经是一个兵家必争的古战场","桦沟口这个秦直道上的关卡,经历了不止一次的南北战争",可见秦直道地区自秦以来经历战争甚多,杜甫北征自马栏至玉华宫驿道上所见古战场,是秦直道附近古战场遗迹之一。

"夜深经战场,寒月照白骨",描写古战场苍凉惨淡画面,"深""寒""照""白"四字,传神写照。

"潼关百万师,往者散何卒。遂令半秦民,残害为异物。"

笺证

《资治通鉴》卷二百一十八唐肃宗至德元年五月:

上遣使趣哥舒翰进兵复陕、洛。翰奏曰:"禄山久习用兵,今始为逆,岂肯无备!是必羸师以诱我。若往,正堕其计中。且贼远来,利在速战;官军据险以扼之,利在坚守。……今诸道征兵尚多未集,请且待之。"郭子仪、李光弼亦上言:"请引兵北取范阳,覆其巢穴,质贼党妻子以招之,贼必内溃。潼关大军,惟应固守以弊之,不可轻出。"国忠疑翰谋己,言于上……上以为然,续遣中使趣之,项背相望。翰不得已,抚膺恸哭,丙戌,引兵出关。

己丑,遇崔乾祐之军于灵宝西原。乾祐据险以待之,南薄山,北阻河,隘道七十里。庚寅,官军与乾祐会战。乾祐伏兵于险,翰与田良丘浮舟中流以观军势,见乾祐兵少,趣诸军使进。王思礼等将精兵五万居前,庞忠等将馀兵十万继之,翰以兵三万登河北阜望之,鸣鼓以助其势。……须臾,伏兵发,

① 张在明,王有为,陈兰,等著:《岭壑无语——秦直道考古纪实》,陕西师范大学出版总社有限公司2018年版,第306页。

贼乘高下木石,击杀士卒甚众。道隘,士卒如束,枪槊不得用……乾祐遣同罗精骑自南山过,出官军之后击之,官军首尾骇乱,不知所备,于是大败……后军见前军败,皆自溃,河北军望之亦溃,瞬息间,两岸皆空。……士卒得入关者才八千余人。辛卯,乾祐进攻潼关,克之。

案:杜甫北征经过古战场,触景生情,身当唐朝国土沦陷,人民遭受残害,内忧外患交迫之际,抚今追昔,固不能不痛心于当年潼关会战之惨败,致使半数秦民,为之惨烈牺牲。

七、结语

第一,杜甫《北征》诗有三道确实证据,共同确证杜甫北征经行秦直道三水石门关—宜君马栏段。

1.《北征》"邠郊入地底,泾水中荡潏",确证杜甫北征自邠州越过泾水北上经行三水县地域。因为自邠州北上驿道曲折仅20里即进入三水县境;而且,杜甫此行经过玉华宫,作有《玉华宫》诗标明之,而自邠州至玉华宫,三水县地域是必经之地。

2.《北征》三水县部分"菊垂今秋花,石戴古车辙",确证杜甫行走秦直道三水县石门关—宜君县马栏段。因为除了不经县城的秦直道外,三水县"自古不通车路",只有驮道,不能通车;秦直道重要功能是并排通行多辆辎重车辆,而秦直道石门关—马栏段多沿子午岭山脊线延伸,秦直道子午岭山脊路面多系松软的砂岩、风化石,辎重车辆能留下车辙沟痕迹。

3.《北征》"我行已水滨,我仆犹木末",确证杜甫自石门关北上行走行秦直道抵达马栏河南岸,即将过马栏河,抵达马栏。因为秦直道自石门关北至马栏之间,除马栏南的马栏河外,别无东西流向河流。

第二,杜甫《北征》诗细致叙述亲身经行秦直道石门关—马栏段,包含关于唐代秦直道自然、人文之情况的大量信息,为诗史增加了深厚的历史地理内容,是自汉司马迁《史记》以后关于秦直道的稀有的、最直观的、路段信息最翔实的珍贵文献。

在汉司马迁《史记》之后,今日所见最早记述秦直道的历史文献,只有唐代两种文献,《史记·匈奴列传》唐张守节《正义》所引唐代魏王李泰《括地志》,唐李吉甫《元和郡县图志·宁州·襄乐县》,各一两句话而已。至清康熙《鄜州志》、嘉庆《中部县志》等地方志中有关秦直道的记载,亦仅寥寥数语。唐杜甫《北征》关于亲身经行秦直道的翔实叙述，因此弥足珍贵。

八、余论

杜甫是否知道自己行经秦直道？

杜甫《北征》没有直接表明知道自己行经秦直道。

但是，杜甫熟习《史记》[①]，《北征》“石戴古车辙”，明白表示自己行走在通辎重车的岩石路面路段的古代重要大道上，因此，杜甫可能知道或意识到自己行经的是秦直道。

为什么《北征》没有直接表明知道自己行走秦直道？当是因为杜甫此时忧患于当前安史之乱和肃宗政治黑暗，心思无暇专门发此思古之幽情，从写作技术来说，不必有此枝蔓亦好。

（作者简介：邓小军，首都师范大学文学院教授，安徽师范大学中国诗学研究中心特聘教授。著有《董小宛入清宫与顺治出家考》等。）

① 苏轼《东坡志林》卷十一：“昨日见毕仲游。仆问：‘杜甫似何人？’仲游云：‘似司马迁。’仆喜而不答，盖与囊言会也。”杨奔奔《杜诗引〈史记〉考论》：“杜诗约征引《史记》八十七篇，对于本纪、世家、列传、书、表都有涉及，征引总数五百四十九，列传征引次数最多。可以发现，《史记》在杜诗中被广泛引用，杜诗对于《史记》的征引是一种自觉的行为。”[《太原学院学报》(社会科学版)，2018年第6期]

读萧云从诗作笔札

◇詹绪左　温志权

摘　要:《萧云从诗文辑注》(沙鸥辑注)以及《萧云从诗歌笺注》(唐俊笺注)在迻录、注释上问题颇多,或擅改无据,或录字失真,或衍文,或释义未确,或引文有误,甚至还出现了录诗未完的情况。兹依其次第,择其要者,正其误,补其阙,拨其疑,意在引起研究者的关注,同时也可供这些书再版时参考。

关键词:萧云从诗;辑注;笺注;正误

研究芜湖本土文化,明末清初的萧云从(1596—1673)无疑是个重镇。萧云从以绘画最负盛名,同时擅书法,通易学,精音律,诗歌创作也颇有成就。笔者在整理《太平三书》时,对这位乡贤大儒的诗作尤为关注。在此期间,我们有幸拜读了沙鸥先生的《萧云从诗文辑注》(以下简称《辑注》)和唐俊先生的《萧云从诗歌笺注》(以下简称《笺注》),在受益的同时,也发现了不少问题。其中既有录字上的疏失,也有注释上的讹误,甚至还出现了录诗未完的情况。今依其次第,择其要者,而正其有误者,补其有阙者,拨其有疑者,意在引起研究者的关注,同时也可供这些书再版时参考。每条中的数字表明该句在书中的页码,或所引书目的页数,以便覆案。录文一般用简体,特殊情况则出以繁体。

《题烟鬟秋色图》

畴昔爱种石，巍然成假山。

《笺注》“题解”：“据《辑注》，此诗辑自天津杨柳青书画社《萧云从张洽山水册页》（画现藏天津市艺术博物馆）。”(6)引例即这首五古诗的一二句。“巍然”，《辑注》本、《笺注》本均录作“魏然”(4;5)，实未确。按：细审原图诗款，“巍”写作“”之形，其“山”形宛在，只是一反常“态”，藏在“鬼”字一撇之下。这种写法历代书作中多见，例见《中国书法大字典》(462)、《隶书大字典》(325)、《甲金篆隶大字典》(637)等，此不赘举。“巍然”，高大貌；高大雄伟貌。如北魏郦道元《水经注·河水四》：“关之直北，隔河有层阜，巍然独秀，孤峙河阳。”宋罗大经《鹤林玉露》卷十四：“今世夫子庙塑像，巍然高坐，祭器乃陈于地，殊觉未安。”而“魏然”，大型语文辞书均未收列。

买山无资斧，握笔湛馀閒。

“馀閒”，《辑注》本录作“馀間”(4)，《笺注》本录作“余间”(5)，皆失真。按：核原图诗款，“閒”写作“”，中间分明是“月”而非“日”，辑注者盖未细察。“馀閒（闲）”，指馀暇。《文选·司马相如〈上林赋〉》：“朕以览听馀闲，无事弃日。”李善注：“言听政既有馀暇，无事而虚弃时日也。”《三国志·吴志·骆统传》：“愿殿下少以万机馀闲，留神思省。”宋欧阳修《憎苍蝇赋》：“聊娱一日之馀闲，奈尔众多之莫敌。”均其例。此二句大意是说，“买山”（典出南朝宋刘义庆《世说新语·排调》：“支道林因人就深公买印山，深公答曰：‘未闻巢由买山而隐。’”）虽无钱物等外在的条件，不过提笔画山还是有充裕的时间。

携以政后子，残秋破愁颜。

“愁颜”，《辑注》本、《笺注》本均录作“愁顽”(5;5)。按：“愁顽”难以成词，“顽”又与下面的诗句“秦皇驱海岛，大山失其顽”的“顽”字犯复，显然是有问题的。再检原图诗款，该字实写作“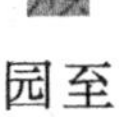”之形，正是“颜”字无疑，校注者盖察之未审。“愁颜”，犹愁容。唐李白《自梁园至敬亭山见会公谈陵阳山水兼期同游因有此赠》诗：“且寄一书札，令予解愁颜。”宋柳永《雪梅香》词：“临风，想佳丽，别后愁颜，镇敛眉峰。”清姚潜《饮孙子鱼琴来阁同汪度若吴方明曹殷六杜吹万》诗：“把酒心犹热，依人鬓早斑。阮宣钱已罄，赖尔破愁颜。”即其例。此二句大意是说，萧云从携带着自己的画作给好友“后子”（据诗后题跋，当指“集翁道盟”），请他指正（“政”通“正”。清秋瑾《致琴文书》：“俚句戏呈伯母大人粲政。”是其例），聊以在“残秋”之时为其破除“愁容”。

龙蹲与虎立，高下环[illegible]关。

“[illegible]”，原图诗款写作“[illegible]”。《笺注》本录作“松”(5)。《辑注》本直录原形，校注：“[illegible]疑‘松’字，俟考。”(5)按：实不必“疑”。“松”，异构作“窠”(《说文解字·木部》：“窠，松或从容。”)，此加“木”旁，遂成“[illegible]”字。之所以加“木”旁，无非是为了彰显它的类属、显化它的意义，同时也是为了平衡字的结构关系。这种“叠床架屋”式的构字现象在汉字发展史上是屡见不鲜的，如“莫”与“暮”、“益”与“溢”等。萧云从《黄山松石图》(现藏浙江省博物馆)题画诗：“巨石压松成偃盖，喷泉涤根几百载。”句中“松”，亦如此作。“[illegible]”，大型字典、俗字典、书法字典皆未收列，故尤显宝贵。“松关”，犹柴门。唐孟郊《退居》诗：“日暮静归时，幽幽扣松关。”清吴伟业《赠愿云师》诗：“故人扣松关，匡床坐酬酢。”均其例。

我欲攫之去，坚钜讵易扳。

“坚钜”，《笺注》：“坚硬的铁。这里是形容假山坚固。”(6)按：此释亦未确。“钜”，《汉语大词典》该字条首列的义项，便是：“坚硬的铁。”(第11册，1212)《笺注》即取此释。但这样一来，“坚钜”的“坚”岂非多余？再看二者的结构关系，“坚”与“钜”都是形容词，二者是并列关系，而非定中结构。“钜”指大，巨大。《礼记·三年问》：“创钜者其日久，痛甚者其愈迟。”孔颖达疏：“钜音巨，大也。”《汉书·齐悼惠王刘肥传》：“齐临菑十万户，市租千金，人众殷富，钜于长安。”颜师古注：“钜，大也。”宋司马光《灵物赋》：“有物于此，制之则留，纵之则去，卷之则小，舒之则钜。”均其用例。此二句显然是说，我(指萧云从)本欲拿走这些假山，可石山既坚顽又巨大，哪容易搬得走？再看下面的诗句，“大山失其顽(坚顽之石)”“贰负担危石(高大的岩石)”分别承“坚”“钜”而言，因此，“坚钜”也不可能是“坚硬的铁”之类的意思。

彼且笑我愚，遂尔不复悭。

“尔”，《笺注》本录作“而”(5)，与原字未合，盖音近而误。按：“遂尔”，指于是，于是乎。《魏书·刘芳传》：“窃惟太常所司郊庙神祇，自有常限，无宜临时斟酌以意，若遂尔妄营，则不免淫祀。”《水浒传》第九八回：“邬梨见琼英题目太难，把择婿事遂尔停止。”即其例。“遂而”，大型语文辞书未收。此二句大意是说，好友“后子”觉得我(指萧云从)的想法(“我欲攫之去，坚钜讵易扳”)很傻、很可笑，于是乎不再舍不得，慨然赠我以山石。

秦皇驱海岛，大山失其顽。贰负担危石，精卫徒潺湲。

“贰负”，《辑注》本、《笺注》本都录作“贰员”(5；5)。然“贰员”何意？恐怕谁也说不清楚。可见问题还是出在录字上。按:“贰”字下,原图诗款写作“”,显为“负”字。“贰负”,指古代传说中的神名。《山海经·海内西经》:“贰负之臣曰危,危与贰负杀窫窳,帝乃梏之疏属之山,桎其右足,反缚两手与发,系之山上木,在开题西北。”宋司马光《侍读王学士挽辞》之一:“贰负累囚象,尸臣右琢踪;老臣今已矣,咨访欲谁从。”清袁枚《送虞山少宰从驾热河》诗:“笔光直掩陆浑火,博物能知贰负臣。”均其用例。下一句中的“精卫”,是古代神话中的鸟名。二者为对,足见萧云从识见之广,运思之奇,用典之巧。“博物能知贰负臣”,录作“贰员”,岂不有“负”于“博物”的萧云从?又,《笺注》“题解”曰:“此诗从喜欢假山起笔,先写与朋友因共同爱好而得雅趣;接着又写与石有关的神话传说及米芾轶事,既有对秦始皇幻想长生不老的嘲讽,也有对精卫填海的惋叹……”(6)“既有……也有……”云云,也欠准确。此四句实为戏谑之语,言外之意是说,这些失去的顽石、担走的巨石,原来统统成了供吾及友人“后子”赏玩的石山,其中并没有《笺注》所说的“嘲讽”“惋叹”的意味。

巨灵有神划,黄初叱羝菅。

“黄初”句,《笺注》:“黄初指黄初平,晋丹溪人,传能叱石成羊。《夜航船·卷十四·九流部》引《神仙传》:‘黄初平年幼牧羊,有一道士引入金华山石室中,数年,教以导引。其兄初起遍索之,后问一道士,曰:“金华山有牧儿。”兄随往,与初平相见,问羊何在?曰:“在山东。”兄同往,见白石遍山下,平叱之,皆起成羊。’羝,公羊。菅,草。”(7)按:《笺注》对句意的理解虽然没错。但细心的读者不免会追问,“黄初叱羝”和“菅”又是什么关系呢?是注者不说出,还是说不出?这里试作一点补充。明末徐含灵刻本《翰海》卷六《药石部》收祝无功《招王中石》,其中有云:“何如寻黄初平石羊于长林丰草中,幸早归来,取道江上,禄请扫白门一片石迟公。”此例颇有启发性,表明“菅”当为“黄初叱羝”的补语,“黄初叱羝菅”即“黄初叱羝于菅”。“菅”相当于“于长林丰草中”。

赠我二三枚,朝夕云一湾。

“枚”,《笺注》本录作“枝”(5),盖形近而误。《辑注》本迻录无误(5)。按:该句意思是说老友“后子”赠我以山石二三枚。而山石显然是不能用“枝”作量词的。诗后题中有“小山数枚”句,即可为证。宋苏轼《与佛印禅老书》:“收得美石数百枚。”亦其例。

留供青閟阁,岂羡倪荆蛮。

“岂”,原图诗款写作“”,《辑注》录作“之”(5),显然是丢掉了“岂”上之“山”,而“之羡”云云,亦匪夷所思。按:“倪荆蛮”,即倪瓒,明末清初画家,号云林

子、荆蛮民、幻霞子等。“青閟阁”即其所居，萧云从借指自己的居所。此二句大意是说，居所中有老友赠我的石山供我清玩，我又何必羡慕倪荆蛮呢？

戊子春作此卷，易集翁道盟小山数枚。至辛卯十月廿五日，小酌自醺，复索以观。醉中赋草，记乱世中有吾两人石交也。鍾山梅下萧云从。

这是原图诗款后的题记，其中有两处录文也有问题。一处是“小山”，《辑注》本、《笺注》本都录作“山水”(5;6)。试想“水”岂可以“枚”论，这里肯定有问题。再检原图诗题记，此二字写作“”，可见不仅录字有误，词序也不对。“小山”，义同诗中“假山”“石山”“种石”(谓叠石，即假山。如宋翁元龙《齐天乐·游胡园书感》词：“种石生云，移花带月，犹欠藏春庭院。”)。大型语文辞书“小山”条未及此义，故弥足珍贵。另一处是“鍾山”，《辑注》本录作“鐘山”(5)，与原字未合。萧云从另有《鍾山梅下诗》(八首)，“鍾山”，《辑注》本亦录作“鐘山”(9)。按：“鍾山”，指山名。即紫金山。在今江苏省南京市东北。三国吴孙权避祖讳，更名蒋山。至宋复名鍾山。宋周辉《清波别志》卷中：“王荆公退居鍾山，切切以吕吉甫为恨。”清陈维崧《醉太平·江口醉后作》词：“鍾山后湖，长干夜乌。”即其例。而“鐘山”，大型语文辞书未收。

《梅花下赠唐祖命允甲》

《笺注》“题解”：“据《辑注》，此诗辑自上海古籍出版社《清诗话续编·国朝诗话》卷二。作年不详。”(25)按：《国朝诗话》所引并非全璧，辑注者理应补全。检《感旧集》(清乾隆十七年刻本)卷三、《南州诗略》(清乾隆刻本)卷五、《皖雅初集》(民国间排印本)卷二十七等均载录了这首诗，题作《梅花下赠唐祖命》(唐允甲，字祖命，号耕坞，安徽宣城人，萧云从友人)。据此，可补全其未完的部分，如次：“泥埋双屐齿，甘受烈霰欺。我既不解饮，围炉自支颐。孤情忆梅萼，烂漫殊未知。造物有真意，此花如相期。红红与白白，皆可罄醇醨。好会不共赏，方知主人痴。”另有一则异文。“独挈一尊酒，高吟五字诗。”“尊”，《清诗话续编·国朝诗话》卷二录作“樽”(1713)。

何意君作客，弛担在茅茨。

“弛担”，《辑注》本、《笺注》本录作“驰担”(60;25)。《辑注》本附录二《国朝诗话·萧云从(一则)》中亦录作“驰担”(254)。《笺注》：“驰担：同‘弛担’，放下担子，息肩。宋何薳《春渚纪闻·张道人异事》：‘一日樵归，于山道遇二道人对棊，弛担就观。”指栖息。元黄溍《杭州送儿侄归里》诗：‘息肩弛担今何处？明朝过我三釜山。'……"(25—26)按:《清诗话续编·国朝诗话》卷二、《感旧集》卷三、《南州诗略》卷五、《皖雅初集》卷二十七均录作"弛担",可见"驰"乃"弛"之误录。其实,《笺注》所释、所引的例证都是说"弛担"的,这也恰可证明"驰担"是抄录之误。"驰担",大型语文辞书未收,古代典籍中也未见用例。

《题雪景图》

撑天楖栗自主张,觅醉前村汎醽醁。

"楖栗",《辑注》本录作"櫛栗"(6)。《笺注》本录作"栉栗"(30),无注。另检孔寿山《中国题画诗大观》(敦煌文艺出版社,1997年版)、王石城《萧云从》(上海人民美术出版社,1979年版)、斯尔螽《题画诗话》(四川美术出版社,1987年版)等,均录作"栉栗"(718;14;93)。实皆未确。按:"楖"是个多音字,一读"zhì",同"櫛"。简化为"栉"。《集韵·入栉》:"櫛,《说文》:'梳叱之总名也。'或作'楖'。"亦指梳子、篦子等梳发用具。一读作"jí",常用于"楖栗"一词。《辑注》《笺注》等未明此差别,遂误录;又因误录,故难以出注。"楖栗",亦作"楖枥"。木名,可为杖。后借为手杖、禅杖的代称。唐贾岛《送空公往金州》诗:"七百里山水,手中楖栗粗。"宋陆游《小园》诗:"倦就盘陀坐,闲拈楖栗行。"元耶律楚材《和张敏之〈鸣凤曲〉韵》:"遮眼开经卷,蒙头坏衲衣……震风威,横担楖栗万山归。"清溥畹《虎丘访卖花老人》诗:"缓携楖栗访山家,一路斜阳五色霞。"清恽敬《子惠府君逸事》:"郑痴庵常与先府君过从……为人颀长白须冉,携楖枥杖,有出尘之表。"均其用例。又,《笺注》:"主张:犹支撑。《初刻拍案惊奇》卷三十:'却又不知李参军如何便这般惊恐,连身子多主张不住,只是个颤抖抖地。'《三国演义》第三二回:'张辽乘势掩杀,袁尚不能主张,急急引军奔回冀州 。'这里是说老人在泥泞山道走路累了休息。"(31)其释"主张"是。核《梦园书画录》(清光绪刻本)卷十七《萧尺木雪景直幅》(即《辑注》《笺注》所从出),其中记云:"半山略见云树,一叟扶笻独行。"对比可见,"笻"即"楖栗","扶"犹"主张"。然《笺注》说"老人在泥泞山道走路累了休息",则与"一叟扶笻独行"显然未合。

"汎",《辑注》《笺注》都录作"汛"(6;30),孔寿山《中国题画诗大观》、王石城《萧云从》、斯尔螽《题画诗话》等,也都录作"汛"(718;14;93)。《笺注》:"汛:洒水。《说文》:'汛,洒也。'这里有'饮'的意思。"(31)按:录字未确,解释自然靠不住。试想"洒水"义为何又有"饮"的意思,这是让人费解的。而"汎(泛)"的常见义之一正是饮酒。例如晋陶潜《饮酒》诗之七:"秋菊有佳色,裛露掇其英。汎此忘忧物，远我遗世情。”宋王安石《九日随家游东山遂游东园》诗：“采采黄金花，持杯为君汎。”清吴伟业《西田招隐》诗之二：“把卷倚新桐，持杯汎南菊。”“汎醽醁”即饮美酒。“醽醁”，亦作“醽渌”，美酒名。其例如晋葛洪《抱朴子·嘉遯》：“藜藿嘉于八珍，寒泉旨于醽醁。”宋黄庭坚《念奴娇》词：“寒光零乱，为谁偏照醽渌。”元曾瑞《醉太平》曲：“苏堤堤上寻芳树，断桥桥畔沽醽醁，孤山山下酹林逋。”“醽醁”，孔寿山《中国题画诗大观》、王石城《萧云从》、斯尔螽《题画诗话》录作“𫑡醁”（718；14；93），“𫑡”是一个生造的简化字。

身处穹庐望雁飞，独怜汉使旄节秃。

“旄节”，《辑注》本、《笺注》本均录作“麾节”（6；30），失真。《笺注》：“汉使麾节：指苏武出使匈奴，被扣留十九年，持节不变事。”（31）此释虽指明出典，但因录字并非“原汁原味”，解释就很难一一到位。今按：“旄节”，指古代使臣所持的符节，用作信物。《史记·秦始皇本纪》“衣服旄旌节旗皆上黑”，唐张守节正义：“旄节者，编毛为之，以象竹节，《汉书》云‘苏武执节在匈奴牧羊，节毛尽落’是也。”宋梅尧臣《送马仲涂司谏使北》诗：“每逆龙鳞司谏诤，又持旄节使阴山。”明夏完淳《大哀赋》：“苏属国之旄节终留，庾开府之江关永弃。”其中《汉书》云“节毛尽落”，正可移笺此诗中的“旄节秃”。

《赠胡曰从》

气卷灵春太液润，道滐棼缊青阳舒。

“卷”，《辑注》本录作“捲”（41），失真。“滐”，《笺注》本录作“潆”（37），与原字也未合。按：“滐”与“卷”对言，指回旋貌。大型语文辞书“滐”字条有释义无例证，此正可补其缺。

烧兰旧赐宫中烛，倚缛仍安下泽车。

“旧”，《辑注》本、《笺注》本都录作“归”（41；37），王石城《萧云从》也录作“归”（6），与原字未合。按：“旧”与“仍”对言，不可能是动词（“归”），动词应当是“赐”。故其当为以前、原本之类的意思。其例如《书·说命下》：“台小子，旧学于甘盘。”唐杜甫《燕子来舟中作》诗：“旧入故园常识主，如今社日远看人。”宋王谠《唐语林·补遗四》：“蜀土旧无兔鸽。隋开皇中荀秀镇益州，命左右赍兔鸽而往。今蜀中鸽尚稀，而兔已众。”宋陆游《沈园》诗之一：“城上斜阳画角哀，沈园非复旧池台。”

淇水洋洋数竿竹，颐期衞武歌璠玙。

“期”，《笺注》本录作“其”(37)，失真。“衞(卫)”，《笺注》本以及王石城《萧云从》录作“衍”(37;6)，亦误。按：句中“期”，指希望；企求。如《书·大禹谟》：“刑期于无刑，民协于中，时乃功。”蔡沈集传：“其始虽不免于刑，而实所以期至于无刑之地。”唐韩愈《哭杨兵部凝陆歙州参》诗：“人皆期七十，才半岂蹉跎。”宋岳飞《谢讲和赦表》：“臣愿定谋于全胜，期收地于两河。”清恽敬《说山》：“盖天下事，期之者过甚，大率不能如吾之意。”即其例。“衞(卫)武”，指卫武公。史载其主政达55年，九十多岁还亲民临政，受到从周天子到普通百姓上下一致的称道，故被誉为高风亮节、德高望重的典范。

别三十年，偶来金陵，拜瞻几杖，年开九袟。人景千秋，犹镌小印篆成蝇头，神明不隔，真寿征也。

《笺注》“题记”：“此诗辑自《虚斋名画录》卷十《萧尺木山水轴》。”(37)引文即该诗题记中的几句。“别三十年”，《笺注》误作“别二十年”。另有一处标点疏误。“印篆”间，《辑注》《笺注》均施逗，分属二句。王石城《萧云从》以及张连安、杨新华主编的《南京历史文化新探》(南京出版社，2006年版)亦施逗(6;181)。按：“印篆”，指印章。因印章多用篆文，故称。宋宋敏求《春明退朝录》卷下：“近朝皇太后、皇后皆有印篆，文曰：‘皇太后之印’‘皇后之印’。”清刘大櫆《伯兄奉之墓志铭》：“兵卒粮饷，素取给于县，县为印篆移营官，营官各以券给其兵。”《黑籍冤魂》第七回：“(吴瑞庵)领着幕宾跟随，来接了宁绍台道的印篆。”皆其例。再看下面一例。《名媛诗话》(清光绪鸿雪楼刻本)卷一：“(宝灯)自写《坐月浣花图》，小印篆曰‘络隐’。”此“小印篆”可以断开乎？

《题四季山水册页图》(十首)

停马独思恻，依稀在柳条。明知春色澹，不遽上丹嶤。

这是十首诗中的第一首。“丹嶤”，《辑注》《笺注》皆录作“丹荛”(45;60)。《笺注》：“丹荛：或指某种红色草本植物。荛，柴草，亦指芜菁。”(62)按：录字既指鹿为马，注释也不免郢书燕说。《册页图》该画记云：“柳堤畔一径盘纡，上通峭壁，倚崖楼阁参差，桥头古寺高塔孤耸。”亦可见“上”(攀登)的是“丹嶤”，而“丹荛”这种植物可“上”乎？“嶤”，亦作“峣”，本指高貌。如“峣榭”指高台，“峣阙”谓皇宫大门，“峣岩”犹高险。句中用作名词，指山，如“嶚峣”(借指高峰)的“峣”。“丹嶤”，当指红色的山峰。该词大型语文辞书未收。

秋气拂西崖，英豪纵车马。遥闻云树中，宝刹千峰下。

这是十首诗中的第二首。"云树中"，《辑注》本、《笺注》本皆录作"云中树"(46;60)，显然未确。按："云树"，指高耸入云的树木。唐崔橹《华清宫》诗之一："草遮回磴绝鸣銮，云树深深碧殿寒。"明文徵明《金山寺待月》诗："鱼龙深夜浮光怪，云树遥空带渺茫。"

戊申立春，七十三翁云从。

《笺注》"题解"："据《辑注》，此组诗辑自清光绪定远方氏刻本《梦园书画录》卷十七《萧云从山水画册》。"(61)引文是第八首诗后题。《笺注》援引时"翁"下衍一"萧"字。《辑注》本不误(47)。

然亦供高士雅赏，称不朽复何逊焉。

引文是第十首诗后题。句中"复"，《笺注》录作"亦"，虽无碍文意，然终非原文之素。《辑注》本不误(47)。"称不朽"下，《辑注》本施逗(145)，也欠妥。《辑注》本另一处未施逗(47)，是。

《访许定园林》

过访许定远园林之作。无闷老人萧云从。

《笺注》"题解"："据《辑注》，此诗辑自清方睿颐撰《梦园书画录》卷十七。"(114)引文即为这首五律诗后的题记。《辑注》本、《笺注》本迻录时均脱落了"远"字(53;114)。难怪《笺注》云："许定，未详生平。"(114)同时，该诗题既为《辑注》《笺注》者所拟，亦当补"远"字。

《题画寄钱果存》

抛予老笔能酬应，对客狂吟可奈何。

《笺注》"题解"云："据《辑注》，此诗辑自《壹斋集·萧汤二老遗诗合编》。"(125)引例是该七律诗颔联。"可奈何"，《笺注》误作"无奈何"。《辑注》本不误(6)。又，陈育德、凤文学校点本《壹斋集》(黄山书社，1999年版)亦录作"可奈何"(881)。

江边帆影随风发，直破黄尘过翠萝。

"直破"，《笺注》本录作"真破"，未确。《辑注》本不误(7)。陈育德、凤文学校点本《壹斋集》亦录作"直破"(881)。按："直"，副词。径直；直接。例如《公羊传·庄公三十二年》："杀世子母弟直称君者，甚之也。"北魏贾思勰《齐民要术·八和畜》："橘皮新者直用，陈者以汤洗去陈垢。"石声汉注："新鲜的，直接用。"唐元稹《和李校书新题乐府·上阳白发人》："醉酣直入卿士家，闺闱不得偷回避。"

《彭幼官耽于诗酒，索画和答》（三首）

莫道韬精终阮籍，万方犹自未销烽。

《笺注》"题解"："据《辑注》，此组诗辑自《壹斋集·萧汤二老遗诗合编》。"（128）引例是第二首尾联。"万方"，《辑注》本、《笺注》本以及陈育德、凤文学校点本《壹斋集》均误作"万古"（7；127；882）。"未销烽"，《笺注》改作"未销锋"，注云："《辑注》作'未销烽'，疑误，今改。意谓未消除锋芒。"（129）按：实不必"疑"，更不当"改"。《荔村草堂诗钞》（清光绪十八年廖廷相羊城刻本）卷一《入塾集·泊石门》："频年江国未销烽，琴剑飘零类转蓬。"《录天书舍存草》（清嘉庆二十三年阮元刻本）卷二《自滦阳奉命典试四川旋都途次杂成八首，寄同直诸公，末二章兼柬吴少甫前辈树萱伊墨卿同年秉绶》其二："年来陇蜀未销烽，霜暑犹迟荡寇功。"均用"未销烽"。"未销烽"谓战火未灭。此二句大意是说值此万方战乱未灭，自己是断然不会一味韬光养晦的。《笺注》"题解"析此二句云："尾联借用典故含蓄告诉友人，自己于韬光养晦之中并未消磨奋发有为的锐气。"（128）亦欠准确。

《寄于息庵，时为僧高淳》

客子乘秋近禅说，王维老去画中参。

《笺注》"题解"："据《辑注》，此诗辑自《壹斋集·萧汤二老遗诗合编》。"（132）引例是这首诗的尾联。"客子"，《笺注》本及陈育德、凤文学校点本《壹斋集》误作"客于"（132；882），《辑注》本误作"於"（8）。按："客子"，指离家在外的人。汉王粲《怀德》诗："鹳鹄在幽草，客子泪已零。去乡三十载，幸遭天下平。"南朝陈徐陵《关山月》诗："关山三五月，客子忆秦川。思妇高楼上，当窗应未眠。"宋蒋捷《虞美人·梳楼》词："天怜客子乡关远，借与花消遣。"尾联中的"客子"，指诗题中的"于息庵"。也许"子""于"形近，而"客子"又恰巧是"于息庵"，遂有迻录之误。又，引例中的"禅说"，实指"禅悦"（"说""悦"古今字），乃佛教语。谓入于禅定，使心神怡悦。如《维摩诘经·方便品》："虽服宝饰，而以相好严身；虽复饮食，而以禅悦为味。"南朝陈徐陵《东阳双林寺傅大士碑》："非服名香，但资禅悦。"宋黄庭坚《赋盐万岁山中仰怀外舅谢师厚》诗："禅悦称性深，语端入理近。"清包世臣《艺舟双楫·〈旧业堂文钞〉序》："至被诬废弃之后，其能放情山水，逃心禅悦者，已为越絶流俗。”像这样的词语，《笺注》应当出注。

《题画为包长明恤部》

寒峰写就数经旬，樾馆椶间托意真。

《笺注》“题解”：“据《辑注》，此诗辑自《壹斋集·萧汤二老遗诗合编》。”(140)引例是这首诗的首联。“椶间”，《辑注》本录作“棕櫚”(9)，陈育德、凤文学校点本《壹斋集》录作“棕榈”(883)，与原字未尽合。《笺注》本录作“棕间”(140)，注云：“棕间：即‘棕榈’。‘间’同‘榈’。”(140)按：这一解释来自《汉语大词典》“椶间”条：“棕榈：间，同‘榈’。清方以智《通雅·植物》：‘比间，即栟榈……《王会篇》“白州比闾”，盖椶间也。’”(第4册，1189)此释虽不错，但引例太少，也未必可靠，方以智“盖椶间也”的解释本就含有揣测的成分。这里再补充一个更显豁的例子。《大方广佛新华严经合论》(唐于阗国三藏沙门实叉难陀译经，唐太原方山长者李通玄造论，唐福州开元寺沙门志宁厘经合论)卷第一百十二《入法界品第三十九之二十五》：“广明宝多罗树者，如此方椶间树。”不过，萧云从这首诗“椶間”却并非此义。首先，“椶间”与“樾馆”(《全唐诗》卷一二三载卢鸿一《嵩山十志十首·樾馆》：“樾馆者，盖即林取材，基颠柘，架茅茨，居不期逸，为不至劳，清谈娱宾，斯为尚矣。”知为简陋居所并言，意思理当相同，都是指简陋的居所。其次，萧云从《移居诗(六首)》其一：“喜得幽荒日月同，棕轩樾馆筑华嵩。”《笺注》：“棕轩樾馆：指简陋的居所。”(145)此释甚确。比对又可确知，“椶间”犹“棕轩”也。

《移居诗并序》(六首)

甲申后为镇兵是据，遂毁精舍为圉枥。

《笺注》“题解”：“据《辑注》，此组诗辑自《壹斋集·萧汤二老遗诗合编》。据小序，知此组诗作于1647年，时萧云从52岁。”(143)引例即小序中语。“圉枥”，《笺注》本录作“园枥”(142；146)，未确。《辑注》本、陈育德、凤文学校点本《壹斋集》(11；886)不误。按：“圉”，原指养马，亦泛指畜养。《左传·哀公十四年》：“孟孺子泄将圉马于成。”杜预注：“圉，畜养也。”《文选·张衡〈东京赋〉》：“圉林氏之驺虞，扰泽马与腾黄。”薛综注：“圉，牢养也。”《周礼·夏官·叙官》“圉师”汉郑玄注：“养马曰圉。”“枥”，本指马槽，亦指关牲畜的地方。三国魏曹操《步出夏门行》：“老骥伏枥，志在千里。烈士暮年，壮心不已。”宋王安石《骐骥在霜野》诗：“骐骥在霜野，低回向衰草。入枥闻秋风，悲鸣思长道。”“圉枥”抟合成词，当指养马的地方。

组诗第五首中有云:“树高不隔蝉声切,墙短犹留驹影斜。”亦可见“圉枥”确为养马之所。“圉枥”,大型语文辞书未见收载,故尤显宝贵。

至丁亥秋,始得携儿子,担书笥,薅秽缉垣,略蔽风雨而家焉。

此亦小序中语。“缉”,《笺注》本录作“葺”(142),与原字未合。《辑注》本、陈育德、凤文学校点本《壹斋集》都不误(11;886)。按:《石仓诗稿》(清乾隆十九年曹岱华刻本)卷十七《潞河集·岁暮移寓》中有:“缉垣聊蔽雪,祀灶未生烟。”即用“缉垣”例。“缉垣聊蔽雪”,与“薅秽缉垣,略蔽风雨而家焉”意思相近,“缉垣”即谓修治墙壁也。又,“薅秽”的“薅”,王石城《萧云从》(上海人民美术出版社,1979年版)中录作“媷”(3),无版本依据。翁志飞编著的《名家闲章趣谈》(江西美术出版社,2006年版)中录作“媷移”(45),“移”又是“秽”之误。

倘曰元亮《移家》、少陵《秋兴》,是以灵乌飞兔,而誉腐草之光矣。

此亦小序中语。“兔”,《笺注》本录作“鵕”(142),与原字未合。《辑注》本、陈育德、凤文学校点本《壹斋集》不误(12;886)。《笺注》:“飞鵕:鵕同‘鵔’。一种鸟名。类山鸡;一说是不祥之鸟,现则天旱。”(145)按:录字似是而非,注释难免挹彼注兹。《玉篇·兔部》:“兔,狡兔。”又泛指兔。如宋吴潜《贺新郎·玩月》:“玉兔捣药何时歇?几千年,阴晴隐现,团圆亏缺。”萧云从《题地震山水卷》:“亦寸裁成卷式高,楮光墨燥兔毛秃。”句中“灵乌”指太阳,“飞兔”显然喻指月亮(吴潜《贺新郎·玩月》词,写的是“玉兔”,“玩”的正是“月”)。这几句大意是说,拙作和陶渊明《移居二首》、杜少陵《秋兴八首》诗相比,一如日月之辉,一似流萤之光。另,萧云从《太平山水诗图跋文》:“政治之余,济艰厘弊,翔化哺醇,若飞兔升乌一照曜而罔有遗者。”此“飞兔”义同。唯其“灵(升)乌飞兔”喻指日、月,所以才会出现“一照曜而罔有遗者”。但遗憾的是,“飞兔”的“兔”,沙鸥先生《萧云从版画研究》(时代出版传媒股份有限公司黄山书社,2018年版)也误作“鵕”(151),真是无独有偶。“飞兔”,大型语文辞书失收。

蹈海鲁连能战日,还家典属雁声秋。

这是该组诗第六首颈联。“能战”,《笺注》本改为“龙战”(143)。注云:“龙战:《辑注》作‘能战’,误,今改。本谓阴阳二气交战。《易·坤》:‘上六,龙战于野,其血玄黄。’后遂以喻群雄争夺天下。唐胡曾《题周瑜将军庙》诗:‘共说前生国步难,山川龙战血漫漫。’”(146)按:此亦擅改。核自刻本、许氏重刊本、黄安谨重印本《壹斋集》,可知《辑注》本、陈育德、凤文学校点本录作“能战”确然无误(12;887)。再者,改为“龙战”“以喻群雄争夺天下”,与“蹈海”之“鲁连”又有何涉?细研之,此句用了两则典故。一是“蹈海鲁连”典。“鲁连”,即鲁仲连,战国时齐国人,高尚不仕，常周游各国，排难解纷。秦军围赵都邯郸，鲁仲连以利害进说赵魏大臣，劝阻尊秦为帝，曾云："彼秦者，弃礼义而上首功之国也，权使其士，虏使其民。彼即肆然而为帝，过而为政于天下，则连有蹈东海而死耳，吾不忍为之民也。"事见《战国策·赵策》《史记·鲁仲连邹阳列传》。一是暗用"战日"之典。《淮南子·览冥训》："鲁阳公与韩构难，战酣，日暮，援戈而撝之，日为之反三舍。"后多用为力挽危局之典。亦作"挥戈回日""挥戈退日""鲁阳挥戈"，或省作"挥日""挥戈"等。二"典"之所以能融为一体，盖因"鲁仲连""鲁阳公"（战国时楚鲁阳邑公）都有一个"鲁"字在，故诗人迁想妙得如此。"鲁仲连"能成功劝阻尊秦为帝，正可谓力挽危局。由此二句，我们不难体味出诗人此时对南明小王朝尚抱有很大希望，甚至对自己为国效力、驱除外敌也怀有期许。

《钟山梅下诗》（八首）

尘土飘摇香未散，乾坤今见几人诗。

《笺注》"题解"："据《辑注》，此组诗辑自《壹斋集·萧汤二老遗诗合编》。"（150）引例是八首中第二首尾联。"飘摇"，《笺注》本误作"飘落"（148），《辑注》本、陈育德、凤文学校点本《壹斋集》（10；884）不误。按："飘摇"，指飘荡；飞扬。如明刘基《郁离子·九难》："于是乎翠盖飘摇，文鹢委蛇，嘉朋远至。"

春归但籍花为历，僧老都忘岁已寒。

这是八首中第三首颔联。"籍"，《笺注》本改作"藉"（148），注云："藉：《辑注》作'籍'，今改。同'借'，凭借。"（151）按：实不烦"改"。"籍"通"藉"，自古而然。《孟子·滕文公上》："助者，籍也。"赵岐注："籍者，借也，犹人相借力助之也。"《韩非子·八经》："外不籍，内不因，则奸宄塞矣。"《汉书·贾山传》："昔者，周盖千八百国，以九州岛之民养千八百国之君，用民之力不过岁三日，什一而籍，君有余财，民有余力，而颂声作。"颜师古注："籍，借也，谓借人力也。"《宋史·高宗纪四》："（绍兴二年八月）戊戌，沿海州县籍民海舶，每岁一更，守海道险要。"此指借助。《史记·司马相如列传》："籍以蜀父老为辞，而已诘难之，以风天子。"《汉书·司马相如传下》作"藉"。此指凭借。

人瞻北阙春千里，香过西邻水一湾。

这是八首中第四首颔联。"西邻"，《笺注》本误作"西郊"（149），而《辑注》本、陈育德、凤文学校点本《壹斋集》均不误（10；885）。按："西邻"，指西边邻居。《易·既济》："东邻杀牛，不如西邻之禴祭，实受其福。"唐元结《漫问相里黄州》诗："东邻有渔父，西邻有山僧。”是其例。“西邻”句意思是说花香飘过一条弯曲的流水。唐张说《同赵侍御乾湖作诗》诗：“一湾一浦怅邅回，千曲千溠怳迷哉。”清翁方纲《用德中丞韵赠行》：“泉流百磴盘云细，浑照冰条碧一湾。”“一湾”用法相同。又，萧云从《题烟鬟秋色图》：“赠我二三枚，朝夕云一湾。”此“一湾”以流水之曲弯喻指“云”之流动也。

《辛卯秋至南庄作》

旧日路傍松见顶，几年门外水连空。

《笺注》“题解”：“据《辑注》，此诗辑自《壹斋集·萧汤二老遗诗合编》。辛卯年为清顺治八年(1651年)，时萧云从56岁。”(155)引例是这首律诗的颔联。“傍”，《辑注》本、《笺注》本录作“旁”(13；142)，浦金洲、黄季耕选注的《安徽历代诗选》(安徽人民出版社，1983年版)、王石城的《萧云从》(上海人民美术出版社，1979年版)、祝凤鸣主编的《安徽诗歌》(安徽文化精要丛书；安徽文艺出版社，2012年版)、王伯敏、俞守仁等《三国——现代132名中国书画家》(山东美术出版社，1984年版)亦录作“旁”(178；12；235；272)，与原字都未合。唯有陈育德、凤文学校点本录字无误(887)。按：《集韵·唐韵》：“傍，亦作旁。”故“路傍”即“路旁”。但辑录原典，自当以存真为宜。《史记·张丞相列传》：“是时丞相入朝，而通居上傍，有怠慢之礼。”唐韩愈《与孟尚书书》：“天地鬼神，临之在上，质之在傍，又安得因一摧折，自毁其道，以从于邪也！”宋苏轼《秦太虚题名记》：“自普宁凡经佛寺十五，皆寂不闻人声，道傍庐舍，或灯火隐显，草木深郁，流水上激悲鸣，殆非人间之境。”《警世通言·金令史美婢酬秀童》：“金满好言好语都请出去了，只剩得秀童一人在傍答应。”清侯方域《宁南侯传》：“(宁南侯)一日见道傍驼橐，驰马劫取之。”例中的“傍”都指旁边；侧近。“道傍”犹“路傍”也。

(作者简介：詹绪左，安徽师范大学文学院教授，出版有专著《禅籍词语研究》等；温志权，安徽师范大学文学院讲师，发表有论文《〈明僧弘秀集〉疑难字考》等。)

正名:清代女性诗学批评的逻辑展开*

◇蔡德龙　侯娇娇

摘　要:清代女性诗学批评繁荣,对女性文学进行了一系列的"正名"工作。在文学发生上,清人或是以《诗经·国风》为据,或是依据"诗主性情"的理论,为女性的文学创作寻求学理依据;在文体选择上,清人发现女性性别特征决定了其"吟咏见长"而"绝少治古文"的文体特点;在文学风格上,清代出现了支持"女郎诗"和"去脂粉气"的两种声音;在文学传播上,清人由"内言不出于阃"的传统训诫发展到"德与言不以男女异"。零散的批评构成系统而逻辑的论证,最终在中国文学批评史上形成了集中为女性文学"争地位"的第一次高潮。

关键词:正名;清代女性诗学;性别

明清时期女性作家的大量涌现,是最值得注意的文学现象之一。至清乾嘉道时期,闺秀文学达到鼎盛,无论是女性作家数还是女性作家的作品数均非他代、他地所可比拟。作为不断壮大的文学群体,清代闺阁诗人及其创作活动开始为主流文坛所正视。女性文学的创作实绩带动了对女性文学的理论思考,女性文学批评在清代获得前所未有的发展,在女性文学是否"合法"、"女郎诗"是否有其价值、女子诗歌是否可以外传等核心问题上有了重要突破。这一系列理论上"正名"活动的展开,有力回应了针对女性文学的外在质疑,为女性文学的发生、

*本文为江苏省高校青蓝工程"中青年学术带头人培养对象"〔苏教师(2017)15号〕资助成果。

发展做出了合乎逻辑的呼应与支持。[①]

一、发生：女性文学“合法性”的寻求

与男性的文学创作不同，女性从事文学活动，首先面临着“合法性”的问题。清代女性在文学创作之初，往往需要借助对女性文学的推源溯流，寻求女性书写的理据，以破除“女子无才便是德”的陈见；清代学者奖掖女性文学风气炽热，他们在为女性别集题写序跋时，也多以男性的视域，从正统诗教到情感抒发的必需，多方位地为女性文学正名。

清人为女性文学找到的合法源头，是《诗经》中的《国风》。康熙时著名诗人赵执信为女诗人金至元《芸书阁剩稿》所作序云：

> 在昔先王之世，太师陈风，凡所采于田野里巷间者，多闺阁房帷之作，若“伐桑”“采葛”“髦笄”“膏沐”，及二姜、许穆夫人诸诗是也。下至名姓不登史册，其事亦无特异，如《草虫》《鸡鸣》《静女》诸诗，亦皆甄录不遗，要以志风俗之污隆、民情之好尚，使诵之者油然而知所感发耳，则洵乎房中之诗之足录也。[②]

《国风》中许多作品是以女子口吻言情、言事，除《载驰》等少数篇章，罕能明确作者。赵执信将《诗经》中女子口吻的诗作一律视为女性作品，未必合适。他不过是以采诗不遗女子及房中之诗为由，为女性从事文学创作寻得依据。石韫玉序汪端《自然好学斋诗钞》同样是从“圣人未尝不录”女子诗来立论：

> 抑思孔子删诗，首述《关雎》一什，其诗出自宫闱，其他若《鸡鸣》，若《桑落》诸篇，俱巾帼之言，而圣人未尝不录。盖坤之为道，内柔顺而外文明，大《易》所以著黄裳之元吉也。[③]

晋骃序兰溪女诗人倪仁吉《凝香阁诗稿》曰：“十五《国风》，多闺阁之所作，抑何其

① 关于清代女性文学与批评的研究著作，近年有段继红《清代闺阁文学研究》（南开大学出版社2007年版）、宋清秀《清代江南女性文学史论》（上海古籍出版社2015年版）、王郦玉《明清女性的文学批评》（华东师范大学出版社2017年版）等，与本文的角度并不相同。

② 赵执信：《芸书阁剩稿》序，胡晓明，彭国忠主编：《江南女性别集》二编（上），黄山书社2010年版，第195页。

③ 石韫玉：《自然好学斋诗钞序》，胡晓明，彭国忠主编：《江南女性别集》二编（上），黄山书社2010年版，第321页。

怨而不怒，哀而不伤，可咏可歌，有典有则乎？夫亦以道存敦厚，婉转悠扬之是尚。”[①]这里不仅将《诗经》中的“闺音”直接视作女子文学的源头与典范，更以“道存敦厚”的诗教传统作为评判女性诗作的准则。

女性诗人同样以《诗经》中多录妇人之作为据，力证女子为诗的合理与价值。乾嘉年间著名文士王芑孙的继室曹贞秀道：“《诗》十五《国风》，妇女之作居多。”[②]又说：“史家编列女之传，诗家列闺秀之门。”[③]指出明清以来诗歌总集多设有“闺秀”门的事实。袁枚女弟子徐德音云：“夫《诗》称言志，歌以永言，列国采风，半多妇女；史书彤管，不没闺房。”[④]女诗人高篃在为表姐王淑的《竹韵楼诗钞》所作序中写道：“《国风》十五，妇人女子之作居多，要在其兴感如何耳！”[⑤]阳湖张纶英说：“《国风》传正声，汉晋乃其嗣。五言只数家，妇人居其二。”[⑥]袁枚、王文治、王昶的女弟子句容骆绮兰，不仅将《诗经》中的“闺音”看作女子作品，还为作者作了分类：“兰思《三百篇》中大半出乎妇人之什。《葛覃》《卷耳》，后妃所作；《采蘩》《采蘋》，夫人、命妇所作；《鸡鸣》《昧旦》，士妇所作。”[⑦]这些闺秀诗人强调女子作诗是对《国风》传统的继承，以之捍卫女性作诗的权利，破除“女子无才便是德”的偏见。

作为中国诗学源头的《诗经》，在赋予女性文学创作“合法性”的同时，其“温柔敦厚”的诗教传统也对女性诗歌风格作了约束。整个清代，“温柔敦厚”的诗教观是许多闺阁恪守的诗学传统。男性文人在批评闺阁文学时，也有意识地将女性文学与《诗经》的“温柔敦厚”传统联系起来，既为女性文学创作追溯到了“合法”的源头，也能以之规范女性文学在合乎礼教的轨道上展开。沈德潜在为女诗人徐德音的《绿净轩诗钞》所作序中，从“温柔敦厚”的诗教角度解释了女性作诗

① 晋骃：《凝香阁诗稿·序》，胡晓明，彭国忠主编：《江南女性别集》四编（上），黄山书社2014年版，第24页。

② 曹贞秀：《从妹琼娟诗序》，胡晓明，彭国忠主编：《江南女性别集》初编（上），黄山书社2008年版，第410页。

③ 曹贞秀：《跋自临砖塔铭》，胡晓明，彭国忠主编：《江南女性别集》初编（上），黄山书社2008年版，第415页。

④ 徐德音：《中州瑞雪咏一百韵（并序）》，胡晓明，彭国忠主编：《江南女性别集》初编（上），黄山书社2008年版，第117页。

⑤ 高篃：《竹韵楼诗钞·序》，胡晓明，彭国忠主编：《江南女性别集》四编（下），黄山书社2014年版，第1001页。

⑥ 张纶英：《题淡菊轩诗稿即寿孟缇姊五十》，胡晓明，彭国忠主编：《江南女性别集》四编（上），黄山书社2014年版，第652页。

⑦ 骆绮兰：《听秋轩闺中同人集诗序》，胡晓明，彭国忠主编：《江南女性别集》二编（上），黄山书社2010年版，第695页。

缺乏大家的原因：

> 古来女子中以传经闻者，推韦逞之母；以续史闻者，推班固之妹；而诗学之称大家者，竟鲜其人。何者？诗之为道，主于淑性情，重伦纪，以无失乎温柔敦厚之旨。而女子之诗惟取嘲风雪，弄花草，若此外无余事焉。即有得乎作诗之旨也，然或偶焉寄托，而非终身从事于其中，此大家所以无闻，不能与韦母之经、班氏之史并高出于女子中也。①

在沈德潜看来，女子偏爱吟风弄月，少有"淑性情，重伦纪"的寄托之作，缺乏大家。故而清人多强调女性诗歌风格取乎风雅之正，"虽典赡风华，而总不逾于幽闲贞静之外，是真能以性情为主宰，而以温柔敦厚为质干者也"。②女诗人罗本周在为袁镜蓉《月蕖轩诗草》所作序中曰："《礼》所谓：'温柔敦厚，其诗教乎？'教以淑性，教以陶情。非读古人之诗，无以观其通；非藉一己之诗，无以抒其蕴。不特文人学士为然也，即闺阃中何莫不然？"③将"温柔敦厚"视为男性与闺阃诗作的共同要求。具体谈到女性别集，她又以当世闺秀名媛为例，指出诗歌符合温柔敦厚之诗教，才是闺秀诗的典范。冯桂芬在为同里女诗人吴茝《佩秋阁诗稿》所作序里评价："顺成合律，平中无颇，哀而不伤，丽而有则，其殆有《柏舟》摽辟之悲，而不失《葛覃》尊敬之意者乎！温柔敦厚，诗教也，兹集其无忝已。"④以合乎《柏舟》《葛覃》之遗意作为对女诗人的最高褒奖。编辑《国朝闺秀正始集》的恽珠谨遵"温柔敦厚"之诗教，她希望女性诗人恪守儒家诗教，在诗书陶冶性情的同时不逾妇德："用以微显阐幽，垂为懿范，使妇人女子之学诗者，发乎情，止乎礼义。"⑤正所谓"惟以逾阈为戒"，⑥严格规范着女性的文学创作。宋育仁为左锡嘉的《浣香小草》所作序曰："大抵缘情而绮

① 沈德潜：《绿净轩诗钞·序》，胡晓明，彭国忠主编：《江南女性别集》初编（上），黄山书社2008年版，第87页。

② 董和培：《养浩楼诗钞·序》，胡晓明，彭国忠主编：《江南女性别集》四编（下），黄山书社2014年版，第722页。

③ 罗本周：《月蕖轩诗草·序》，胡晓明，彭国忠主编：《江南女性别集》二编（下），黄山书社2010年版，第906页。

④ 冯桂芬：《佩秋阁诗稿·序》，胡晓明，彭国忠主编：《江南女性别集》三编（下），黄山书社2012年版，第1182页。

⑤ 潘素心：恽珠《国朝闺秀正始集·序》，清道光十一年辛卯红香馆刊本。

⑥ 张德行：《凝香阁诗稿·序》，胡晓明，彭国忠主编：《江南女性别集》四编（下），黄山书社2014年版，第23页。

丽，则古而渊深，《三百篇》之善怀，无加乎此；《十九首》之寓意，有感于中者也。”[①]以《诗经》与《古诗十九首》来标榜女诗人的诗歌作品。他还在左锡嘉的《冷吟集》序中，强调女诗人“操井灶而不辞，处箪瓢而不怨”的妇德，指出“其诗多含辛茹苦之吟，有令人读之感慨唏嘘为之堕泪者”；而左锡嘉还有不少“忧心君国，感伤时事”的作品，宋育仁则比之屈原、司马迁之作。[②]妇德及其君、国之思，既保证了女诗人作品的风雅之正，也与“温柔敦厚”的诗教相契。

在清代普遍以《诗经》作为女性文学创作源头的同时，也有论者并不屑于将女性诗歌传统攀附至《诗经》，而是认为诗主性情，女子也有将情感寄托于诗歌文字的权利，这是作为自然人的正常需求。清代著名文人陆继辂在为妻子钱慧尊《五真阁吟稿》所作序中并不认同女性文学源于《诗经》之说：“至上引《葛覃》《卷耳》以为之证，夫《葛覃》《卷耳》之果出于自为之与否，未可知也。”他从考据角度，对《诗经》中一直被传为妇人作品的《葛覃》《卷耳》等持怀疑态度。接着，陆继辂说：“抑吾又闻，《诗》三百篇，皆贤人君子忧愁幽思不得已而托为者也。夫人至于忧愁幽思不得已而托之于此，宜皆圣人之所深谅而不禁者，于丈夫妇人奚择焉？”他认为人性相通，“忧愁幽思”是男、女皆会有的情感，“于丈夫妇人奚择焉”？忧思苦闷可以成为古代男性作家的创作动力，女性在忧愁幽思不得释时同样也会托之以诗，女性诗歌正是“忧愁幽思之蕴结于中者”的产物，而不必附会为承继《国风》的传统。陆继辂又以妻子的经历佐证，钱慧尊因丈夫“奔走衣食”，独自一人抚亲课子，“柳丝帆影，黯然神伤。或霜重月寒，虫声一庭，孤影徘徊，讽咏间作”，思亲怀人，情感郁结，发而为诗，“琅然而长吟，快然而自喜”。[③]作诗是合乎人性之举，与《诗经》传统无涉。与陆继辂观点相似，顾若璞《卧月轩文集》自序则从韩愈的“不平则鸣”出发，认为这是男女共同的情感特征，并不因性别而有异。[④]徐鸿谟在《娱清女史诗词集序》中分析了妻子郑兰孙的创作动力，郑氏幼失怙恃，寄育外家，因而“穷愁掩泣，抑郁无聊；萋菲伤心，凄凉谁问？遂乃寄忧愁以抒意，托词句以写怀”。[⑤]自幼家庭不幸，其悲愁心境只能借助诗歌抒发，“托词句

① 宋育仁：《浣香小草·序》序，胡晓明，彭国忠主编：《江南女性别集》二编（下），黄山书社2010年版，第1263页。

② 宋育仁：《冷吟集·序》，胡晓明，彭国忠主编：《江南女性别集》二编（下），黄山书社2010年版，第1328页。

③ 陆继辂：《五真阁吟稿·序》，胡晓明，彭国忠主编：《江南女性别集》二编（上），黄山书社2010年版，第279页。

④ 顾若璞撰：《卧月轩稿·序》，《卧月轩稿》三卷，光绪嘉惠堂丁氏刻本。

⑤ 徐鸿谟：《娱清女史诗词集序》，胡晓明，彭国忠主编：《江南女性别集》二编（下），黄山书社2010年版，第1019页。

以写怀”一语正是女性诗人的创作动机与缘由。郑兰孙自己也说:“东阁观梅,时有寄怀之什;西窗剪烛,每多寓感之词。”[①]清代著名学者杭世骏的妹妹杭澄在《卧雪轩吟草自序》中的自我剖白,也是一段典型的“因情造文”论:“余不知诗,何敢言诗?第以一生境遇坎坷,涉历危险,其忧思抑郁、疾病悲哀之况,无可告语,爰不得已,而形诸楮墨,聊以抒写性情,陈述志意,存之箧中,以志苦心耳。”[②]处在深闺的女性,只能将其一生坎坷、心酸寄托于诗歌之中,作诗是她们纪念苦难、超越苦难的方式,这与男性文人时见的“为赋新词强说愁”有巨大差异。

二、文体:“吟咏见长”与“治古文者绝少”

无论清代江南女性的创作是否是对《国风》传统的绍述,不容忽视的一个事实是,女性作家在文体选择上,往往偏重于诗词等韵文,少有从事古文、骈文创作的。纵览清代女性别集,十之八九是诗词集。宜兴吴谨序张纨英《餐风馆文集》曰:“嗣后代有才媛,率皆以吟咏见长,而治古文者绝少。良以古文一道必才而兼学,求诸闺阁中殊不易得。”诗、文分途之后,对才、学的要求各有所偏,“才对诗的重要性甚于文,学对文的重要性甚于诗”。[③]“见闻所限,才气易孱”[④],吴谨认为女子在学力方面多有欠缺,文体选择上自然会避开古文,倾向于诗词创作,遂造成女子以“吟咏见长”的文学史现象。张纨英长于古文,自然难能可贵。吴谨列举的以古文著称的闺秀,张纨英之外还有桐城张令仪:“国朝桐城张令仪柔嘉工诗、古文,为人端本殖学,时论比于韦逞母之授经。今又得阳湖张若绮夫人,与柔嘉后先辉映,不尤为本朝之盛事乎?”张令仪为安徽桐城人,乃康雍乾时重臣张廷玉的女兄,父亲为大学士张英,又嫁同邑才士姚士封为妻;张纨英则是江苏阳湖人,是阳湖文派领袖张惠言的侄女。二人皆出自古文之乡,受到地域、家族影响,成为闺阁中少见的古文家。吴谨认为:“是世之名能古文者,不出桐城、毗陵,乃女子之治古文者,亦只在两邑,此岂偶然也邪?”[⑤]他认为“女子之治古文者,亦只在

① 郑兰孙:《莲因室诗词集前序》,胡晓明,彭国忠主编:《江南女性别集》二编(下),黄山书社2010年版,第1023页。

② 阮元、杨秉初辑,夏勇整理:《两浙輶轩录》第十册卷四十,浙江古籍出版社2012年版,第2947—2948页。

③ 何诗海:《明清时期诗文难易之辨》,《文学遗产》,2017年第3期。

④ 冒俊:《重刊自然好学斋后序》,胡晓明,彭国忠主编:《江南女性别集》二编(上),黄山书社2010年版,第576页。

⑤ 吴谨:《餐风馆文集·序》,胡晓明,彭国忠主编:《江南女性别集》三编(下),黄山书社2012年版,第1376页。

两邑”，结论虽有武断之嫌，但清代女性多长于诗词，不长于古文，却是文学史上的事实。

仁和徐鸿谟在为妻子郑兰孙所写的《莲因室诗词集序》中，指出“名媛工咏……女子善怀”①，强调女性对吟咏的擅长与女性偏于敏感的性别特征有关。清初浙江通化女诗人倪仁吉“长于吟咏”，侄孙晋駂同样认为吟咏与其性别特征相契合，将“吟咏”视作女性的“天性”。彭绍升评价侄妇陶善诗作曰：“寓意风花，陶情山水，吐属清远，不染尘垢。”②与女诗人的生活状态相符合。常熟闺秀宗婉“甫脱襁褓，即娴吟咏”，与诗词的缘分仿佛与生俱来，她在未及笄时曾作诗记录当时写诗的情状：“椿庭别后懒吟哦，聊把离怀付短歌。弟幼妹娇儿自爱，阿娘多病奈愁何。”用韵语记录生活已成为女诗人的常态，不管何时何地均能入诗。宗婉对诗歌写作也有自己独到的见解，“自抒所得，不屑依傍古人，而又能乐善通中，不封己自域”③，不流于时俗，不陷于唐宋门户之争。

诗歌长于抒情，亦可叙事，便于描述女性的闺阁生活与细腻心思，成为女性创作的首选。闺阁女子婉约含蓄，其诗往往是内心情感的自然流露，风格也多委婉动人，诗与人高度契合。苕溪生《闺秀诗话》总结女性诗风说：“大凡闺秀，清丽者多，雄壮者少；藻思芊绵者多，襟怀阔达者少。”④清丽芊绵成为女性诗歌的典型风格⑤，这与古文之风相去较远。天地自然之道，阴阳二分，阴柔阳刚。儒家传统礼教对女性的要求是，“男以强为贵，女以弱为美”⑥，女子从内到外均表现为谦恭柔顺，情感不被允许外露，女性只能选择文字排遣，而长于描情写怨的诗词体就成为闺秀的首选，“深情欲语又还羞”⑦。女诗人大都敏锐善感，狭小局限的生活空间，又使得她们专注于身边的景和物，春花秋月、夏蝉冬雪，善于将生活中所观

---

① 徐鸿谟：《莲因室诗词集·序》，胡晓明，彭国忠主编：《江南女性别集》二编（下），黄山书社2010年版，第1021页。

② 彭绍升：《琼楼吟稿·序》，胡晓明，彭国忠主编：《江南女性别集》四编（上），黄山书社2014年版，第389页。

③ 宗廷辅：《湘茧合稿·总序》，胡晓明，彭国忠主编：《江南女性别集》三编（上），黄山书社2012年版，第681页。

④ 苕溪生著：《闺秀诗话》卷四，见王英志主编：《清代闺秀诗话丛刊》（二），凤凰出版社2010年版，第1681页。

⑤ 参见宋清秀：《清代闺秀诗学观念论析》，《文学遗产》，2014年第5期。

⑥ 班昭著，裘毓芳注：《女诫注释》，《敬慎第三篇》，上海医学书局1916年版，第7页。

⑦ 长干女诗人杨宛诗，见雷瑨，雷瑊著：《闺秀诗话》卷十五，王英志主编：《清代闺秀诗话丛刊》二，凤凰出版社2010年版，第1297页。

所感书于纸上，形成细腻感伤的情感特质。[①]

廖平为阳湖左锡嘉作《冷吟仙馆诗馀序》，称其"性情酝藉，故能以婉约出之"[②]，婉约的词风深契女子的气质。浙江平阳闺秀谢香塘在其《红馀诗词稿》自序中，记叙了在日常生活中，女诗人舒张自我、随兴而发的创作状态："春院花开，秋轩月上。值刺绣之闲暇，感时光之绮丽。缠绵悱恻，不无遣兴之思。月露风云，颇有谐声之作。"[③]韵语多缘情而发，闺秀中人因礼教的约束，往往只能借助文字抒发郁结的情思，而且婉约本就是诗之一体、词之正体，这对闺阁女性而言，是更贴近自己生活与性格的选择。

三、风格："女郎诗"与"去脂粉气"的并存

闺阁才人进行文学创作的素材多取自生活，常见题材多为写景咏物、思亲怀人、赋别送行、悼念亲友、课子教女、四时之变，以及闺房唱和等，因其作品题材与情感的相对狭窄，清代女性作品风格多呈现出琐屑纤小、文学表现内向化的传统特征。

胡适在为单士厘的《清闺秀艺文略》所作序中，曾这样评价清代女性文学作品："三百年中有两千三百多女子作家，不可算少了。但仔细分析起来，学术的作品不上千分之五；而诗词之中，绝大多数都是不痛不痒的作品，很少是本身有文学价值的。"[④]论调虽然偏激，但却指出了女性文学的特点，文学风格较少变化，题材、体裁比较狭窄。胡适还用充满讥讽的口吻总结女性诗人的生成："少时读了几十首唐诗，也会产生一个女诗人了。"[⑤]清陈文述赞赏子妇汪端之诗云："清绝湖山气，都归笔一枝。应分古人席，不作女郎诗。"[⑥]女诗人席佩兰评闺中挚友归懋仪诗云："脱口定兼仙佛气，高情不作女郎诗。"[⑦]两诗均提出女性诗人创作应规避"女郎诗"的特点。陈文述认为正是因为汪端"不作女郎诗"，才能从闺秀诗人中

---

①《牡丹亭》里的杜丽娘在游园过程中，见鸟儿成对，鱼儿成双，繁华锦簇，外界的旖旎春色唤起她对情感、青春的觉醒，"则为你如花美眷，似水流年。是答儿闲寻遍，在幽闺自怜"。正可看作是对女性创作场景的一种艺术再现。

② 廖平：《冷吟仙馆诗馀·序》，胡晓明，彭国忠主编：《江南女性别集》二编（下），黄山书社2010年版，第1398页。

③ 谢香塘：《红馀诗词稿·自序》，胡晓明，彭国忠主编：《江南女性别集》初编（下），黄山书社2008年版，第1227页。

④ 胡适著：《胡适全集》第三卷，安徽教育出版社2003年版，第774页。

⑤ 胡适著：《胡适全集》第三卷，安徽教育出版社2003年版，第771页。

⑥ 陈文述：《颐道堂集》诗选卷十三《古今体诗》，清嘉庆十二年刻道光增修本。

⑦ 席佩兰：《题归佩珊绣馀诗稿》，胡晓明，彭国忠主编：《江南女性别集》初编（上），黄山书社2008年版，第525页。

脱颖而出，达到“应分古人席”的高度。“女郎诗”成了一个指向明确的负面评语。

“女郎诗”一语本为金人元好问《论诗绝句三十首》中对秦观《春日五首》(其二)的评论：“‘有情芍药含春泪，无力蔷薇卧晓枝’。拈出退之《山石》句，始知渠是女郎诗。”[①]意指男性文人诗歌风格婉弱柔媚，多写软绮轻浮之情。在清代“女郎诗”多被用来代指女性诗作，以凸显女性诗歌特点。乾隆时人王嵩高的观点便较有代表性：“闺秀诗总有习气，非调脂弄粉，剪翠裁红，失之纤小，即妆台镜阁，剌剌与婢子语，俚俗尤多。”[②]性别的差异，使得闺中女儿在文学审美上多钟情于“婉丽”“工丽”“清丽”“绮丽”等旨趣，难免落入脂粉气和纤小琐俗，格局不够广阔。清人萧抡对“女郎诗”的弊端作了更为详尽的阐说。萧抡曾客陈文述家，陈文述子小云从其游，萧抡因此为小云妻汪端的《自然好学斋诗钞》作序，他在序中就指出“寻常闺阁”之作多是女郎诗，并总结女郎诗的特点为“气卑弱”“工于一句一字间”“浮艳”“纤巧秾丽之习”；闺阁中人受严羽“诗有别裁”说影响，作诗呈模式化趋势，“束书高阁，取古人中一二家诗，句摹篇拟，以为作诗之道如是；及至学殖就荒，才力浸薄，诗格遂日卑下，徒刻意求工，而不免‘女郎诗’之诮”。萧抡此篇序文系统总结了闺阁“女郎诗”的创作特点及弊端所在。严羽作诗主张“妙悟”“兴趣”，而萧抡将闺秀所作“女郎诗”归咎于严羽之说。他还赞赏汪端作诗善用典：“好读书，记诵该洽，闻其舅云伯言，尝于十七史中，举隐僻事问之，辄应口对。及观所作《读〈晋书〉》诗，与诸论古之作，信乎其熟于史也。根柢若此，而步趋正轨。”[③]萧抡推崇的是宋人“以学问为诗”，故对学识渊博、长于用典的汪端诗歌赞赏有加。清代唐宋诗之争是诗人不可回避的问题，萧抡以宋诗标准评价闺阁之作，似有一家之言的性质。但平心而论，他总结的“女郎诗”“气卑弱”“工于一句一字间”等特点，正是女性作品的普遍特征。

在清代男性的批评话语中，常用“一洗绮罗香泽之态”“去脂粉气”来作为对闺阁才人诗作的褒扬，他们以男性文学观念来评价女性文学作品，赞赏那些“无脂粉气”的诗作。张慕骞评上海闺秀朱庚的《养浩楼诗钞》：“其诗风格遒上，气韵沈雄，推陈出新，总以立意为先，脂粉之气铲除始尽，寻常流连光景、应酬牵率诸

① 元好问撰，姚奠中主编：《元好问全集》卷十一，山西人民出版社1990年版，第339页。

② 王嵩高：《清娱阁诗钞·跋》，胡晓明，彭国忠主编：《江南女性别集》三编(上)，黄山书社2012年版，第335页。

③ 萧抡：《自然好学斋诗钞·序》，胡晓明，彭国忠主编：《江南女性别集》二编(上)，黄山书社2010年版，第323页。

结习概不染毫端，骎骎乎少陵所谓语必惊人者也。”[①]钦善在《养浩楼诗钞》序中明确提出自己本不喜妇人诗，因为妇人诗“多靡”“多伪”“多望风通贵”，故特别欣赏朱庚诗“情涵性中，气透纸外，无所为光艳也”。[②]“女郎诗”的讥诮使得闺阁诗人平添一丝危机感，许多女性诗人也以“去闺阁气”来衡量女子诗作，主动向男性文学标准靠拢。海昌陈贞淑曾赞赏闺秀王德宜的诗曰：“洗涤铅华，剪除雕饰。”[③]奉贤袁瓒称赞女诗人劳蓉君诗：“诗境殊高，无粉奁脂盝气。”[④]徐祖鎏评价女诗人胡缘诗：“吟到双飞交荫句，谁云闺阁女郎诗？”[⑤]女诗人席佩兰评归懋仪曰：“高论尽除闺阁气，名家不作女郎诗。”[⑥]“不作女郎诗”成为许多女性批评家与女性诗人的共同追求。

康正果说：“认为女诗人突破了所谓‘闺阁习气’，能够发雄声而倡豪言，便值得称赞。这种称许也许看起来似乎在抬高女诗人的地位，倘若从‘女性中心的读解’出发去检验这些言论，不难看出其骨子里的男性中心批评标准。”[⑦]认为以男性为本位的评价标准会泯灭女性文学的特质。其实，对“女郎诗”的批评并非清代批评史上的唯一论调，不少清人已经注意到“去脂粉气”意味着女子诗被男性文学所同化。教授过众多女弟子的袁枚就借为秦观平反之际，为“女郎诗”正名：“芍药、蔷薇，原近女郎，不近山石；二者不可相提而并论。诗题各有境界，各有宜称。杜少陵诗，‘光焰万丈’，然而‘香雾云鬟湿，清辉玉臂寒’，‘分飞蛱蝶原相逐，并蒂芙蓉本是双’。韩退之诗，‘横空盘硬语’，然‘银烛未销窗送曙，金钗半醉坐添春’，又何尝不是‘女郎诗’耶？”[⑧]他认为，不能强求本身具备婉弱品质的芍药、蔷薇之流，去表现出雄壮的气格，正如秦观诗与昌黎《山石》并无可比性。不能以

① 张慕骞：《养浩楼诗钞·序》，胡晓明，彭国忠主编：《江南女性别集》四编（下），黄山书社2014年版，第721页。

② 钦善：《养浩楼诗钞·序》，胡晓明，彭国忠主编：《江南女性别集》四编（下），黄山书社2014年版，第723页。

③ 陈贞淑：《语凤巢吟稿·序》，胡晓明，彭国忠主编：《江南女性别集》四编（下），黄山书社2014年版，第1071页。

④ 袁瓒：《绿云山房诗草·序》，胡晓明，彭国忠主编：《江南女性别集》四编（下），黄山书社2014年版，第1227页。

⑤ 徐祖鎏：《琴韵楼诗钞·题辞》，胡晓明，彭国忠主编：《江南女性别集》四编（下），黄山书社2014年版，第818页。

⑥ 席佩兰：《寒夜喜佩珊至》，胡晓明，彭国忠主编：《江南女性别集》初编（上），黄山书社2014年版，第557页。

⑦ 康正果著：《风骚与艳情》，上海文艺出版社2001年版，第338页。

⑧ 袁枚著，王英志校点：《随园诗话》，江苏古籍出版社2000年版，第112页。

男性文学为标准，否定“女郎诗”。

清代女诗人沈彩也强调保持女性文学特质的必要性，她认为性别不同导致的诗风差异是天经地义之事：

> 则来札谓再得苍老高古、一洗绮罗香泽之习，则竿头更进矣，窃以为此语犹可商也。夫诗者，道性情也。性情者，依乎所居之位也。身既为绮罗香泽之人，乃欲脱绮罗香泽之习，是其辞皆不根乎性情。不根乎性情，又安能以作诗哉！……乃于文人学士，则以为有口无心；于妇人女子，反欲其改头换面，是亦阴阳易位之一端也。顾今之评妇人诗者，不曰“是分少陵一席”，则曰“是绝无脂粉气”。洵如是，以偎红曳翠之姝，而唱铁板大江东，此与翰音登天、牝鸡司晨何异？①

沈彩站在女性本位立场，旗帜鲜明地反对以男性作家的标准来衡量女性诗歌。她认为性别差异导致了诗风差异，“女郎诗”体现的是女性性格气质，本色自然，刻意“去脂粉气”“尽除闺阁气”，以男子气规范女子诗，是“牝鸡司晨”之举。山阴女诗人劳蓉君之兄劳沅恩重申古典诗学“诗主性情”之说：“谓闺秀诗不可有脂粉气，方外诗不可有蔬笋气。夫必不脂粉气而后为闺秀，不蔬笋而后为方外，诗或佳矣，能得其性情之故邪？”劳沅恩反对为诗歌创作设置“脂粉气”“蔬笋气”的“禁体”，强调“‘道性情’一语，为千古言诗之则”。②晚清女诗人王蕴章指出女子诗作，本为“天地间必不可少之一境”③，也强调了其存在的价值与意义。

从另一角度，也能看出清人对“女郎诗”的认可与呼应。在女性别集的序跋写作中，骈、散文皆有。笔者据《江南女性别集》四编、《四库未收书辑刊》、《四库全书存目丛书》等收录的女性别集，得序跋442篇，其中有86篇用骈文写作，占序跋总数目的五分之一，这个比例还是比较大的。许多清人之所以愿意用骈文来写作女性别集的序跋，除开骈文中兴的大背景外，或许与骈文传统的审美特质相关。骈文用典而蕴藉、对偶以整齐，且声律谐和、文辞华美，这些艺术特征与女性的柔美气质更相符契。例如“扇头题字，格妙簪花；句里传神，才高咏絮”④“烟向

① 沈彩：《与汪映辉夫人论诗书》，胡晓明，彭国忠主编：《江南女性别集》三编（上），黄山书社2012年版，第81—82页。

② 劳沅恩：《绿云山房诗草·序》，胡晓明，彭国忠主编：《江南女性别集》四编（下），黄山书社2014年版，第1217页。

③ 王蕴章：《燃脂余韵·自序》，王英志主编：《清代闺秀诗话丛刊》（一），凤凰出版社2010年版，第625页。

④ 汪祖辉：《春雨楼集·序》，胡晓明，彭国忠主编：《江南女性别集》三编（上），黄山书社2012年版，第4页。

花兮，叵耐斜阳春老；人如淡竹，生憎微雨寒添”[①]“分杯却扇，兰成寄妇之篇；揽镜执钗，徐淑赠夫之什”[②]“传播艺林，并驾遗芳之集；夺标词席，齐驱漱玉之编”[③]，这些华美对仗的语句，或描画闺秀的生活环境，或展现女性的才华，或表达女诗人与伴侣之间的唱和之乐，平仄相对，声韵谐和，完美地体现了骈文“以数典为工，以博雅见长”的特点，而其精美之处，与别集中的“女郎诗”相较，气质也较为一致。用骈文为女性别集作序，也可视为作序者对“女郎诗”的认可，故在序跋中选择了气质接近的骈体写作。

女性文学作为中国古典文学的一个必要组成部分，其文学性质与男性文学相比，有其特殊的题材、情绪、意象、气质。“女郎诗”与“去脂粉气”之作，本就代表了女性文学创作的两种艺术审美追求，经过清人的辩论、思考，两种文学风格皆得到一定的认可，正如晚清棣华园主人《闺秀诗评》所说：“柔情烈性两不相妨。”[④]两种风格并不存在孰高孰低的问题。清代对女性文学创作有“女郎诗”与“去脂粉气”两种声音，正是对女性文学本质的深入探讨。尤其是坚持“女郎诗”者，反映出清代女性文学已走出男性在文学创作与批评上的主导视角，可以平等地看待女性文学创作，将“女郎诗”视作与男性文学相对等的一个概念提出，体现出文学观念在清代以来的发展，也对提升女性文学的地位有积极意义。

四、传播：从“内言不出于阃”到“德与言不以男女异”

在作品的传播上，缘于强大的礼教影响力，女性诗作远较男性为难，“红颜多少埋黄土，谁能青史垂千古”[⑤]。《礼记·曲礼上》云：“内言不出于阃。”[⑥]这是约束古代女性言论传播的礼教禁锢。清人戴鉴说：“世多云女子不宜为诗，即偶有吟咏，

① 汪祖辉：《春雨楼集·序》，胡晓明，彭国忠主编：《江南女性别集》三编（上），黄山书社2012年版，第4页。

② 吴烜：《清娱阁诗钞·序》，胡晓明，彭国忠主编：《江南女性别集》三编（上），黄山书社2012年版，第238页。

③ 潘素心：《信芳阁诗草·序》，胡晓明，彭国忠主编：《江南女性别集》三编（上），黄山书社2012年版，第391页。

④ 淮山棣华园主人黄氏：《闺秀诗评》，王英志主编：《清代闺秀诗话丛刊》（三），凤凰出版社2010年版，第2286页。

⑤ 张汝传：《塘村烈妇》，黄秩模编辑，付琼校补：《国朝闺秀诗柳絮集校补》（二），人民文学出版社2011年版，第862页。

⑥ 郑玄注，孔颖达疏：《礼记正义》卷二《曲礼上》，阮元校刻：《十三经注疏·附校勘记》（上），中华书局1982年版，第1240页。

亦不当示人以流传之。"[①]"世多云"三字说明传统观念的影响之大。清代著名学者章学诚撰《妇学篇》反对女子抛头露面、吟诗唱和："良家闺阁，内言且不可闻，门外唱酬，此言何为而至耶？"[②]言语间对女性的文学创作不无轻视，认为女性"门外唱酬"与礼不符，贻笑大方。受传统观念约束，当时一些闺阁才人自己也秉持此种态度，对女性文学作品的结集传播不满。清代学者王锡琛之女王贞仪是一位罕见的精于天文和筹算研究的女学者，兼工诗文，她对当时一些女作家追逐名声、为自己的书稿广为求序的行为较为反感，她以女子身份劝诫说："唯守内言不出之训，以存女子之道耳。"[③]浙江余杭闺秀陈尔士云："夫藏心为情，出口为言。言语之发，荣辱之主也。君子固宜慎之。妇女尤当深戒，故妇人四德，言居一焉；七去亦多言居一焉。"[④]认为女子尤当慎言，关乎妇德，所以陈尔士对"女不言外"的观念深表赞同，认为"女之言外亦然。言外不已，将预政事，防闲不密，必至贻乡党之羞，召国家之祸"[⑤]。

以上这些批评言论也反向证实，当时女性文学作品的出版和传播已蔚然成风，"内言不出于阃"的传统受到了巨大挑战。清代闺秀孙云鹤在《听雨楼词叙》中描述了词集付梓前的矛盾心理："先严有言：'闺中儿女子之言，不足为外人道。'然而结习未忘，人情不免；多年心血，若听其散失无存，亦觉可惜，令自录而藏之。今之此举，固非所望。然不敢固辞者，盖因先严平日溺爱之心，且重违先生一时表彰之意。"[⑥]对作品"失而无存"的恐惧，使其摆脱了"内言不出于阃"的传统束缚。女性作家普遍珍视自己的文学作品，不甘于明珠蒙尘，或通过与文人们的唱和，或向海内名公求序，最终实现诗稿的刊刻，为自己的文学创作求得社会认可。有能力的女性对传播、刊刻其他闺秀的诗稿也特别热心，清代陈文述曾在《读吴门女史金纤纤逸瘦吟楼遗诗》中记载了杨蕊渊、李纫兰、陈雪兰三女史为金逸捐金付梓其遗集《瘦吟楼诗稿》一事，并指出闺媛们此举的用意："蛾眉都有千秋意，肯使遗编付劫尘。"[⑦]黄传骥在《国朝闺秀诗柳絮集》序中为女性才学的泯没

---

① 胡文楷编著，张宏生等增订：《历代妇女著作考》，上海古籍出版社1985年版，第917页。

② 章学诚著：《章学诚遗书》卷五，文物出版社1985年版，第48页。

③ 王贞仪：《答白夫人》，《德风亭初集》卷四，《丛书集成新编》第198册，第5页。

④ 陈尔士：《授经偶笔》，胡晓明，彭国忠主编：《江南女性别集》初编（上），黄山书社2008年版，第575页。

⑤ 陈尔士：《授经偶笔》，胡晓明，彭国忠主编：《江南女性别集》初编（上），黄山书社2008年版，第581页。

⑥ 徐乃昌辑：《小檀栾室汇刻闺秀词》第6集，光绪二十四年南陵徐氏刊本。

⑦ 陈文述撰：《颐道堂集》外集卷六，清嘉庆十二年刻道光增修本。

深感痛惜："闺阁之才，传者虽不少，而埋没如珍异，朽腐同草木者，正不知其几许焉也。"[①]近代朱太忙热心搜集乡邦文献，对闺阁中的零篇断笺也非常珍视，他曾与同邑众女士集资刊刻同邑闺秀朱庚的《养浩楼诗钞》，在跋中云："诸女士热血热心，脱手挥金，更无邀善之念，惟冀风雅不绝，前徽足媲，阐先达之精蕴，昭奕业之文誉。"[②]《养浩楼诗钞》书末附有出版捐资名录，共有71位女士，除一位女子捐资10元外，其他少则1元，多则5元，总计捐资136元，襄助朱庚诗集付梓。闺秀的"千秋意"，即在同里女子诗作的千古流传、"风雅不绝"。咸丰年间，江阴闺秀陈蕴莲在其诗集《信芳阁诗草·自序》中详细阐述了19世纪中期闺阁文人对书写观念和文学传播意识的突破："非敢妄冀永传，其或以此存吾之志，而留吾情性于天壤间，是亦此心之不容已者欤。或谓词章非闺阁所宜，则古作充栋汗牛，未尝弃巾帼而悉取冠裳也，则无待余之置辨矣。"[③]陈蕴莲强调了诗本性情，认为只要是出自真情之作，皆有流传于世的价值，女性也像男性一样，希冀作品的流传、文名的远播，亦如临川女诗人游瑜所言："人生谁不怯无闻。"[④]

不愿遗编付劫尘，是对女子"立言"权利的追求。吴谨云："古称'三不朽'，立德、立言居其二。《礼》载妇人四德，亦列妇德、妇言，可知德与言不以男女异也。"[⑤]认为女子立言不违妇德，这也促使不少女诗人"不避好名之谤"，寻求诗稿的刊刻，渴望总集对己作的选录。清初山阴王端淑，乃明季著名文学家王思任季女，她有豪侠气，曾出外为女塾师，对自己的才学更是自信。清初毛奇龄选浙中闺秀诗独遗玉映，王端淑因寄诗曰："王嫱未必无颜色，怎奈毛君笔下何？"[⑥]可见女诗人对才情学问的自负，以及不避好名之讥、传播已作的强烈愿望。乾嘉年间上海女诗人赵棻在其《滤月轩集·自序》首先谦虚地称"文章吟咏诚非女子事，予之诗不能工，亦不求工也。世有自知其短而反暴之以求名者乎？"接着文章一转，"予

① 黄传骥：《国朝闺秀诗柳絮集·黄叙》，黄秩模编辑，付琼校补：《国朝闺秀诗柳絮集校补》（一），人民文学出版社2011年版，第1页。

② 朱太忙：《养浩楼诗钞·跋》，胡晓明，彭国忠主编：《江南女性别集》四编（下），黄山书社2014年版，第800页。

③ 陈蕴莲：《信芳阁诗草·自序》，胡晓明，彭国忠主编：《江南女性别集》三编（上），黄山书社2012年版，第394页。

④ 游瑜：《铅山蒋心余先生见余所作攻逸草疑为家外捉刀赋以感之什家外持以示余适汪姻姊石君书来询近况因叠其韵自嘲寄之幸毋令人见也》，黄秩模编辑，付琼校补：《国朝闺秀诗柳絮集校补》（三），人民文学出版社2011年版，第1479页。

⑤ 吴谨：《餐风馆文集·序》，胡晓明，彭国忠主编：《江南女性别集》三编（下），黄山书社2012年版，第1376页。

⑥ 林葆恒辑，张璋整理：《词综补遗》（二）卷四十，上海古籍出版社2005年版，第1482页。

盖疾夫世之讳匿而托于夫若子以传者，故不避好名之谤，刊之于木"[①]，有些女作家碍于人言，遂将己作匿名托于夫、子集中传世，赵棻则"不避好名之谤"，坚持以己之名出版，也是对传统偏见的反驳。

对于男性而言，虽仍有不少持有"内言不出于阃"的传统观念，但越来越多的男性文人对女性创作予以肯定，清代女性别集主要还是由男性搜求刊刻而成便是直接的表现。在女性别集传播过程中，男性文人起着更大的作用，他们在"因人"与"因诗"两种标准间发掘女性文学的价值，并给予积极而实际的支持。对传统观念的突破，使得清代出现了丈夫以内子能诗为荣、乐于向外人介绍的现象。清人梅谷的姜室沈彩（虹屏）能诗，梅谷谨守"内言不出于阃"的古训，"故外人未曾见片字纸只也"；等到"儿女槩行"之时，梅谷称"良友过从，渐不可隐，微露一二"。"渐不可隐，微露一二"的背后是梅谷急于示人的渴望，意在告诉友朋"知我虹屏冰雪净聪明也"[②]，炫耀的意味颇浓。而更多的男性是出于对女性作品的欣赏肯定而助其传播的。乾嘉年间德清许宗彦称甥女汪端诗"风力遒宕，无栀蜡之色、枅圈之响。女子诗能如是，不独足以自娱，而亦可以传诸世矣"[③]，肯定其诗的传世价值。

清代的女性诗学批评，从寻求女性创作的学理依据到发现女性在文体选择上以"吟咏见长"，从辨析"女郎诗"与"去脂粉气"的优劣到肯定女性文学传播的必要，皆是在正视听、纠偏见，旨在对传统束缚"解禁"，为女性文学"正名"。经过清人的辨析、批评，在理论上赋予了女性文学创作和传播的权利，并在一定程度上赋予了女性文学独立风格存在的权利，从性别角度，承认了女性文学"别是一家"的事实。清代的女性诗学批评，表明文学观念的不断进步。众多散点透视式的批评，合而观之，则构成了对女性文学系统而逻辑地论证，形成了中国文学批评史上集中为女性文学"争地位"的第一次高潮。

（作者简介：蔡德龙，江苏第二师范学院文学院教授，著有《清代文话研究》等；侯娇娇，广西师范大学文学院硕士研究生。）

---

① 赵棻：《滤月轩集·自序》，《清代诗文集汇编》编纂委员会编《清代诗文集汇编》第561册，上海古籍出版社2010年版，第276页。

② 陆烜：《绿云山房诗草·序》，胡晓明，彭国忠主编：《江南女性别集》三编（上），黄山书社2012年版，第6页。

③ 许宗彦：《自然好学斋诗钞·序》，胡晓明，彭国忠主编：《江南女性别集》二编（上），黄山书社2010年版，第322页。

翁方纲对袁枚的诗学批评失声考述*

◇宁夏江

摘　要：袁枚对翁方纲以考据入诗深为不满，多次对他提出批评。然而翁方纲对袁枚的批评不予回应，表现出不对称的失声。究其原因：一是袁枚是科场前辈，能言善辩，翁方纲考虑到批评袁枚自己并不占优势；二是袁枚同皇亲权贵广有联系，翁方纲顾虑批评袁枚会招致皇亲权贵的不满；三是袁枚在乾嘉诗坛有重要的地位和影响，且两人有共同的诗友圈，翁方纲担心批评袁枚会引发诗友间的纷争。鉴于这些原因，翁方纲做出了被动的忍让。

关键词：考据诗风；科场前辈；皇亲权贵；诗友圈

乾嘉诗坛流派纷呈，各个流派之间相互争论，形成了一种和而不同的学术风气。然而如果深入其中进行个案研究，就会发现乾嘉诗坛正如恩格斯所言，是由“无数互相交错的力量，无数个力的平行四边形”[①]组合而成的，呈现出错综复杂的关系。其中，袁枚对翁方纲的诗学提出批评，翁方纲却对袁枚的批评不予回应，表现出不对称的失声，这似乎成为乾嘉诗人关系的一个公案，至今还让众多研究者百思不得其解。

*基金项目：本文是教育部人文社会科学研究项目“翁方纲与乾嘉宋诗派研究”（项目编号：18YJA751025）的阶段性成果。

① 恩格斯：《致约·布洛赫》，《马克思恩格斯选集》第四卷，人民出版社1995年版，第697页。

一

袁枚是性灵诗派代表人物，翁方纲是肌理诗派代表人物，两派无论是诗学观点还是艺术旨趣都有很大的差异。袁枚的“性灵说”大致形成于乾隆三十二年(1767)，时《随园诗话》虽尚未成卷，但袁枚在是年撰成《续诗品》，集中表明了其“性灵”诗学观[①]。翁方纲“肌理说”大致形成于乾隆三十三年(1768年)，是年他著成《石洲诗话》，并在他的弟子中传抄[②]。可以说“性灵说”与“肌理说”大致在同一时期形成并发展起来。是时袁枚和翁方纲虽然各持诗论，但都还没有引起对方充分的注意。

然而从乾隆三十八年(1773)起，翁方纲圣恩优渥，诏命入四库馆任纂修官，又多次充任乡试、会试考官，先后出任江西学政、山东学政。诗以人贵，翁方纲在诗坛声誉日隆，引起了袁枚的注意。袁枚对翁方纲等一批诗人以考据入诗的风气深恶痛绝，以为力屏这种习气才是挽救诗教的当务之急[③]，于是对翁方纲的诗学进行批评。

袁枚最早批评翁方纲是在乾隆四十六年(1781)。是年袁枚作《仿元遗山论诗》绝句(以下简称“《论诗》绝句”)三十八首，最末一首论“夫己氏”诗云：“天涯有客太詅痴，错把抄书当作诗。抄到钟嵘《诗品》日，该他知道性灵时。”[④]很明显，这是一首措辞严厉的批评之诗。

《论诗》绝句所论及的诗人依次为：王士禛、吴伟业、高其倬，张廷玉、鄂尔泰、查慎行、杨守知、汤右曾、潘耒、黄之隽、许廷鑅、沈起元、尹继善、方观承、黄任、张鹏翀、周长发、厉鹗、金农、杭世骏、商盘、胡天游、程晋芳、蒋士铨、赵翼、张延郙、符曾、谢芳连、王文治、万光泰、程梦湘、王陆禔、高文照、陆建、胡德琳、庆玉、庆兰、庆桂、庆霖、钱维乔、严长明、洪亮吉、顾敏恒、孙星衍、杨芳灿、黄景仁、宋树穀、鲍皋、鲍之钟、钱琦、梁同书、吴玉墀、申甫、王友亮、张玉穀、沙维杓、张冈、李葂、鲁瑸、陈浦、黄之纪、丁珠、袁树、吴蔚光、陈熙、陈毅、何士颙、方正澍，最后一个为不知名的“夫己氏”，凡六十九人。

袁枚《论诗》绝句所及可以说囊括了康、乾以来诗坛有名气的诗人，翁方纲无

① 王英志著：《性灵派研究》，辽宁大学出版社1998年版，第27页。

② 严迪昌著：《清诗史》，浙江古籍出版社2002年版，第708页。

③ 蒋寅：《袁枚诗学的历史意义及对清代诗学的影响》，《古典文学知识》，2017年第3期。

④ 袁枚著，周本淳标校：《小仓山房诗文集》诗集卷二十七，上海古籍出版社1988年版，第691页。

论如何应在此列，否则就无法构成一个完整的康、乾诗坛"群英会"，可见"夫己氏"当指翁方纲。这也得到后来诸多学者的认同，如钱锺书云："同光以前，最好以学入诗得，惟翁覃溪。随园《论诗绝句》已有夫己氏'抄书作诗'之嘲。而覃溪当时强附学人，后世蒙讥'学究'。以誇痴符、买驴券之体，夸于世曰'此学人之诗'……"[①]

袁枚又在随后的《随园诗话》中云："人有满腔书卷，无处张皇，当为考据之学，自成一家。其次，则骈体文，尽可铺排，何必借诗为卖弄？自《三百篇》至今日，凡诗之传者，都是性灵，不关堆垛。惟李义山诗，稍多典故；然皆用才情驱使，不专砌填也。余续司空表圣《诗品》，第三首便曰《博习》，言诗之必根于学，所谓不从糟粕，安得精英是也。近见作诗者，全仗糟粕，琐碎零星，如剃僧发，如拆袜线，句句加注，是将诗当考据作矣。虑吾说之害之也，故续元遗山《论诗》，末一首云：'天涯有客号誇痴，误把抄书当作诗。抄到钟嵘《诗品》日，该他知道性灵时。'"[②]此后袁枚对翁方纲又有批评："近日有巨公教人作诗，必须穷经读注疏，然后落笔，诗乃可传。余闻之，笑曰：且勿论建安、大历、开府、参军，其经学何如。只问'关关雎鸠''采采卷耳'，是穷何经、何注疏，得此不朽之作？陶诗独绝千古，而'读书不求甚解'。何不读此疏以解之？"[③]袁枚还对追随翁方纲的一批诗人提出批评，"近今诗教之坏，莫甚于以注疏夸高，以填砌矜博，捃摭琐碎，死气满纸。一句七字，必小注十余行，令人舌绁口呿，而不敢下手，于性情二字，几乎丧尽天良"[④]，"一字一句，自注来历者，谓之骨董开店"[⑤]。

面对袁枚的批评，翁方纲则表现出失声，没有对袁枚的批评回应过半个字。翁方纲是不是对袁枚的批评不知晓呢，这是不可能的。袁枚诗歌当时广受社会欢迎，世人竞相阅读。如他赠法式善《小仓山房诗集》，"一时都中同人借阅无虚日……洛阳纸贵，索诗稿者坌集"[⑥]。姚鼐亦云："故《随园诗文集》，上自朝廷公卿，下至市井负贩，皆知贵重之。海外琉球，有来求其书者。"[⑦]《随园诗话》一书流播尤广，投机书商看到他的诗集供不应求，翻刻其诗集以牟取暴利。袁枚在乾隆

① 钱锺书：《谈艺录》，中华书局1984年版，第178页。

② 袁枚著，王英志校点：《随园诗话》卷五，凤凰出版社2000年版，第110—111页。

③ 袁枚著，王英志校点：《随园诗话》补遗卷一，凤凰出版社2000年版，第424—425页。

④ 袁枚：《小仓山房尺牍》卷八，王英志编纂校点：《袁枚全集新编》第十五册，浙江古籍出版社2015年版，第190页。

⑤ 袁枚著，王英志校点：《随园诗话》卷五，凤凰出版社2000年版，第112页。

⑥ 袁枚著，王英志校点：《随园诗话》卷十一，凤凰出版社2000年版，第283页。

⑦ 姚鼐著：《惜抱轩诗文集》文集卷十三，上海古籍出版社1992年版，第201页。

五十六年(1791)作《余所梓尺牍诗话被三省翻板近闻仓山全集亦有翻者戏作一首》诗云:"自梓诗文信未真,麻沙翻板各家新。左思悔作三都赋,枉是便宜卖纸人。"[①]又曰:"余刻《诗话》《尺牍》二种,被人翻板,以一时风行,卖者得价故也"。[②]时人亦云:"近日诗话之盛行宇内,无如袁简斋《随园诗话》,几乎家有其书矣。"[③]于乾嘉诗坛十分热心的翁方纲不可能对名重江南的诗人袁枚的《小仓山房诗集》和《随园诗话》置若罔闻,也不可能没有注意到《小仓山房诗集》中《论诗》绝句对"夫己氏"的批评和《随园诗话》中不点名的批评针对的是自己。

翁方纲为什么无视袁枚的批评呢?难道真如有论者所云翁方纲对袁枚的讥嘲熟视无睹正体现了翁的卫道本质,认为袁枚是放辟邪侈的小人?[④]其实,真正的原因还是翁方纲自己所云:"凡下笔驳人,皆宜慎之"[⑤]。翁方纲不是不想批评袁枚,而是仔细掂量之后,他慎之又慎,选择了缄口不言。那么,是哪些原因促使翁方纲放弃了回怼袁枚呢?

二

在封建官场,因科举制度而形成了论资排辈的现象,凡中式在前的就是科场前辈,在后的便是科场晚辈。这种论资排辈有点类似人伦关系中的长辈和晚辈,科场前辈相对于科场晚辈而言有很大的话语权,科场晚辈不论年龄大小,应对科场前辈表示恭敬。如袁枚曾记曰:"己未冬,余乞假归娶,路过扬州,转运使徐梅麓先生止而觞之。席无杂宾,汪度龄应铨、唐赤子建中皆翰林前辈。余科最晚,年最少,终席敬慎威仪,不敢发一语"[⑥]。再如乾隆四十五年(1780),七十三岁的钱载典江南会试,到随园拜会袁枚,时袁枚六十五岁,比钱载小八岁。钱载记曰:"今岁庚子,复蒙恩秋试江南。重九日,始得谒见前辈于随园……回忆初元,京华聚首,今公车小录一百七十余人,不知尚有几人在耶。而简斋先生岿然杖履,著作成家。载年七十有三,犹及坐水亭一刻,叙主宾之礼,相对忘言,得不为之欣幸

① 袁枚著,周本淳标校:《小仓山房诗集》诗集卷三十三,上海古籍出版社1988年版,第936—937页。

② 袁枚著,王英志校点:《随园诗话》补遗卷三,凤凰出版社2000年版,第472页。

③ 李树滋:《石樵诗话》,道光二十九年湖湘采珍山馆刊巾箱本。

④ 刘世南著:《清诗流派史》,人民文学出版社2004年版,第298页。

⑤ 翁方纲:《复初斋文集》(手稿)第十二册,文海出版社1974年版,第3343页。

⑥ 袁枚著,王英志校点:《随园诗话》卷四,凤凰出版社2000年版,第79页。

也!"[①]年长且身为礼部侍郎的钱载因晚于袁枚中进士[钱载于乾隆十七年(1752)中进士,袁枚于乾隆四年(1739)中进士],对赋闲在家的袁枚竟恭敬如此。

在这种科场伦理关系的影响下,拥有较大话语权的科场前辈可以指点晚辈,科场晚辈则不宜对前辈说长道短,即使晚辈所说的有道理,也会招人非议。由此,必有人会想起袁枚与乾隆诗坛耆宿沈德潜的论争。袁枚能与沈德潜就诗学问题进行论辩,是因为两人为科场同年[乾隆四年(1739),两人同中进士,并同入翰林院]。乾隆二十六年到三十年(1761—1765),沈德潜写信与袁枚论诗,沈氏不满袁枚一些反传统的观点,予以规劝,未料袁枚在原则问题上不让步,针锋相对地加以反驳。袁枚抓住沈德潜"诮浙诗,谓沿宋习、败唐风",批评沈氏诗分唐宋的观点。沈氏又鼓吹"诗贵温柔,不可说尽,又必关系人伦日用",袁枚批评说:"此数语有褒衣大袑气象。"并举孔子论诗"可以群""可以观""可以怨"为论据,结合《诗经》有关名句,证明诗可以"说尽",亦不一定"关系人伦日用"。袁枚对沈德潜的批评可以说持之有理,言之有据,然又显得十分委婉、客气,如云:"仆读诗常折衷于孔子,故持论不得不小异于先生,计必不以为僭"[②],"谨以鄙意私于先生,愿与门下诸贤共详之也"[③],绝无负气使才之态,这大概是因为两人私交不错,且沈德潜年龄比袁枚大。

翁方纲与袁枚的关系绝不同于沈、袁二人的关系。翁方纲生于雍正十一年(1733),于乾隆十七年(1752)中进士。从年龄上来说,袁枚长翁方纲十七岁;从科场中式时间来说,袁枚比翁方纲早十四年。无论是从实际年龄还是科场中式时间来看,袁枚都是翁方纲的前辈。而且翁方纲与袁枚不但没有私交的感情基础,两人之间肯定存在嫌隙——他们两个刻意不提及对方本身就说明了问题。另外还有一个明显的例证就是乾隆四十四年(1779),翁方纲与谢墉同典江南(南京)乡试。九月,江南乡试榜发,袁枚时疟疾发作不能走动,遂寄诗问好谢墉,对翁方纲却无一字相寄。

如果两人论战,且莫说袁枚拥有"前辈"之资历优势,单就论战的内容来看,沈德潜的宗唐论调、"诗贵温柔"、"关系人伦日用"尚且被袁枚没费多大力气就给驳倒了,更何况翁方纲以学问考据入诗,更加容易被驳倒。而且袁枚可能不会像

① 袁枚:《随园雅集图题咏》,上海书店出版社编:《丛书集成续编》第一五五册,上海书店出版社1994年版,第327页。

② 袁枚著,周本淳标校:《小仓山房文集》文集卷十七,上海古籍出版社1988年版,第1504—1505页。

③ 袁枚著,周本淳标校:《小仓山房文集》文集卷十七,上海古籍出版社1988年版,第1505页。

与沈德潜论辩那样委婉客气，而是攻势更猛，言辞更犀利，会驳得翁方纲无话可说，弄不好会下不了台。于是，翁方纲选择了隐忍不发。

三

翁方纲出身寒微，没有家庭背景，也几乎没有夤缘可攀，他一生谨慎畏惧，不轻易得罪人，生怕妨碍他仕途。袁枚则同皇亲权贵广有联系，他主动将《随园诗文集》《随园诗话》和《新齐谐》等著述寄给他们，与他们广结文字缘，因而在皇亲权贵中有一个喜爱袁枚诗歌的群体。这使得翁方纲批评袁枚有所忌惮，害怕因此会招致皇亲权贵的不满。那么，袁枚与哪些皇亲权贵有交谊呢？

（一）与皇世子的文字缘

弘旿是康熙帝孙子，和硕諴亲王胤秘第二子，清朝宗室大臣，自称"瑶华道人"。袁枚《随园诗话》卷五云："署江宁令汪君苍霖，常为枚道某藩瑶华主人之贤，能诗工画，爱士怜才；惜枚路远年衰，不及见天人眉宇，为今生恨事。忽庆大司马桂以（其）《听泉图》属题，展卷，见其画笔高妙，直逼云林，诗亦唐人高调。"[①] 乾隆五十九年（1794），弘旿有诗寄袁枚。诗序云："仓山太史寄《随园诗话》见示，奉答二首。余与太史曾未谋面，而数十年来耳熟先生之名者竟岁月相集，神交既久，寓怀于言。"诗曰：

> 腊风吹玉到轩阶，半世知音怅睰乖。近代微名堪伯仲，古人方朔有诙谐。我惭鸡惊同登俎，君自蛟龙早入怀。五十年来林壑兴，想应灵药井中埋。
>
> 汉廷梅福晋陶潜，隐逸神仙那得兼？淡泊宁贪钟鼎贵，疏狂不惹宰官嫌。汝南月旦时开帐，白下去峰尽入奁。消息春风凭社燕，年年芳草对银蟾。[②]

袁枚与昭梿（檀樽世子）、裕瑞（思元主人）等皇世子也有文字缘。昭梿是礼亲王之子，裕瑞是豫亲王之子。《随园诗话》补遗卷八云："礼亲王世子檀樽主人，年少多才。客春，托桐城吴种芝太史索和《红豆》诗，余尚未答。今春，又托尤水村以诗索序，读之，美不胜收。……（其诗）以仄韵而能整练若此，是何许才力

---

① 袁枚著，王英志校点：《随园诗话》补遗卷五，凤凰出版社2000年版，第533页。

② 袁枚著，周本淳标校：《小仓山房诗文集》诗集卷三十五，上海古籍出版社1988年版，第982—983页。

耶！”[①]并称赞昭梿诗“能独写性灵，迥非凡响”[②]。《随园诗话》补遗卷九云：“本朝文运昌明，天潢之裔，皆说《礼》敦《诗》。前已载瑶华主人、檀樽世子诗矣。今又接到豫亲王世子思元主人诗文四册，殷殷请益。其好学虚怀之意，尤可敬也。”[③]

昭梿在《啸亭续录》赞扬袁枚“天姿超迈，笔法精粹，古文尤为卓作，予深佩之”[④]。裕瑞寄袁枚诗文四册，恭请袁枚为其诗文集作序。

（二）与王公贵戚的文字缘

1.与福康安、惠龄的文字缘。福康安乃大学士傅恒之子，官至武英殿大学士兼军机大臣。惠龄乃理藩院尚书、军机大臣、太子少保纳延泰之子，其官亦至理藩院尚书、军机大臣、太子少保。乾隆五十九年（1794），袁枚接福康安、惠龄见怀诗。福康安诗序曰：“余自束发时，即耳随园名……向见《随园诗话》《新齐谐》二书，虽游戏之笔，而标新领异，已远胜《沧浪》《虞初》诸书，携之行箧，把玩不置，兹来卫藏，军事之暇，适补山相国（笔者注，即孙士毅）、瑶圃制军（笔者注，即惠龄）咸共朝夕，谈次时及随园。希斋大司空（笔者注，即和琳）携有《小仓山房全集》，因得读之，才气浩瀚，茫无津涯，快为目所未睹……”诗曰（选二）：

独开生面领骚坛，万首诗成墨未干。传世何须《一品集》，买山肯恋十年官？诸天欢喜随缘住，泛宅烟波著意看。曾是六朝金粉地，此中容得老袁安。

敢夸旗鼓两家军，踪迹原如歧路分。客过玄亭长载酒，我从东野愿为云。聪明自占无双福，翰墨先收第一勋。知否有人三藏地，把君诗卷佛香熏？[⑤]

惠龄诗序曰：“余与随园先生向有唱酬之作，实则宦辙东西，未展嘉觌也。壬子腊尾，余因凯旋驻前藏，从补山相国处，读其《除夕告存诗》七首，若嘲若解，较渊明自挽尤为作远……”诗曰（选二）：

探春还泛青溪水，选胜还游白下山。竹枝芒鞋随处好，风吹不到鬼

① 袁枚著，王英志校点：《随园诗话》补遗卷八，凤凰出版社2000年版，第581页。

② 袁枚著，王英志校点：《随园诗话》补遗卷九，凤凰出版社2000年版，第594页。

③ 袁枚著，王英志校点：《随园诗话》补遗卷九，凤凰出版社2000年版，第593页。

④ 昭梿撰：《啸亭续录》卷四，中华书局1980年版，第494页。

⑤ 袁枚著，周本淳标校：《小仓山房诗文集》诗集卷三十五，上海古籍出版社1988年版，第979页。

门关。

物外逍遥任举头，恒河沙数记添筹。天公留得文星在，长管风骚不管愁。[①]

2. 与和琳的文字缘。没有资料显示袁枚与和珅有直接交往，然乾隆四十九年（1784），高宗第六次南巡，时和珅随驾来江宁（南京），慕随园之景，遣人来画《随园图》。袁枚《八十自寿》（其三）有句云："上公误听园林好，来画庐鸿旧草堂。"注云："甲辰春，圣驾南巡，和致斋相公遣人来画《随园图》。"[②]

和珅之弟和琳在袁枚面前自称弟子，他在给袁枚的信中说："读先生之文，知先生为人，以故愿为弟子之心，拳拳不释。"[③]乾隆五十九年（1794）春，袁枚接和琳见怀诗，诗序曰："随园先生为当代龙门，余耳其名，无由一见。得《小仓山房诗集》，读而爱之，携置行箧，日夕玩咏不辍，得诗二首，以志伏膺"。诗云：

不信红尘里，神仙携眷居。旷观百岁事，大隐六朝垆。天女皆从学，梅花伴读书民。世间饶熟客，应亦薄金鱼。

数卷仓山集，先生道性灵。锦心罗万卷，妙手运无形。侯合依前席，彭应侍后庭。因缘知有日，天不堕文星。[④]

3. 与其他王公贵戚的交谊。大司空德龄很欣赏袁枚的诗歌，每见到袁诗，"必加称许"[⑤]。吏部侍郎铁保"选长白山诗，皆满洲已故之人"，命袁枚校勘[⑥]。江苏巡抚奇丰额、闽浙总督阿林保、热河都统德福都曾与袁枚诗词唱和，奇丰额诗云："飞骑急于风，诗筒逐驿筒。遥从三藏外，传入万花中。落笔成仙句，开函见上公。从知诸大将，同日忆山翁。"阿林保有诗云："白发随园老，诗名鲍、谢如。寸心千古事，万里三函书。"德福有诗云："夫下龙门启，抠衣入恐迟。上公争仰镜，万里各裁诗。"[⑦]

---

① 袁枚著，周本淳标校：《小仓山房诗文集》诗集卷三十五，上海古籍出版社1988年版，第981页。

② 袁枚著，周本淳标校：《小仓山房诗文集》诗集卷三十六，上海古籍出版社1988年版，第1008页。

③ 袁枚著，王英志校点：《随园诗话》补遗卷九，凤凰出版社2000年版，第601页。

④ 袁枚著，周本淳标校：《小仓山房诗文集》诗集卷三十五，上海古籍出版社1988年版，第980—981页。

⑤ 袁枚著，王英志校点：《随园诗话》补遗卷五，凤凰出版社2000年版，第516页。

⑥ 袁枚著，王英志校点：《随园诗话》补遗卷五，凤凰出版社2000年版，第515页。

⑦ 袁枚著，王英志校点：《随园诗话》补遗卷七，凤凰出版社2000年版，第556—557页。

（三）与大吏要员的交往

袁枚充分运用其会试、廷试之房师、座师的关系，以及他在翰林苑学习三年的人际关系，结交了不少权臣。他的随园是江南名园，又居江宁要津，接待了不少南来北往的要员。这些大吏要员都能诗，像尹继善、孙士毅、毕沅等都是当时著名的诗人。他们对袁枚的诗歌都很推崇。

1. 与两江总督、翰林院掌院学士尹继善及其子庆桂兄弟的交往。尹继善非常赏识袁枚，在乾隆四年（1739）的朝考中力排众议，选拔袁枚为翰林苑庶吉士。尹继善任两江总督时，多次招饮袁枚，与袁枚叠韵唱和，往来密切。袁枚既受知于尹继善，又与其子庆玉、庆兰、庆桂、庆霖相知相交。除庆兰外，他们都身居要职，特别是庆桂历任刑部尚书、协办大学士，入直军机，授内大臣、文渊阁大学士，总理刑部事务，晋太子太师。

2. 与工部尚书、太子太保、上书房总师傅嵇璜的交往。乾隆三年（1738），袁枚馆于嵇璜家，教其幼子，嵇璜赠金为袁枚捐顺天监生。两人诗歌酬赠不绝。乾隆三十一年（1766），嵇璜服阕还都，授礼部尚书，临走前招袁枚前往道别。乾隆五十五年（1790），嵇璜八十岁，袁枚有诗相贺。乾隆五十九年（1794），嵇璜卒，袁枚作诗痛哭之。

3. 与军机大臣、文渊阁大学士孙士毅的交往。乾隆四十九年（1784），袁枚出游岭南，于广州结识时任广东巡抚的孙士毅。孙氏称赞袁枚"风雨飚驰老笔横""文章泽国蛟龙避"。[①]其后两人书信诗歌往来不断，孙氏以"师"称袁枚，感情弥深。福安康、惠龄等皇亲贵戚喜爱袁枚诗歌，缘于孙士毅大力推介。

4. 与湖广总督、太子太保毕沅的交往。毕沅曾作《过随园访袁太史子才杖先生不值二首》《寄怀袁简斋前辈》《重过随园访袁简斋不值即题小仓山房壁》《题袁简斋前辈随园雅集图》《寄祝简斋前辈七十初度四首》等多首诗歌寄怀袁枚。袁枚《随园诗话》等著述赖毕沅赞助，得以付梓。袁枚《随园诗话》多次提及毕沅，"吴中诗学，娄东为盛。二百年来，前有凤洲，继有梅村，今继之者，其弇山尚书乎？"[②]把毕沅与王世贞、吴梅村相提前并论，大为推重。

此外，袁枚还与协办大学士朱珪、文渊阁大学士刘伦、工部尚书彭元端、两江总督李奉翰、两江总督高晋、翰林侍读法式善等人关系密切。至于与其他制军、

---

① 袁枚著，周本淳标校：《小仓山房诗文集》诗集卷三十，上海古籍出版社1998年版，第807页。

② 袁枚著，王英志校点：《随园诗话》卷十一，凤凰出版社2000年版，第275—276页。

抚台、方伯、太守、盐运使、明府的交往，则不胜一一罗列矣！

袁枚在《小仓山房诗文集》《随园诗话》中，把自己与皇亲权贵的交往详细记录下来，甚至还带有点夸耀的意味，有意显露自己的"护官符"。翁方纲是颇有心计的人，他自然看到袁枚有浓厚的关系背景。此外，他也应当风闻江宁知府刘墉、江苏巡抚闵鹗元曾先后欲驱逐袁枚，但袁枚身后有强大的"保护伞"，最后都不了了之。既然刘墉、闵鹗元这样的大吏都不能对袁枚采取行动，他作为一介文吏，就更不能贸然招惹袁枚。况且乾隆皇帝六下江南，特别关注江南士人的言行，每次都来到南京，却没有半句话指斥过袁枚，善于体察圣心的翁方纲就更不敢对袁枚发难。

四

翁方纲在诗坛上以"好骂"著称，他对明七子派、公安派、竟陵派的批评毫不客气，措辞非常尖锐。但对本朝神韵派、格调派、性灵派却一改常态，很少"动气"，甚至有时想骂，却隐忍不发，欲言又止。他的诗学批评不只在意诗学本身，更在意批评的对象；既对"诗"，更看人。

翁方纲的诗学是从研究王士禛的神韵说开始的，随着研究的深入，他发觉王士禛许多诗学观点同自己的相龃龉，于是他对王士禛的态度从崇信转向批评。但他绝不敢像对待明七子那样倡言排击王士禛，而是委婉含蓄、遮遮掩掩，甚至前后不一，相互矛盾。这是为什么呢？其实他不是不想抨击王士禛，却因为心中有忧惧和顾虑，其中最主要的原因是王士禛"名位声望为一时山斗"[①]，他虽已过世，但身后门生弟子遍及天下，在乾嘉诗坛仍占据半壁江山，他不敢大肆批评被康熙认可的正宗诗派的掌门人[②]。

翁方纲对沈德潜宗唐的格调言论也很不满，但他同样不敢招惹这位诗坛大佬。他对沈德潜格调论的批评基本上是借明七子派而展开的，明批的是七子派，真正的矛头却是指向沈德潜。乾隆对沈德潜赞赏有加，作诗云："我惜德潜老始

① 赵翼：《瓯北诗话》卷十，郭绍虞编选，富寿荪校点：《清诗话续编》(二)，上海古籍出版社1983年版，第1299页

② 宁夏江：《学术夹杂着机术：翁方纲对王士禛"神韵说"批评的矛盾纠结点》，《西华师范大学学报》，2019年第6期。

达，其诗亦复伦考功”[①]，“我爱德潜德，淳风挹古初”[②]。沈德潜退休吴中后，尽管在乾隆四十三年(1778)因《一柱楼诗》案被夺官罢祠、削谥仆碑，然乾隆四十四年(1779)，高宗弘历作《怀旧诗》，怀恋死去的五词臣，沈德潜还位列在五词臣中，可以看出沈德潜在乾隆心目中仍然有位置。鉴于这些原因，翁方纲不敢指名道姓地指责沈德潜。

袁枚虽然不像王士禛和沈德潜一样得到过清朝最高统治者的肯定，但翁方纲还是很忌惮他——袁枚对乾嘉诗坛影响很大，他的性灵说得到社会的广泛认可，不仅形成了性灵派，而且还拥有广大的同盟军。在同盟军中就有两人共同的诗友圈。如与袁枚同为“乾隆三大家”的赵翼、蒋士铨同袁枚关系密切，与翁方纲交往也很深。再如程晋芳、钱大昕、朱筠、朱珪、毕沅、黄景仁、姚鼐、王昶、汪中、王鸣盛、卢文弨、罗聘、吴锡麒、桂馥、洪亮吉、黄易、赵怀玉、张问陶等人既是翁方纲的诗友，也是袁枚的诗友。就是翁方纲的弟子谢启昆、吴嵩梁等人也与袁枚交往密切。

在这些人中，除姚鼐和洪亮吉对袁枚稍有微词外(也有论者指出吴嵩梁在袁枚过世后指责过他)，其他人对袁枚都是称赞和肯定的。如从不轻易赞人的钱大昕、程晋芳等人对袁枚评价甚高。钱大昕《随园灯词》云：“绝艳惊才锦绣肠，玲珑点缀即文章。寻常灯火休相比，李杜光茫万丈长。”[③]把袁枚的才气和李、杜相提并论。袁枚八十岁，钱大昕赠诗云：“蓬莱小谪三千岁，湖海新诗一万篇……谢公墩下园居好，日涉多应胜少年。”“儿童尽识真才子，朝野多推老作家。”“四朝旧事知多少，总在便便腹笥中。”“摄生那要栖霞草，自把诗书练骨筋。”[④]把袁枚比作隐逸诗人谢灵运，称赞他才华满腹，名满天下。袁枚谢世，钱大昕沉痛写首：“篇章最有公卿赏，姓氏居然妇孺知……六朝山色俄蕉萃，此后谁搴大将旗!”[⑤]盛赞袁枚尽人皆知，是江浙诗坛的大纛，身后恐无人能接过并扛起这面大旗。

程晋芳把袁枚比作隐逸诗人陶渊明和谢灵运，“渊明卧柴桑，高韵得神理。苏州静焚香，诗骨清无比。由来作诗人，贵在脱尘滓”[⑥]，“知君倦风尘，用此自慰劳。应对谢公墩，怀古发长啸”。并作长诗赞扬袁枚才气非凡，诗文庄谐兼得，论

① 爱新觉罗·弘历：《御制诗初集》卷三十一，《清代诗文集汇编》编纂委员会编：《清代诗文集汇编》第三一九册，上海古籍出版社2010年版，第475页。

② 爱新觉罗·弘历：《御制诗初集》卷三十四，《清代诗文集汇编》编纂委员会编：《清代诗文集汇编》第三一九册，上海古籍出版社2010年版，第522页。

③ 钱大昕撰，吕友仁校点：《潜研堂集(下)》，上海古籍出版社2009年版，第1201页。

④ 钱大昕撰，吕友仁校点：《潜研堂集(下)》，上海古籍出版社2009年版，第1272—1273页。

⑤ 钱大昕撰，吕友仁校点：《潜研堂集(下)》，上海古籍出版社2009年版，第1297页。

⑥ 程晋芳：《勉行堂诗集》，《清代诗文集汇编》编纂委员会编：《清代诗文集汇编》第三四三册，上海古籍出版社2010年版，第262页。

诗不落窠臼:“诗凡裁十纸,才可压千夫。考经频酌史,摘类必搜瑜。”“灯晕谈魑魅,茶馨辨鼎盂……评量新撰述,摆落俗规模。”①

就是翁方纲最得意的弟子谢启昆对袁枚的颂扬恐怕也不逊于对其师的颂扬。谢启昆赞扬袁枚“笔似挥戈返鲁阳”②,“闭户拥书岁月绵”③,“薤歌体拟和彭泽”④。特别点赞袁枚豁达开通,能招收女弟子,诗歌通俗易懂,妇孺皆知,“鸠杖东南尊国老,蛾眉弟子艳诗翁”⑤,“一卷齐谐续未成,金闺诗赖品题明。大家齐乞通明殿,漫驾红云上界行”⑥,“八十仙翁吟掉首,童妪流传不去口。目光闪炬舌翻澜,脚健飞猱气冲斗……淮南鸡犬人间有,鲁殿灵光海内无”⑦。并懊恼自己与袁枚相识恨晚,不能早受知于袁枚,“我甫生时公早达,我官于南造公闼。识公恨迟知我深,弹指廿年电光忽”⑧。

至于袁枚密友赵翼、蒋士铨等人对袁枚诗歌的赞语在他们诗文集中随处可见,就不再一一枚举了。

翁方纲如果对袁枚提出批评,恐怕在他们共同的诗友圈中会引起纷争,难免造成彼此之间尴尬,甚至会导致他和一部分诗友失和,招致圈中人的反对,这是他不愿意看到的。况且袁枚的影响主要在江浙一带,并没有影响到他在翰苑诗坛的地位,于是他选择了置之而不与袁枚辩论。由此也可见,翁方纲的诗学批评绝不是纯粹的学术问题,带着明显的心计和功利性。

纵上所述,翁方纲对袁枚批评的失声并不是出自他的初衷,更不是他出于卫道的立场——认为袁枚是放辟邪侈的小人,看不起袁枚而不与他置辩,而是考虑

---

① 程晋芳:《勉行堂诗集》,《清代诗文集汇编》编纂委员会编:《清代诗文集汇编》第三四三册,上海古籍出版社2010年版,第363—364页。

② 谢启昆:《树经堂诗初集》,《清代诗文集汇编》编纂委员会编:《清代诗文集汇编》第三九二册,上海古籍出版社2010年版,第276页。

③ 谢启昆:《树经堂诗初集》,《清代诗文集汇编》编纂委员会编:《清代诗文集汇编》第三九二册,上海古籍出版社2010年版,第276页。

④ 谢启昆:《树经堂诗初集》,《清代诗文集汇编》编纂委员会编:《清代诗文集汇编》第三九二册,上海古籍出版社2010年版,第276页。

⑤ 谢启昆:《树经堂诗初集》,《清代诗文集汇编》编纂委员会编:《清代诗文集汇编》第三九二册,上海古籍出版社2010年版,第281页。

⑥ 谢启昆:《树经堂诗初集》,《清代诗文集汇编》编纂委员会编:《清代诗文集汇编》第三九二册,上海古籍出版社2010年版,第276页。

⑦ 谢启昆:《树经堂诗初集》,《清代诗文集汇编》编纂委员会编:《清代诗文集汇编》第三九二册,上海古籍出版社2010年版,第289页。

⑧ 谢启昆:《树经堂诗初集》,《清代诗文集汇编》编纂委员会编:《清代诗文集汇编》第三九二册,上海古籍出版社2010年版,第289页。

到论战时自己并不占优，对手的实力超出了自己，同时也顾及各方面的社会关系，然后做出的权衡之“择”。可以说这是他作为谨慎而世故的文人所做出的被动的忍让。

（作者简介：宁夏江，韶关学院文学院教授，华南师范大学硕士生导师。著有《晚清学人之诗研究》等。）

安徽楚辞研究述略*

◇王　轶

摘　要：安徽是楚辞研究重镇。宋前是安徽楚辞研究的发端期，刘安、三曹等对章句训释、义理阐释和评论等楚辞研究方法有开创之功。宋元是安徽楚辞研究的第一个高潮，在宋元历史时代背景的影响下和理学的陶范下，安徽楚辞研究在校勘、训诂、义理阐发与艺术赏析等多方面取得丰硕的成就。明代是安徽楚辞研究的继兴期，成果主要集中在万历、嘉靖年间的徽州地区，具有推崇创新、不再独尊朱注，发扬治骚寄托传统，赞扬屈原忠而无过，楚辞文学研究极具师心、复古色彩等特点。清代是安徽楚辞研究的全盛期，清前期的安徽楚辞研究深受明遗民情结影响；乾嘉道时期受徽州朴学、桐城派的影响，安徽楚辞研究达到鼎盛；实事求是、不涉义理是徽派朴学楚辞研究的基本特点；桐城派治骚则主要关注义理和辞章，表现出清真雅正的特点。

关键词：刘安；理学；“心学横流”；明遗民；徽派朴学；桐城派

安徽是楚辞研究重镇。据笔者统计，从汉至清籍贯安徽和流寓、仕宦安徽的楚辞学者共有31人。朱熹、汪瑗、钱澄之、戴震、江有诰、方绩、马其昶等历代楚辞研究巨擘均祖籍安徽，林云铭、林仲懿、朱骏声等仕宦、流寓于安徽的学者，受当地学术风气影响，在楚辞研究上亦颇有建树。在安徽不同时代学风、地域文化的影响下，楚辞研究成果斐然，涉及注释、音义、评论、图谱等各个领域，引领各个时

*基金项目：安徽省哲学社会科学规划项目研究成果，项目批准号：AHSKQ2015D68。

代楚辞研究风气之先。如刘安为最早研究、整理屈原辞作之人；朱熹《楚辞集注》注重阐幽发微，探寻、发明义理，标志着自汉以来楚辞研究学风的重大转变；汪瑗《楚辞集解》注重从文学的角度评注楚辞，最早提出了“白起破郢”说，《怀沙》为“感怀长沙”，湘君、湘夫人非娥皇、女英而是湘水之神及其夫人等关于《九章》《九歌》的重要观点；“宋画第一”李公麟所绘《九歌图》《湘君湘夫人图》为现存最早的楚辞图谱；戴震《四库全书总目·楚辞类提要》为楚辞学史之滥觞；江有诰《楚辞韵读》则是古代楚辞音韵研究集大成者。然而，一直以来学界并未给予安徽楚辞研究成果应有的关注。对安徽历代楚辞研究论著、评论资料等进行全面、系统的整理，探究安徽楚辞研究之方法、特色、成就及其在楚辞研究史、安徽学术史上的贡献、地位以及楚辞研究与安徽地域文化、历代学风的关系等的研究工作至今仍不充分。本文拟对上述问题做简单梳理。

一、宋前：安徽楚辞研究的发端

汉代是楚辞研究的发端期，自刘向将《楚辞》编辑成集，刘安、刘向、扬雄、贾逵、班固、马融、王逸等均曾为之注释训解，然除王逸《章句》外，余皆亡佚。其中，淮南王刘安于楚辞研究有开创之功，其开展的研究工作有三：据王逸《楚辞章句序》刘安撰有《离骚经章句》，为现知楚辞最早的注解；奉汉武帝诏命为《离骚》作传，是现存最早的楚辞评论，今已不传，仅在《史记·屈原贾生列传》《汉书·淮南王传》等中保留部分文字；又据汤炳正《〈楚辞〉成书之探索》，刘安及其宾客还参与了《楚辞》的赠辑、成书工作，在汉初流传的《离骚》《九辨》合集的基础上，增辑《九歌》《天问》《九章》《远游》《卜居》《渔父》等，使屈原作品增至25篇，又在卷末附拟作《招隐士》。[①]

刘安将《离骚》与《诗经》风雅并列，把《离骚》提高至儒家经典地位；肯定屈原的“忠怨”精神，认为《离骚》对黑暗现实的批判和揭露，合乎儒家诗教要求；他从儒道融合的文化观出发，推崇屈原志洁行廉、忠正伏节的人格精神；对文约旨大、言近旨远的风格和引譬连类的手法也给予充分肯定。刘安开启了楚辞的章句训释和义理阐释的研究方法，其站在儒家立场依经释骚及对屈原人格精神、艺术的评价等方法也具有开创之功，“为后代楚辞研究建构了取法的理论模式”，[②]“是中国整个封建社会评论屈原的基调，至今罕见有人脱其窠臼。其中竟似影影绰绰

① 汤炳正著：《屈赋新探》，齐鲁书社1984年版，第85—109页。

② 李大明著：《汉楚辞学史》，中国社会科学出版社、华龄出版社2004年版，第5页。

有为刘安自己鸣其冤者，识者可鉴焉。”[①]

魏晋至唐留存下来的楚辞文献极少，现知安徽学者楚辞学著述仅有刘宋庐江人何偃所作《楚辞删王逸注》，为删补王逸注本，已亡佚；此外，曹操《与孔融书》、曹丕《典论·论文》《与钟繇书》、曹植《与杨祖德书》《前录序》等留下少量评论。

> 或问屈原、相如之赋孰愈。曰："优游案衍，屈原之尚也；穷侈极妙，相如之长也。然原据托譬喻，其意周旋，绰有余度矣。长卿、子云，意未能及已。"（曹丕《典论·论文》）
>
> 故屈平悲冉冉之将老，思飧秋菊之落英，辅体延年，莫斯之贵。（曹丕《九日与钟繇书》）
>
> 故君子之作也，俨乎若高山，勃乎若浮云；质素也如秋蓬，摛藻也如春葩。氾乎洋洋，光乎皓皓，与《雅》《颂》争流可也。余少而好赋，其所尚也，雅好慷慨，所著繁多，虽触类而作，然芜秽者众，故删定，别撰为《前录》七十八篇。（曹植《前录序》）
>
> 辞赋小道，固未足以揄扬大义，彰示来世也。昔扬子云，先朝执戟之臣耳，犹称"壮夫不为"也；吾虽薄德，位为藩侯，犹庶几戮力上国，流惠下民，建永世之业，流金石之功，岂徒以翰墨为勋绩，辞颂为君子哉？若吾志不果，吾道不行，亦将采史官之实录，辨时俗之得失，定仁义之衷，成一家之言。（曹植《与杨祖德书》）[②]

建安时期文学重抒情、重个性、重华美性，追求慷慨悲凉之美，楚辞评论也体现出鲜明的时代特征，曹丕的评论就是从艺术的角度展开，通过与司马相如的比较，肯定了屈原赋挥洒自如，词义婉转，善用譬喻寄托情思等特点；曹植则认为辞赋具有华美的形式、慷慨悲凉的感情格调，可与《雅》《颂》比肩；而他"辞赋小道"的评价，实则"是违心之论。这里有两个原因，第一，子建的文章做得好，一个人大概总是不满意自己所为而羡慕他人所为的，他的文章已经做得好，于是他便敢说文章是小道；第二，子建活动的目标在于政治方面，政治方面不甚得志，遂说文章是无用了"[③]。建安时期楚辞研究成果虽然数量不多，其评论方法、倾向等却开

① 牟怀川：《应该正确评价刘安——〈刘安传〉理惑》，中国屈原学会编：《楚辞研究》，齐鲁书社1988年版，第412页。

② 严可均辑，马志伟审订：《全三国文》（上），商务印书馆1999年版，第83、64、165、160页。

③ 鲁迅著：《汉文学史纲要》，上海古籍出版社2005年版，第59页。

创了楚辞研究的新方法、新模式，在楚辞研究史上具有重要意义。

二、宋元：安徽楚辞研究的第一个高潮

宋元时期是安徽楚辞研究的第一个高潮，在宋元历史时代背景的影响下和理学的陶范下，安徽楚辞研究在校勘、训诂、义理阐发与艺术赏析等多方面取得丰硕的成就。著作有婺源朱熹《楚辞集注》、宣城周紫芝撰《竹坡楚辞赘说》一卷、祖籍凤台的吕祖谦撰《离骚章句》一卷，其中周氏、吕氏所作均已亡佚；朱熹《楚辞集注》包括《楚辞集注》《楚辞辨证》《楚辞后语》三部分，共有宋庆元四年刻本、嘉定六年江西刊本、端平二年朱鉴刊本等30余种刊本，其中端平本为现存最早、最完整的楚辞刻本。留存的楚辞评论有胡仔《渔隐丛话》评论5条；元代歙县方回《桐江集》、《续集》等中有《离骚胡澹庵一说》、《离骚胡澹庵二说》、《离骚胡澹庵三说》等评论7则，题画诗《离骚九歌图》1首。宋元亦是楚辞绘画的开创期，北宋舒州（桐城）人李公麟绘《九歌图》《湘君湘夫人图》，《九歌图》为现存最早楚辞绘画，原作已佚，现存皆为摹本，有有景本和无景本两种，有景本版本有三：中国历史博物馆藏本、辽宁省博物馆藏本和日本藤田美术馆藏本；无景本版本有四：黑龙江省博物馆藏的两摹本，浙江省博物馆藏本和南京大学藏本。元淮南人张渥亦绘有《九歌图》，是在临摹李公麟《九歌图》的基础上加以发挥而成，现有上海博物馆藏吴睿篆书词本、吉林省博物馆藏吴睿隶书词本、美国克利弗兰美术馆藏褚奂隶书词本、周伯琦隶书词本等6本。[①]

（一）借治骚以寄意的寄托传统

由于宋元时期的社会状况、国家局势和自身遭际，宋元文人对屈原产生了强烈共鸣，常借治骚以寄托情怀、抒身世之感。如朱熹注《楚辞》就源于现实政治局势的触动，门人杨楫在《楚辞集注》后跋曰："庆元乙卯，……治党人方急，丞相赵公谪死于道。先生忧时之意屡形于色。忽一日出示学者以所释楚辞一篇……"[②]《四库全书总目提要》曰："周密《齐东野语》记绍熙内禅事曰：'赵汝愚永州安置，至衡州而卒。朱熹为之注《离骚》，以寄意焉。'然则是书大旨，在以灵均放逐，寓宗臣之贬，以宋玉《招魂》，抒故旧之悲耳！"李公麟曾说："吾为画，如骚人赋诗，吟

① 陈池瑜：《张渥的〈九歌图〉与神话形象》，《清华大学学报》（哲学社会科学版），2009年第4期，第118页。

② 朱熹撰，蒋立甫校点：《楚辞集注》，上海古籍出版社，2001年版，第301页。

咏性情而已，奈何世人不察，徒欲供好玩耶？”（《宣和画谱》卷七）[①]可见，沉迹下僚的李公麟绘制《九歌图》，也是出于感怀时事、寄托情怀的目的。元代张渥，博学明经，累举而不得志，遂放意为诗章，也为失意之文人，同感于屈子，承李公麟而作《九歌图》。楚辞研究的寄托传统在宋元时期最终形成，并对明清楚辞学者产生重大影响，促使他们取得更大成就。

（二）理学陶范下的楚辞研究

宋元时期理学勃兴，朱熹、吕祖谦、方回等徽籍楚辞研究者本身就是理学家，因此，这一时期安徽楚辞研究从内容到方法、原则等都显现出鲜明的理学特色。

1.实事求是的原则。徽籍理学家主张治学“求真是”，如朱熹“其为学，大抵穷理以致其知，反躬以践其实，而以居敬为主”[②]。他还曾明确提出“求真是”的主张：“方将相与反复其说，以求真是之归。”“不得聚首尽情极论，以求真是之归。”可见，朱熹治学并非专事义理或只务考据，“乃是一种以考证求实为手段进行覃思推校最终得出最真实判断的方法，这一方法贯穿了朱熹治学的终始”[③]。其楚辞研究以阐发义理为旨趣，依《诗传》治骚，先进行名物训诂、文字考证，继而串解篇旨大义。朱熹不盲目遵循王、洪旧注，对其中的重复繁碎之处汰繁就简，对于穿凿比附不实之处，则严加考证，纠正驳斥，颇有所得。如《楚辞辩证》论《九歌·河伯》曰：“旧说，‘河伯位视大夫屈原，以官相友，故得与之’。又云：‘河伯之居，沉没水中，喻贤人不得其所也。’夫谓之河伯，则居于水中固其所也，而以为失其所，则不知使之居于何处，乃得其所耶？此于上下文意，皆无所当，真衍说也。”[④]

2.深入挖掘屈骚内涵，发明微词奥义。理学家向来重视发挥义理、阐发微言大义，楚辞研究也体现出这一特点。如朱熹《集注》“祛前注之蔽陋，而明屈子微意于千载之下”，“可谓高世绝识，毫发无遗恨者矣”，对于屈赋的解读往往有一些深入独到的体会。如《九辩》“有美一人心不绎”，前人大都认为“有美一人”为怀王，朱熹则释为屈原，更为符合《九辩》题旨。

3.揭示、表彰屈原的“忠君爱国”之志的同时，批评其怨愤之情。理学家们主张“文道结合”“文从道中流出”，加之社会状况和朝局的影响，评价屈原时将政治伦理价值置于首位，一方面赞扬其忠君爱国之心，一方面又对其“发愤抒情”、文

① 卢辅圣主编：《中国书画全书》第二册，上海书画出版社1993年版，第81页。

② 脱脱等撰：《宋史》（第二十七册），中华书局1985年版，第523页。

③ 刘成群：《元代新安理学从“羽翼朱子”到“求真是”的转向》，《江汉论坛》，2012年第1期，第75页。

④ 朱熹撰，蒋立甫校点：《楚辞集注》，上海古籍出版社2001年版，第183页。

自怨生加以批评。如朱熹著名的“过于中庸”说：“原之为人，其志行虽或过于中庸而不可以为法，然皆出于忠君爱国之诚心。原之为书，其辞旨虽或流于跌宕怪神、怨怼激发而不可以为训，然皆生于缱绻恻怛、不能自已之至意。虽其不知学于北方，以求周公、仲尼之道，而独驰骋于变《风》、变《雅》之末流，以故醇儒庄士或羞称之。然使世之放臣、屏子、怨妻、去妇抆泪讴唫于下，而所天者幸而听之，则于彼此之间，天性民彝之善，岂不足以交有所发，而增夫三纲五典之重！”[①]吕祖谦也在肯定屈原忠君爱国的同时，批评其文缘自怨怒之情：“虽然，屈原有爱君之心固是善，惜乎其发之不以正，自愤怨激切中来。其言神仙、富贵、游观，已是为此三件动也，故托辞以自解，本是怨怒，却反归爱君上来。”[②]

(三)艺术鉴赏的角度研究楚辞

1.给予《楚辞》崇高的文学地位，将《楚辞》与《诗经》并列，视为诗的根本准则。如胡仔《苕溪渔隐丛话前集》引《后山诗话》云：“子厚谓屈氏楚词，如《离骚》乃效颂，其次效雅，最后效风。”又引《雪浪斋日记》云：“欲知诗之源流，当看三百篇及楚词、汉魏等诗。”他甚至用“词致骚雅”“词格骚雅”作为品评诗歌的标准；朱熹曾言：“三百篇性情之本，离骚辞赋之宗，学诗不本之于此，是以浅矣”；方回：“古诗以汉魏为宗，而祖《三百篇》《离骚》。”这种尊崇儒家经典，以《诗经》为正宗，将屈赋比附《诗经》进行评说的方法，也是理学影响的鲜明体现。

2.探究文体特征。宋元时期安徽学者大都延续了王逸的观点，以“离骚”代指屈原作品，将屈原与宋玉以下作品区别开来，如朱熹将宋玉及汉代以下作品称为“续离骚”，并称《七谏》《九怀》《九叹》《九思》等皆为骚体；吕祖谦所编《宋文鉴》将“骚”体独立于赋、诗等文体之外，并选录了宋代刘敞《屈原暇辞》、王安石《寄蔡氏女》、鲜于侁《九诵》等23篇吕氏所认定的骚体作品；方回亦曰：“《离骚》、楚词，要皆本乎幽忧而作，大抵两汉文章若司马犬子、扬子云、刘子政、班孟坚、张衡之徒，率自《离骚》、楚词出。盖灵均所著则曰《离骚》，后之依仿而作者则曰楚词，而《离骚》为至。”

朱熹等皖籍学者还对屈骚的渊源和流变做了探讨，主张屈骚源于《诗经》，为后世辞赋之祖。如他曾在《集注·离骚序》中说：“不特诗也，楚人之词，亦以是而求之，则其寓情草木，讬意男女，以极游观之适者，变《风》之流也；其叙事陈情，感今怀古，以不忘乎君臣以义者，变《雅》之类也。至于语冥婚而越礼，摅怨愤而失

① 朱熹撰，蒋立甫校点：《楚辞集注》，上海古籍出版社2001年版，第2页。

② 黄灵庚，吴战垒主编：《吕祖谦全集》第二册，浙江古籍出版社2008年版第185页。

中，则又《风》、《雅》之再变矣。其语祀神歌舞之盛，则几乎《颂》，而其变也，又有甚焉。”[①]吕祖谦亦曰：“昔人有以屈原作《离骚》可配《风》《雅》者，亦以其有念念不忘君之心。观《离骚》一篇三致意，始言高飞远举、鸿濛廓落神仙幻化之术；中言富贵华丽、声色音乐世间可喜之事；终言三江五湖、洞庭彭蠡世间游观之乐：三者皆不足以解忧，而终归于爱君。后世称《离骚》为辞赋之祖，以此也。”（《丽泽论说集录》卷七）[②]朱、吕、方等人并非从单纯的文章学角度出发主张“别骚一体”，而从儒家诗教和《诗经》讽谏寄托的传统出发，主张屈骚源于《诗经》，为后世辞赋之祖。

此外，多种艺术研究方法的开拓、发展。朱熹以《诗》评骚，用《诗经》赋、比、兴阐释楚辞，深入挖掘其中讽喻寄托的大义，多有建树；李公麟、张渥等绘离骚图开创了以绘画传播、接受屈骚的方式；南宋以词论骚现象的流行，在充分肯定楚骚艺术价值的同时，也开辟了新的研究视角。

三、明代：安徽楚辞研究的继兴期

明代安徽楚辞研究分为两个阶段：明中期以前，朱子之学统治安徽学术界，《楚辞集注》亦被奉为圭臬，除了转述、附和朱熹的意见之外，几无建树，现仅知定远人宋瑛留有评论一则[③]；明中后期，尤其是万历、嘉靖年间，在朱子之学式微及崇尚复古、“心学横流”的新的学术背景下，安徽楚辞研究迎来第二个兴盛时期。这一时期的成果全部来自徽州学者：歙县汪瑗撰《楚辞集解》八卷，又附《楚辞蒙引》二卷、《楚辞考异》一卷，万历本又附有其侄汪仲弘所作《天问补注》二卷，另其凡例中附有九重图、南北二极图、十二支宫属分野宿度图、日月五星周天图、太阳中道之图、列星图、明魄晦朔弦望图、太阴九道之图等天文八图及山海舆地全图、古今州域新旧河道舆图等二地理图，“在这以前的《楚辞》注本中，还未出现专图；这些附图的出现，实有开创之功”[④]。歙县汪道昆曾两刻骚选，第二次刊刻时作《骚选序》一篇，另有杂剧《高唐梦》一种和酒令《楚骚品》一卷。歙县许国作《屈原论》一篇，是继司马迁《屈原列传》之后唯一一篇专论屈原的文章。此外，休宁俞

---

① 朱熹撰，蒋立甫校点：《楚辞集注》，上海古籍出版社2001年版，第6页。

② 黄灵庚，吴战垒主编：《吕祖谦全集》第二册，浙江古籍出版社2008年版，第185页。

③ 宋瑛曰：“左氏羽翼《春秋》，屈氏羽翼《风雅》，一也，是宜以《离骚》作诗传。”（[日]儿岛献吉郎著，胡行之译：《中国文学研究》，上海北新书局1936年版，第90页）

④ 洪湛侯等：《楚辞要籍解题》，湖北人民出版社1984年版，第47页。

王言编《辞赋标义》十八卷[①]，婺源胡文焕与张文礼合撰《离骚直音》六卷；淮南张京元撰有《删注楚辞》。

(一)推崇创新，不再独尊朱注

明中叶以后，“心学横流”，“标新立异”“崇尚新奇”之风盛行，“盖自弘治、正德之际，天下之士，厌常喜新，风气之变，已有所自来……嘉靖以后，从王氏而诋朱子者，始接踵于人间”。[②]而“程朱阙里”徽州，也不可避免地受到心学的冲击和影响，“自阳明树帜宇内，其徒驱煽薰炙，侈为心学，狭小宋儒。嗣后新安大会，多聘王氏高弟阐教，如心斋、绪山、龙溪、东廓、师泉，复所近溪诸公，迭主齐盟。自此新安多王氏之学，有非复朱子之旧者矣。”[③]受此影响，楚辞研究领域亦打破因循守旧、独尊朱注的局面，积极求变、创新，成果斐然。

研究形式上更多元，出现了杂剧、酒令、专图等新型方式，也不再只是转述、附和朱注、探寻义理，而是综合运用多种研究方式，“求真是之归”。如汪瑗《楚辞集解》采用了音训、义训、字训等方法进行训诂，于说“古韵”颇有所得，其《蒙引》“降”条曰：

> 降何以音洪也。瑗尝思之，彼洚水之洚，亦曰洪水；绛色之绛亦做红解，虹霓之虹亦可虹(音绛)读。盖共音恭，共工夅偏旁，俱可相叶也。则降之音洪明矣。又如江海之江、杠鼎之杠与山峰之峰、剑锋之锋，古韵多通用。相逢之逢亦可读作逢(音庞)姓之逢。观虹逢二字不易一画而可两音，则洚洪绛红或其音亦可更相两读，不特其义之可以相通而已。此类不可胜数，览者当以意会。[④]

其注释折衷综合旧说，或详征博引，或离析章句，又或考辨名物，颇多发明；如他首创三后为楚国先君说，“夏康娱以自纵”之“康娱”为连文等。他还用整体的眼光关照屈原作品，探寻各篇作品的创作时间、题旨和内在联系。如他曾探究《九章》各篇创作时间，认为《惜诵》与《涉江》相表里，“皆一时之作”，均作于顷襄王初年，屈原“遭谗人之始、未放之先”等等，于此方法有开创之功。

内容上，敢于立新，发人之所未发。如被《四库提要》目为“务为新说，以排诋

① 俞王言籍贯有广东海阳、歙县等说法，据踪凡《〈辞赋标义〉的编者、版本及其赋学观》(《古籍研究》第六十二卷，凤凰出版社2005年版，第214—221页)考证实为明徽州府休宁县人。

② 顾炎武著，陈垣校注：《日知录校注》，安徽大学出版社2007年版，第1029页。

③ 施璜：《紫阳书院志》卷一六《会纪》，黄山书社2010年版，第291页。

④ 汪瑗撰，董洪利点校：《楚辞集解》，北京古籍出版社1994年版，第298页。

诸家”的汪瑗《楚辞集解》提出屈原非沉江而死、《九歌》为乐府、《怀沙》为感怀长沙等观点；张京元《删注楚辞》主张屈原作品只有《离骚》《九歌》《九辨》三篇。

（二）寄托传统的发扬

嘉靖、万历年间，时局混乱、仕途险恶、政治风波频起、党争激烈，士人进退失据、困惑焦虑，心学为士人摆脱环境困扰、安顿自我生命提供了方法。心学强调人的主体意识能动作用，具有重视个体价值的实现、高视自我的超然心怀和待时而动的人生自信等特点。受时代和学术思潮的影响，安徽学者将注骚与学术、时事和身世遭际联系起来，发扬了宋元以来治骚的寄托传统。如汪瑗在自序阐明自己撰《楚辞集解》的目的：“亦惟自致扶抑之意，以为不得志于时者悼耳”。其子汪文英在《天问跋序》中也说：“屈子不得于君，抑郁无聊，托《天问》以寓忠君爱国之心。余先人不得于时，虽未尝挂尺组沾斗禄，倘亦忠爱之心有当于屈子，而于注中相发明之。”[①]张京元撰《删注楚辞》也是因为他“侃直不群，为忌者所中，登第十五年，犹徊翔廊署间”。[②]汪道昆仕楚时仕途顺遂，感于时事作《楚骚品》“托以自况”[③]，他失意居家时引屈原为同道：“古来多放逐，屈贾亦吾曹”（《司理闻报量移招余署中夜坐》），“不是椒兰专雨露，千秋屈宋竟谁论”（《即事赠李本宁》）。[④]

（三）屈原评价的新风向

在时局和学术思潮的影响下，如何评价屈原也是当时楚辞研究的一个重要内容。汪瑗等对朱熹“忠而过”的观点普遍持反对意见，同情屈原遭遇，认为他忠而无过，赞赏其高洁之志。如俞王言《刻辞赋标义序》说：“屈子发愤于忠肝，存君兴国之外，无他肠焉。”[⑤]许国《屈原论》明言不赞同“忠而过”的说法，认为屈原沉江为“忠愤所激”，“其义重，其情深，其宗臣存君兴国之志”，并非是出于本心的欲望，“屈子之沉己也，而其咎在君”。[⑥]汪瑗则在肯定屈原忠君爱国的同时为他做无过的辩解，汪瑗认为事君之忠与同姓之义并无必然联系，历史上微子、箕子、孔子等都有同姓去国的经历；他还认为屈原并非投水而死，“临渊自沉，身没名绝，是苟死也，孰谓屈子为之哉？”而是去楚隐居避祸，“去楚故无害乎屈子之志，而且

---

① 汪瑗撰，董洪利点校：《楚辞集解》，北京古籍出版社1994年版，第4、8页。

② 张京元撰：《删注楚辞》，国家图书出版社2014年版，第3页。

③ 吴平，回达强主编：《楚辞文献集成（三十）》，广陵书社2008年版，第21385页。

④ 汪道昆撰，胡益民等点校：《太函集》，黄山书社2004年版，第2406、2725页。

⑤ 姜亮夫著：《姜亮夫全集·楚辞书目五种》，云南人民出版社2002年版，第563页。

⑥ 吴平，回达强主编：《楚辞文献集成（二十三）》，广陵书社2008年版，第15932、15939页。

见其有保身之志矣”。[①]观点虽失于武断，却反映出汪瑗努力为屈原开脱辩解的目的。对于屈原之志，许国赞曰：“瑾瑜比洁，日月争光可也”，汪瑗亦曰：“屈原之心盖真有如青天白日无纤芥之可疑、磊磊落落无毫发之凝滞者”。心学重视个体价值、待时而动等观念的影响。

（四）师心、复古思潮影响下的楚辞文学研究

1. 从“心”出发，从一己之情、意出发。汪瑗反对用忠君讽谏说解读楚辞，“瑗亦谓解《楚辞》者句句字字为念君忧国之心，则《楚辞》亦扫地矣”。《九歌》等是“屈子平日之作，无关于君”，是屈原“借此题目，漫写己之意兴，如汉魏乐章、乐府之类”。汪道昆总结后世无骚的原因时说：“善哭着无情而不哀，骚之优孟也”，后世作品只是卖弄技巧，无骚的真挚情感，充分肯定了楚骚的抒情性。张京元受王世贞评骚影响，从“诗可以怨”的诗教原则出发评骚，主张《九歌》为“文人游戏……与时事不相涉”；“《离骚》写怨，已尽淋漓”；《九章》是屈原“既放”之后的“愤辞”，《惜诵》则是“原见出谷将亡，痛惜在心”的“发愤陈辞”。

2. 高度评价屈骚，探究骚体与赋体的区别、地位等。受时代、学术思潮影响，明代安徽楚辞研究学者高度推崇屈原及楚辞，主张以骚继诗，屈骚为“辞赋之祖”。其中，俞王言的观点颇具代表性，他在《辞赋标义》中将先唐辞赋分为楚辞体、赋体、类赋，尊骚为经，在屈马比较、屈马并尊的基础上，高度推崇楚辞：“艺林之技，首推辞赋。辞则屈子从容于《骚》坛，赋则马卿神化于文苑。……（屈骚）篇各异轴，语各殊制，触意成声，失口成响，譬之橐钥，虚而不屈，动而愈出，其天行者乎！”他还在梳理辞赋发展历史的基础上，总结辞赋在明代重新受到重视的原因是复古思潮：“明兴，一二名公，力追古调，标斗杓于中天。故今经生博士家，亦知纵观乎文章之金阙，游目乎翰墨之清都，人人自谓‘壮夫’，叹子云老不晓事矣。”[②]

此外，明代安徽学者还探究了楚辞的艺术特色、章节脉络、行文特色等，如汪瑗提出《离骚》的表现手法为“寓言说”及驾车行路的情节线索贯穿始终等颇有创见，他还探究了屈骚各篇的风格：“《离骚》之篇明而达，《九歌》之篇简而洁，《天问》之篇博而瞻，《九章》诸篇通而畅，《远游》《卜居》《渔父》诸篇或奇伟，或浑雄，或冲淡，尤不可以一律拘。”[③]

① 汪瑗撰，董洪利点校：《楚辞集解》，北京古籍出版社1994年版，第161页。

② 姜亮夫著：《姜亮夫全集·楚辞书目五种》，云南人民出版社2002年版，第563页。

③ 汪瑗撰，董洪利点校：《楚辞集解》，北京古籍出版社1994年版，第5页。

四、清代:安徽楚辞研究的全盛期

清代安徽楚辞研究成果丰富多样,从地域上看,尤以徽州、桐城两地研究最盛。从时间上看,清前期的安徽楚辞研究表现出鲜明的故国之思、经世之风,乾嘉道时期受徽州朴学、桐城派的影响,安徽楚辞研究达到全盛。徽州地区清前期的成果有:张潮《檀几丛书》中载《联骚》一卷、程廷祚《骚赋论》上中下三篇、方人杰评辑《楚辞读本》,另仕宦徽州的林云铭撰《楚辞灯》;中后期的成果有:戴震《屈原赋注》、《四库全书总目提要·楚辞类提要》、托名汪梧凤的《屈原赋音义》、江有诰《楚辞韵读》,歙县江嗣钰撰《离骚注》;流寓黟县的朱骏声著《离骚赋补注》、批校周拱辰所注《离骚草木史》十卷;俞正燮《癸巳存稿》有札记三则。另有存目:洪舫著《离骚辨》、胡珊著《离骚笺注》、潘宗硕《离骚补注》、吴大光《离骚致幽集》、胡匡衷《离骚集注》等。桐城的研究成果亦十分繁盛,专著有:钱澄之《屈诂》、方苞《离骚正义》、方绩《屈子正音》、马其昶《屈赋微》、姚景衡编《楚辞蒙拾》(已佚);另有姚鼐《古文辞类纂》在辞赋类、哀祭类中收楚辞作品并加以评论,另载有吴汝纶的五条评论及梅曾亮《古文词略》卷十八"词赋类"中论骚之语十四条等(梅曾亮还撰有《离骚解》,已佚);方东树《昭昧詹言》中涉及楚辞的评论有十三条。此外,芜湖萧云从绘《离骚图》、宣城梅冲撰《离骚经解》、贵池吴世尚撰《楚辞注疏》、望江鲁笔撰《楚辞达》、怀宁藏书家马征麐撰《楚辞音》,当涂徐文靖撰《管城硕记》有《离骚集注》札记119则。

(一)故国之思、经世之风与清初安徽楚辞研究

清初安徽楚辞研究者均为明遗民,研究上表现出鲜明的遗民情结。

寄托遗民情思与庄屈兼治的研究特点。明清之际,国朝覆亡,以夷变夏,"天崩地裂"(黄宗羲),遗民们在"离丧乱之后,志在经世,故多为致用之学,求之经史,得其本原,一扫明代苟且破碎之习,而实学以兴"①。此外,山河变故,遗民们对屈原的经历感同身受,而庄子则为他们提供了精神家园和心灵庇护所。因此,借治骚寄托故国之思、经世之志,庄屈兼治,成为当时楚辞研究的基本特征。如萧云从曾说其《离骚图》的创作目的是:"使后人反复玩绎,悽紊以想古人处乱托忧之难"。②郑振铎评曰:"尺木为明遗民,故绘《离骚》以见志,仅署'甲子',而不

① 王国维著:《王国维遗书》,上海古籍出版社1983年版,第433页。

② 萧云从绘:《离骚图》,文物出版社2017年版,第8页。

书‘顺治’年号。”[①]《四库提要》评钱澄之《庄屈合诂》曰：“盖澄之丁明末造，发愤著书，以《离骚》寓其幽忧，而以《庄子》寓其解脱，不欲明言，托于翼经焉耳。”[②]

以骚继诗，用儒家思想解骚。钱澄之等尊骚为经，以儒家思想解骚，训释尚实据，博采众说，又以朱熹注为主。如萧云从《离骚图序》云：“吾尊骚于经，则不得不尊骚而为图矣。”其绘图和注文在仔细研读屈骚文本及王逸、朱熹、柳宗元、杨万里等注解的基础上，精慎考据，力求创新，“纾毫补缀，一宗紫阳之注，用备后来之劝惩，而终叹古人之不见我也”[③]。钱澄之《庄屈合诂自序》说，其著书旨在以庄屈翊《易》《诗》二经，诂屈酌采朱熹、王逸、黄文焕、李陈玉、焦竑等，尤以朱熹《集注》为主，“因朱子之集注，更加详绎”，“《集注》之善，在遵王逸之《章句》，逐句解释，不为通篇贯串，以失于牵强也”。[④]

高度评价屈原品格。明遗民不认同朱熹对屈原忠而怨、“过于中庸”的评价，他们结合自身经历和情感体验，高度赞赏屈原是忠君爱国、“怨而不怒”。如钱澄之从“性情”出发，认为屈原“屈子忠于君，以谗见疏，忧君念国，发而为词，反复缠绵，不能自胜，至于沉湘以死，此其性情深至，岂直与凡伯、家父同日语哉！”[⑤]萧云从赞同司马迁“志洁行廉，与日月争光”之说，并引王逸《离骚序》说“屈原执履忠贞而被谗邪，忧心烦乱不知所愬，乃作《离骚》”。[⑥]方人杰则认为，屈原爱国忠君，并无怨君，其“所哀者，哀己之生之遇合之遭逢，所望着，望蓄之悟之悔之挽回振作，未尝有一字怨憾也”[⑦]。

艺术方面，从象征、寄托角度解读屈原作品，多有收获。如方人杰用“寄兴说”解读《九歌》主题和艺术特色，将《九歌》视为寄寓屈原忠君爱国之心的载体，如《大司命》“因祀司命而发，顺受其正之理，则原爱君忠国自命之诚决矣”。钱澄之对《离骚》芳草体系和象征意义的理解颇为深入，他将散见于《离骚》各处的芳草，汇集后加以总体观照，以揣摩屈原之创作心理：“篇中称芳不一，其谓扈芷纫兰者，独行之芳也。搴木兰揽宿莽，所共事之芳也。滋九畹树百亩，所培植之芳也。……”

① 郑振铎著：《劫中得书记》，上海古籍出版社2006年版，第7页。

② 纪昀等撰：《钦定四库全书总目》卷一三四，中华书局1997年版，第1766页。

③ 萧云从绘：《离骚图》，文物出版社2017年版，第9页。

④ 钱澄之撰，殷呈祥校点：《庄屈合诂》，黄山书社2014年版，第3、139页。

⑤ 钱澄之撰，殷呈祥校点：《庄屈合诂》，黄山书社2014年版，第3页。

⑥ 萧云从绘：《离骚图》，文物出版社2017年版，第8、11页。

⑦ 黄灵庚主编：《楚辞文献丛刊》第四十八册《楚辞读本》，国家图书馆出版社2014年版，第276页。

从“情”出发，分析文意、结构。钱澄之论诗主张“诗也者，性情之事也”，屈原之作就是性情之文，看似无次序，实则有条理：“以屈子之忧思悲愤，诘曲莫伸，发而有言，不自知其为文也。重复颠倒，错乱无次，而必欲以后世文章开合承转之法求之，岂可与论屈子哉！”《天问》：“文无次序，只是就壁上所见，随发问端，不必求其伦次。”[①]方人杰也持此主张，认为屈原作品情感深至，结构上体现出“断”“乱”的特点，读之却无断、乱之感，体现出鲜明的情感线索。他曾引冯观氏语：“《离骚》断如复断，乱如复乱，绵邈曲折，端倪莫得，寻其声而绎其绪，又未尝断、未尝乱也。至才情浓发，则龙娇鸿逸，志意悱恻；则啼猩啸鬼，浓至黯淡，并臻其妙。盖由独创，自异规放耳。”[②]

（二）实事求是、不涉义理的徽派朴学楚辞研究

清代徽州楚辞研究延续、发展了明以来的兴盛局面。雍乾以后，天下安宁太平，时局更趋稳定，清政府进一步加强了思想文化控制，考据之学兴起。作为乾嘉朴学的重要分支，徽派朴学治学“务在闻道”，注重实事求是，贵专精，反对墨守、无门户之见，其楚辞研究也呈现出鲜明的徽派特点。

以骚配经，依经注骚，实事求是，言必有据。徽派朴学家们或尊骚为经，或视骚为“经之亚”，依经注骚，如戴震《自序》云：“余读屈子书，久乃得其梗概，私以谓其心至纯，其学至纯，其立言指要归于至纯。二十五篇之书，盖经之亚。”[③]训释广征博引，“言必有征”，“孤证不立”，考辨典核，严谨扎实。如戴注“实事求是，不偏主一家，亦不过骋其辩以拍击前贤”，广泛征引王逸、洪兴祖、朱熹以及郑玄、韦昭、杜预等的注释，以《说文》、《尔雅》、《方言》等为训，兼采王应麟、顾炎武、方矩等的观点。对于难解或不可考之处，则缺略不注或只注字词。主张“合汉唐宋而成学，通天地人之谓儒”的朱骏声，其《离骚赋补注》亦不拘泥于王逸注，广泛征引各类材料，对于自己无法确认的注释，明确标以“疑”、“存疑”、“存参”等，未明之处采众家之说一一罗列。

由声音、文字求训诂，不注重发挥作品内在意蕴，不问义理。徽派朴学家治骚的门径是：“由声音、文字以求训诂，由训诂以寻义理。”在此基础上，各学者又各有侧重，各具特色。戴震《屈原赋注》侧重对山川地名、草木虫兽等名物的考释和字音的训释，他曾说：“不知鸟兽、虫鱼、草木之状类名号，则比兴之意乖。而字

① 钱澄之撰，殷呈祥校点：《庄屈合诂》，黄山书社2014年版，第139、221页。

② 黄灵庚主编：《楚辞文献丛刊》第四十八册《楚辞读本》，国家图书馆出版社2014年版，第274页。

③ 戴震著，褚斌杰等点校：《屈原赋注》，中华书局1999年版，第4页。

学、故训、音声未始相离，声与音又经纬衡从宜辨。”[①]（《与是仲明论学书》）他常结合语言学知识对名物进行考释，用“语之转”解释各类名物的异称，如《天问》“会朝争盟，何践吾期”之“盟”，前人均释为“会盟”，戴震则考证为地名：“盟为孟语转也。其地有津渭之盟津。春秋传：王与郑田，盟其一也，后属晋，为河阳。盟津在南，汉属河内令河南怀庆府孟县，津在县南十八里。”[②]在字音训释方面特重注释方言字词，对屈赋中的楚辞方言，用方言学进行释义，共注方言字词34个，其中16个为采纳王逸和洪兴祖注，18个为戴震所发明。江有诰《楚辞韵读》则专攻楚辞音韵研究，将古韵分为二十一部，归纳楚辞各篇韵字，得十八部，并由此印证“古人实有四声，特古人所读之盛与后人不同”。朱骏声《离骚赋补注》研究重心在文字、音韵、训诂，最大的特点是从字音、字形出发，先明字音，再求其本意，由字之本意释文意。

（三）清真雅正的桐城派楚辞研究

桐城派治骚主要关注义理和辞章。桐城派尊奉程朱理学，却非空谈义理，主张在识字通经的基础上言之有物，于义理有切实的见解。因此，在楚辞研究方面桐城派十分重视朱熹《集注》却并不唯朱是从，亦非空谈义理，或通过疏通文脉、结构阐释义理，如方苞《离骚正义》，或在注音、训诂、词义训释的基础上阐发屈骚意旨，如姚鼐《古文辞类纂》、梅冲《离骚经解》、马其昶《屈赋微》等。

对屈原的评价，桐城派学者普遍不认同朱熹“过于中庸”“不知学于北方”等见解，而是努力淡化《楚辞》的愤慨意味，发挥其忠孝之志、人臣之道和清白廉洁的精神。如方苞为屈原思想本于忠孝，他并未指责君王，而是指责党人，他还通过释骚提出居官要清正廉洁。方东树从楚国国小人微、僻陋在夷等历史原因角度解释了风诗独无楚的原因，并高度肯定“屈子以忠清之志，发哀怨之思，上览黄虞，下参箕比，蔚为千古辞宗，岂特楚国之良，实系斯文之寄”。[③]此外，梅冲也主张屈原思想本于忠孝，完全合于儒家思想；马其昶从君臣之义的角度解读屈赋，高度肯定屈原的“存君兴国”之念。

深入剖析“求女”意象，以此探求《离骚》意旨、屈原思想等。如方苞认为《离骚》“求女”有四个层次：第一层为直接求见君，第二层为求能通君侧之贤臣，第三层为求非在位而为王所重之臣，第四层为求君王嗣子之亲信。[④]梅冲解为：“乃是

① 戴震撰，汤志钧校点：《戴震集》，上海古籍出版社1980年版，第182页。

② 戴震著，褚斌杰等点校：《屈原赋注》，中华书局1999年版，第89页。

③ 方东树著，汪绍楹校点：《昭昧詹言》卷十三，人民文学出版社2006年版，第345页。

④ 吴平，回达强主编：《楚辞文献集成（十三）》，广陵书社2008年版，第8929—8984页。

君不可得见，冀得君之左右而通之，所谓无人乎穆公之侧，则不能安子思也。且欲与为政，必朝有志同道合者，而后可有为，故不惮屈意求之。先求宓妃，欲结其贵宠者也。既不能又思结引其在下之贤及嗣君左右之未入恶党者。皆以力弱不能固结，而为党人所得，无一可为己助者。"[①]分析深入精当，切合诗意。此外，桐城派学者还注意用简明扼要的语言，阐发作品之意蕴内涵、篇章结构。

作为古文派，桐城派也十分注重楚辞的文学研究，对楚辞的文脉结构、艺术特色、审美特征等展开研究。辞赋的文体地位、特点，桐城派将辞赋与经并列，"辞赋类者，风雅之变体也""楚人之词至工"[②]；"《离骚》二十五篇，历世作者奉为方圆，并驱六经，邈世独立"，乃"天地之至文"，古诗等各体文章之源[③]。桐城派尤重对《离骚》文脉结构的研究，如梅冲将《离骚》分为七段，开篇至"固前圣之所厚"为第一段，"悔相道之不察兮"至"岂余心之可惩"为第二段，"女媭之婵媛兮"至"霑余襟之浪浪"为第三段，"跪敷衽以陈辞兮"至"语焉能忍与此终古"为第四段，"索琼茅以筳篿兮"至"至今犹未沬"为第五段，"和调度以自娱兮"至"蜷局顾而不行"为第六段，乱词为第七段。梅冲认为"死意"为全篇主线，如开篇自叙身世乃为国捐躯之伏笔；他还注意各段间的呼应承转，并自创术语"隐闪"指代诗歌之波折和潜在文脉的运行，剖析清晰深入，见解独到。

另徐文靖、吴世尚、鲁笔等较少受到地域文化的束缚，研究较为自由、多样，其中鲁笔、吴世尚主要从文学角度展开研究，吴世尚取去皆尊朱子所定，对屈原创作心理的分析尤为突出；鲁笔则反对朱说，其"幻境说"和楚辞文脉研究成果斐然，《读骚指略》可谓明清《离骚》艺术研究集大成之作。

（作者简介：王轶，安徽师范大学文学院教师，文学博士。发表有论文《古代史传"虚构"说辨正》等。）

① 黄灵庚主编：《楚辞文献丛刊》第六十册《离骚经解》，国家图书馆出版社2014年版。

② 姚鼐选编：《古文辞类纂》，中国书店1986年版，第112页。

③ 方东树著，汪绍楹校点：《昭昧詹言》，人民文学出版社2006年版，第5、345页。

诗学文献研究

清代学者郑王臣考略

◇庞国雄

摘　要：郑王臣是清乾隆时期著名学者、诗人，编纂了莆田地方第一部诗歌总集《莆风清籁集》60卷，并附以《兰陔诗话》，评品人物，发凡诗学观念，致使莆田文学引起学界关注并产生影响，后收入《四库全书》，为后世所重。本文在梳理郑王臣诗文及其友人诗文并方志文献资料的基础上，对郑王臣的家世、交游、著述及诗学观作一番考论，以期更深入地探讨《莆风清籁集》《兰陔诗集》和《兰陔四六》的文学成就。

关键词：郑王臣；家世；交游；诗学观；考辨

郑王臣，莆田县(今福建莆田市)人，乾隆时期著名学者、诗人，编有莆田地方第一部诗歌总集《莆风清籁集》，被誉为"壶中名夙"，但《清史稿》无其传。道光《重纂福建通志》卷七"国朝良吏"载其生平仕履甚简，于交游、行实、著述等皆不涉。笔者据郑王臣己之诗文、其友人之诗文以及方志史料等文献，考其生平仕履、交游著述以及诗学观念，以为知人论世之助。

一、郑王臣世系考辨

郑王臣生于康熙六十年(1721)五月初五日，乾隆六年辛酉拔贡。《四库总目提要》卷一七一集部二十四《莆风清籁集》条："郑王臣……乾隆辛酉拔贡生。"[①]《皇朝文献通考》卷二三八"莆风清籁集"条："王臣……乾隆辛酉拔贡生。"[②]为郑王臣《燕中怀古诗》集"手录开雕"的曾恒德在此集后记中称"同年郑兰陔先生"[③]，而其正是清乾隆六年(1741)授贡生的[④]。另，《兰陔四六》陈霨跋言："郑兰陔先生……弱冠贡。"[⑤]，据此推算，王臣当生于康熙六十年。又，《药兰唱和诗》有符曾"祝兰陔五日生辰三叠韵"一诗，诗云："才倍十人真学士，生当五日应天符。"[⑥]可知王臣生辰是端午日。

郑王臣当卒于乾隆三十七年(1772)。《莆风清籁集》钱琦(时任福建布政使)作有"序"[⑦]，《序》云："(郑)病归以卒。子学邹持其所撰《莆风清籁集》请序。"[⑧]序文落款时间是"乾隆壬辰七月既望"，"乾隆壬辰"即乾隆三十七年(1772)。郑王臣生于康熙六十年，以钱琦作序时间计，郑王臣病逝时五十一岁，与钱"序"所言"年仅踰艾"(《礼记》："五十曰艾。")合。故，郑王臣当于乾隆三十七年(1772)卒，最迟为本年七月。

郑王臣，字慎人，号兰陔，自号"黄石山人"。《历代莆田人著述及版本存佚(下册)》"郑王臣"条下记："字慎人，号兰陔。"[⑨]《兰陔诗集》(福师大馆藏本)之二"集杜诗"铁苍跋语亦云："郑王臣，别号兰陔，莆阳黄石人。"[⑩]光绪末年王臣邑人藏书家刘尚文(1845—1908)重刊《莆风清籁集》时作"跋"云："惟《黄石山人全集》高几盈尺，无能代梓，殊为憾事。兰陔，吾邑黄石人，故以名其集云。"[⑪]

郑王臣系郑樵族裔。《兰陔四六》郑王臣姻亲陈世熙"题辞"称郑王臣"系自荥阳，名传夹漈"[⑫]。袁枚题郑王臣《兰陔堂诗集》"序"云："(兰陔)先生为渔仲后

① 永瑢撰：《四库家藏·集部典籍概览》(三)，山东画报出版社2004年版，第3380页。

② 刘墉，嵇璜等撰：《皇朝文献通考》卷二三八，影印文渊阁《四库全书》本。

③ 萨仁高娃编：《清代诗文集珍本丛刊》第二七九册，国家图书馆出版社2017年版，第457页。

④ 张国琳编纂：《惠安历代科举人物简介》，中国文联出版公司2009年版，第304—305页："拔贡：乾隆六年辛酉(1741)"条下列有"曾恒德"。

⑤ 郑王臣著：《兰陔四六》(上)，福建省莆田市图书馆馆藏影印本，见陈霨"题辞"。

⑥ 萨仁高娃编：《清代诗文集珍本丛刊》，国家图书馆出版社2017年版，第415页。

⑦ 据蒋寅先生《清诗话考》"雍正、乾隆卷"之"兰陔诗话"条考："前有乾隆三十七年(1772)钱琦序。按此序见朱仕琇《梅崖居士外集》卷二代《莆风清籁集序》，知出于朱仕琇代撰。"

⑧ 郑王臣著：《莆风清籁集》，福建省莆田市图书馆馆藏三冼斋藏本影印本，钱琦序。

⑨《历代莆田人著述及版本存佚》(下)，莆田县志单行本，福建省莆田市图书馆馆藏1965年版，第150页。

⑩ 郑王臣著：《兰陔诗集》，福建师范大学图书馆馆藏本。

⑪ 郑王臣著：《莆风清籁集》，福建省莆田市图书馆馆藏三冼斋藏本影印本，刘尚文跋。

⑫ 郑王臣著：《兰陔四六》(上)，福建省莆田市图书馆馆藏影印本，见陈世熙"题辞"落款。

裔”。[1]王鸣盛在《兰陔诗集》“燕中怀古诗”题辞亦言“兰陔为夹漈后人”[2]。《燕都同年文会序》一文郑王臣自述：“某蒲小儒，兰溪下士，远愧康成苗裔，才识一丁；近惭渔仲云礽，未窥二酉。”[3]可知其确为郑樵裔族，后世迁居至黄石（今莆田市黄石镇）。

其世系可考者有：祖父郑亮光。《莆风清籁集》郑王臣集有其祖父诗，并有小传：“郑亮光，字寅士，号同溪，康熙四十七年（1708）乡荐，官寿光知县。有《醉墨堂诗稿》。”[4]选诗后又记：“先大父少学诗于周莘野家天镜二先生，不屑寄人篱下，尝言诗以道性情，三百篇中，役夫田父皆能作诗，彼何知有声律格调耶！然亦未尝废法。古体摄晋魏之踪，近诗抉唐宋之髓，固用法而不囿于法者也。所作颇富，惜已散佚，仅存百一而已，孙王臣谨识。”[5]“郑亮光……兰陔祖也。”[6]郑王臣《致谢乾斋明府书》亦记：“青齐一百里外，即家祖旧治之邦。”[7]《建瓯县志》卷八“职官·清建学教谕”：“郑亮光。”[8]但未注明上任时间。

兄弟四人，兄长慈中（字次洽）[9]，一弟名臣（字隽人），二弟帝臣（字谦人）[10]。郑王臣在四兄弟中排行第二。

子女共六人。子五：学邹、学泗、学鲁、学洙、锳。钱琦《莆风清籁集》“序”言：“（郑王臣）病归以卒。子学邹持其所撰莆风清籁集请序。”[11]涂庆澜《莆阳诗辑》选王臣诗下有序：“（郑王臣）子学泗能诗，幼子名锳，官永济丞，寄家蒲州。兰石使蜀过秦，犹及见也。”[12]清嘉庆十四年（1809）进士、莆邑人郭尚先，字兰石，路过山西永济时见过王臣幼子。另考《莆风清籁集》，郑王臣另有二子一名学鲁，字于瞻；一名学洙，字于临。[13]有一女嫁浙江文安人陈霨，此婿为郑王臣受业门生[14]，《莆风清籁集》卷三十一校阅。

另从《莆风清籁集》考得郑王臣侄子四个：郑江，字于上，《莆风清籁集》卷五

① 袁枚著，王英志校点：《袁枚全集新编》（五），浙江古籍出版社2015年版，第212页。
② 萨仁高娃编：《清代诗文集珍本丛刊》，国家图书馆出版社2017年版，第462页。
③ 郑王臣著：《兰陔四六》（上），福建省莆田市图书馆馆藏影印本。
④ 郑王臣著：《莆风清籁集》卷四十七，福建省莆田市图书馆馆藏三冼斋藏本影印本。
⑤ 郑王臣著：《莆风清籁集》卷四十七，福建省莆田市图书馆馆藏三冼斋藏本影印本。
⑥ 徐世昌编，闻石点校：《晚晴簃诗汇》，中华书局1990年版，第3547页。
⑦ 郑王臣著：《兰陔四六》（上），福建省莆田市图书馆馆藏影印本。
⑧ 蔡振坚等编：《建瓯县志》卷八，成文出版社1967年版，第45页。
⑨ 郑王臣著：《莆风清籁集》卷四，福建省莆田市图书馆馆藏三冼斋藏本影印本。
⑩ 郑王臣著：《莆风清籁集》卷八，福建省莆田市图书馆馆藏三冼斋藏本影印本。
⑪ 郑王臣著：《莆风清籁集》，福建省莆田市图书馆馆藏三冼斋藏本影印本，钱琦序。
⑫ 涂庆澜辑，于英丽点校：《莆阳文辑·国朝莆阳诗辑》，福建人民出版社2009年版，第3页。
⑬ 郑王臣著：《莆风清籁集》卷二十九，福建省莆田市图书馆馆藏三冼斋藏本影印本。
⑭ 郑王臣著：《兰陔四六》（上），福建省莆田市图书馆馆藏影印本，见陈霨“题辞”。

十校阅；郑德光，字起潜，《莆风清籁集》卷六十校阅；郑逢泰，字聘仲，居仙游，《莆风清籁集》卷四十六校阅；郑超如，字祖豪，居长乐，《莆风清籁集》卷四十四校阅。后二位侄子或是随郑王臣的两个兄弟游宦而迁居其地，或是侄子自己游宦迁居。

从上述考证可以得知，郑王臣之兄弟、儿子、侄子、女婿皆参与了《莆风清籁集》的辑校，足其家学深厚，诗书传家。故，"吴派"考据大师王鸣盛在郑王臣《燕中怀古诗》作"题辞"称："兰陔为夹漈后人，著述皆有家法。"[①]乾隆年间中书舍人陈鸿宝在郑王臣《连云草》"题辞"中亦云："兰陔郑君以闽中著族续学。"[②]

二、郑王臣仕履考证

清高宗乾隆六年（1741）八月，郑王臣在福建省城参加乡试，成绩列莆田县第一，成举人，为"拔贡生"，获得明年春天参加礼部主持的会试资格。之后入京师国子监读书，等待明年春季的会试。《四库总目提要》卷171集部24《莆风清籁集》："郑王臣……乾隆辛酉拔贡生。"[③]

清高宗乾隆七年（1742）二月，郑王臣在京师顺天府参加会试，中贡士。清时每年的会试一般安排在二月份举行。《兰陔四六》王臣姻亲陈世熙序言："郑兰陔先生……早试腾骧，群推骥子……由是声驰虎观，帜树鸡坛。问奇者愿载酒以攀扬；景慕者喜驱车而御李。"[④]陈霨"题辞"亦云："郑兰陔先生……大廷试京兆，一时蜚声艺苑，老苍争相结交，玉堂金马，指顾可期。"[⑤]此后，其充任武英殿校录一职。道光《重纂福建通志》卷二三三"国朝良吏·莆田县"记："郑王臣，字慎人，少负才名，乾隆辛酉以选拔贡生充武英殿校录。"[⑥]此后，郑王臣因"文偏懵达"而"遇黜"[⑦]，在京师游历都城前朝遗迹前后达三年之久，乾隆十年（1745）方才回莆。

清高宗乾隆二十一年（1756），是郑王臣被黜居家的第十二年头，他心有不甘，年初北上，准备应试。八月，在顺天府应乡试，中副榜贡生。按清朝制，在乡试录取名额外列入备取，可入国子监读书，称为"副榜贡生"，简称副贡。道光《重纂福建通志》卷二三三"国朝良吏·莆田县"记："郑王臣……丙子顺天乡试，副贡

① 萨仁高娃编：《清代诗文集珍本丛刊》，国家图书馆出版社2017年版，第462页。

② 郑王臣著：《兰陔诗集》，福建师范大学图书馆馆藏本。

③ 永瑢撰：《四库家藏·集部典籍概览》（三），山东画报出版社2004年版，第3380页。

④ 郑王臣著：《兰陔四六》（上），福建省莆田市图书馆馆藏影印本，见陈世熙"题辞"。

⑤ 郑王臣著：《兰陔四六》（上），福建省莆田市图书馆馆藏影印本，见陈霨"题辞"。

⑥ 凤凰出版社编：《道光重纂福建通志》，凤凰出版社2011年版，第378页。

⑦ 郑王臣著：《兰陔四六》（上），福建省莆田市图书馆馆藏影印本，见陈霨"题辞"。

生。”[①]。事实上郑王臣此次应试未能中举，亦失会试、殿试资格。其子婿陈霨序言其“乾隆丙子（1756）复战北闱，卒中副车，自是绝意名场”[②]，“副车”即副贡生。此后，郑王臣即在京报名参加吏部的“拣选”。《兰陔四六》陈世熙“序”中称王臣“既而逐软红而谒选”[③]。清代铨选（即任官）之法“拣选”和“大挑”两种。乾隆四年（1739），始订定拣选和补授之法：于每科会试发榜后，远省举人以会试一科为限，近省举人以会试三科为限，愿就知县者，在部具呈拣选，择其年力富强者，以知县注册选用。年力就衰者，以教职注册选用。[④]以王臣壮年之际，当就“拣选”。

清高宗乾隆二十三年（1758）郑王臣得以“拣选”，于三月入蜀任副职。王臣同年睢川人朱仕玠于《连云草》序中有云：“（乾隆）戊寅岁（1758）作宦巴蜀。”[⑤]《连云草》篇首“出都”诗云：“捧檄赴蜀郡……维时阳春月。”[⑥]此时四川总督是开泰[⑦]。《兰陔四六》王臣任上作有《谢开制府委署筠连启》，且成集于乾隆二十五年（1760）的《集杜诗》集中有《题筠连县茅斋壁》《孟夏筠连县斋即目》《巡行村落至孔雀溪》诗注“在筠连县西南三十里”[⑧]，或许郑王臣此次入蜀即是代理筠连县知县，前后不过五日。开制府，即开泰，乌雅氏，满洲正黄旗人，字敬庵，雍正二年进士，改庶吉士，授编修[⑨]。在其任四川总督时郑王臣还邀请其参与《莆风清籁集》卷五十七的校订。[⑩]

清高宗乾隆二十四年己卯（1759）四月，郑王臣经徐藩司（四川布政使）推荐任新宁知县，于本年十一月离任[⑪]。

清高宗乾隆二十九年（1764）四月前，郑王臣在永川知县任上，并撰《昌州古治记》。屈景益《文史随笔》“永川县历代知县、知事、县长辑”篇记：“郑王臣，福建莆田人，乾隆二十九年任。”[⑫]《永川文史资料选辑》第二十四辑引清乾隆《永川县

① 凤凰出版社编：《道光重纂福建通志》，凤凰出版社2011年版，第378页。

② 郑王臣著：《兰陔四六》（上），福建省莆田市图书馆馆藏影印本，见陈霨“题辞”。

③ 郑王臣著：《兰陔四六》（上），福建省莆田市图书馆馆藏影印本，见陈世熙“题辞”。

④ 光绪《大清会典事例》卷七十三，中华书局1991年版，第937页。

⑤ 郑王臣著：《兰陔诗集》，福建师范大学图书馆馆藏本。

⑥ 郑王臣著：《兰陔诗集》，福建师范大学图书馆馆藏本。

⑦ 赵尔巽等撰：《二十四史·附清史稿》第十二卷，《清史稿》（下），中州古籍出版社1998年版，第1546页。

⑧ 郑王臣著：《兰陔诗集》，福建师范大学图书馆馆藏本。

⑨ 赵尔巽著：《二十四史·附清史稿》第十二卷，《清史稿》（下），中州古籍出版社1998年版，第1546页。

⑩ 郑王臣：《莆风清籁集》卷五十七，福建省莆田市图书馆馆藏三冼斋藏本影印本。

⑪ 四川省开江县志编纂委员会编纂：《开江县志》，四川人民出版社1989年版，第435页。

⑫ 屈景益：《文史随笔》，永川县地方志办公室（内部发行），2006年版，第51页。

志》："建制沿革"文载："《墨客挥犀》：李丹授昌州，以去家远，欲改授，彭渊材曰：'昌，佳郡也。'李问其故？曰：'海棠无香，昌州海棠独香，非佳郡乎？'治前鼓楼曾额'昌州'，后邑令郑王臣勒石以志。"①

清高宗乾隆三十年(1765)四月始，郑王臣转任铜梁知县，并参与《铜梁县志》的修纂，书未成即离任。《兰陔诗集》之"连云草"有陈鸿宝序，"序"云："兰陔有干局擅能吏才，今铜梁甫一年即上书考擢要职……今兰陔复奉命仍赴西川，衔新恩。"此序作于乾隆(1766)维夏，即下一年四月。据此可知郑王臣于本年四月始任铜梁知县。另，"郑王臣……乾隆二十九年权县事。以铜志阙略，偕教谕高继苯留心搜辑，旋以事去，故未成书。道光十年，邑令徐瀛纂修县志，其人物、艺文二门，实据郑书为粉本云"。②

清高宗乾隆三十一年(1766)年初，郑王臣在铜梁知县任上一年政绩卓著，回京复命，"上考擢要"。四月，奉命奔赴西川任新职。《兰陔诗集》中"连云草"有陈鸿宝序，序云："兰陔复来京师，偶出其橐中稿见示。""今兰陔复奉命仍赴西川，衔新恩。"陈此序作于"乾隆丙戌维夏"，即本年四月。据此可知郑王臣于本年四月再次进蜀，此番当是正职，具体官职无考。

清高宗乾隆三十二年(1767)，郑王臣在四川宁远府会理知州任上。"郑王臣，字慎人，号兰陔……清乾隆三十二年(1767)任会理知州。"③

清高宗乾隆三十三年(1768)，郑王臣任兰州府知府。《兰州府志》卷七"官师志·兰州府知府"记："郑王臣，福建莆田拔贡，三十三年任。"④

清高宗乾隆三十四年(1769)，郑王臣在兰州知府任上。

清高宗乾隆三十五年(1770)，郑王臣因其弟丧而从兰州知府任上辞归，恰逢周长发公子来游青海榆谷，经过兰州，郑王臣跟着一路游历而回乡，并为周长发遗集作校并题序。《兰陔四六》集中有《周兰坡学士诗选序》。序有言："兹鄙人乞罢兰州决矣，投簪归去。适公子来游榆谷，惠然投刺，过从，出遗集而属校雠，索芜词以为扬扢。"⑤路经随园，小住三日，向随园主人袁枚索《兰陔诗集》序。后，又买书两船回莆田。袁枚《兰陔堂诗序》："兰州太守以弟丧去官，载书万卷归夹漈。过余索序，舣舟以待……或先生亲见枚之乞养者二十有一年，以归来之人，序归

① 中国人民政治协商会议、重庆市永川区委员会文史资料编辑委员会：《永川文史资料选辑》第二十四辑，2007年版，第154页。

② 郭郎溪：《新修铜梁县志》，铜梁地方志办公室印，1992年版，第270页。

③ 王朝谦，林惠君主编：《巴蜀古诗选解》，四川大学出版社1998年版，第274页。

④ 陈士禛修，涂鸿仪编辑：《兰州府志》，成文出版社1976年版，第413页。

⑤ 郑王臣著：《兰陔四六》(下)，福建省莆田市图书馆馆藏影印本。

来之人之诗，冀其有同心而无愧词也。呜呼！此先生之所以有石城三日之泊也矣。”袁枚于乾隆十四年“乞养归山”，其言已在随园二十一个年头了，据此推算则是乾隆三十五年，即本年。其《随园诗话》卷六又记：“福建郑王臣，为兰州太守，年未六十，以弟丧乞病归。……在随园小住，一日，买书两船，打桨而去。”[①]

清高宗乾隆三十六年(1771)，郑王臣居家在莆，继续补辑《莆风清籁集》，并进行最后的整理考订，搜得六十卷。

清高宗乾隆三十七年(1772)，至迟本年七月，郑王臣卒，年五十一。钱琦《莆风清籁集》“序”云：“(郑)病归以卒。子学邹持其所撰莆风清籁集请序。”[②]序文落款时间为“乾隆壬辰七月既望”，“乾隆壬辰”即乾隆三十七年(1772)。

三、郑王臣交游考述

郑王臣的交游情况，史料直接记载不多，笔者借助当时和后人的史传文字，同时考察其本人或同时代人的一些诗文，发现郑王臣交游较为广泛，乾隆朝前期的京城朝官，有事之为友的，有事之为师的。且与有同年之谊的朝中人物素有来往，切磋诗艺。这些交游群体于经学、史学、诗学、考据学，皆有精湛的造诣，此等交游构成郑王臣人生中从政、为学的重要部分。

(一)与纪晓岚、刘景南交往

纪昀(1724—1805)，字晓岚，直隶献县人。乾隆十九年进士，改庶吉士。散馆授编修。[③]考其二人行迹：纪晓岚于雍正十二年(1734)随父入京，乾隆八年(1743)参加科试，得第一。而郑王臣于乾隆六年(1741)得“拔贡”即北上京城，并住校书李大仪家[④]。乾隆七年(1742)参加会试，也是“一时蜚声艺苑，老苍争相结交，玉堂金马，指顾可期”[⑤]。二人先后在顺天府应试，而且皆有科名，当是此时二人结识的。《阅微草堂笔记》卷十五“姑妄听之”有记郑王臣讲述与纪晓岚的三件轶事，兹录如下：

1.郑太守慎人，言尝有数友论闽诗，于林子羽(明福清林鸿)颇致不满，夜

① 袁枚著，王英志校点：《袁枚全集新编》(五)，浙江古籍出版社2015年版，第183页。

② 刘墉，嵇璜等撰：《皇朝文献通考》卷二三八，影印文渊阁《四库全书》本。

③ 赵尔巽等撰：《清史稿》(六)卷三〇八一三四七，大众文艺出版社1999年版，第2167—2168页。

④ 萨仁高娃编：《清代诗文集珍本丛刊》，国家图书馆出版社2017年版，第453页。

⑤ 郑王臣著：《兰陔四六》，福建省莆田市图书馆馆藏影印本，见陈霨“题辞”。

分就寝，闻笔砚格格有声，以为鼠也。次日见几上有字二行，曰：如“檄雨古潭暝，礼星寒殿开”，似钱、郎诸公，都未道及，可尽以为唐摹晋帖乎？时同寝数人，书皆不类，数人以外，又无人能作此语者，知文士争名，死尚未已，郑康成为厉之事，殆不虚乎？[①]

2. 郑慎人言，曩与数友往九鲤湖，宿仙游山家。夜凉未寝，出门步月。忽轻风泠然，穿林而过，木叶簌簌，栖鸟惊飞。觉有种种花香，沁人心骨，出林后沿溪而去。水禽亦磔格乱鸣，似有所见，然凝睇无睹也。心知为仙灵来往。次日，寻视林内，微雨新晴，绿苔如罽，步步皆印弓弯，又有跣足之迹，然总无及三寸者。溪边泥迹亦然。数之，约二十余人，指点徘徊，相与叹异，不知是何神女也。慎人有四诗纪之，忘留其稿，不能追忆矣。[②]

3. 慎人又言，一日庭花盛开，闻婢妪惊相呼唤，推窗视之，竟以手指桂树杪，乃一蛱蝶大如掌，背上坐一红衫女子，大如拇指，翩翩翔舞，斯须过墙去。邻家儿女，又惊相呼唤矣。此不知为何怪，殆所谓花月之妖欤？说此事时，在刘景南家，景南曰：安知非闺阁游戏，以蓪草花朵中人物，缚于蝶背而纵之耶？是亦一说。慎人曰：“实见小人在蝶背，有磬控驾驭之状，俯仰顾盼，意态生动，殊不类偶人也。”是又不可知矣。[③]

事一所记闽地福清人林鸿（字子羽）事正是郑王臣《兰陔诗集》中所论诗人之一；事二记郑王臣游九鲤湖正是莆田仙游县；事三是二人同在河北武强人刘景南家所见之事。刘景南，名栻，具体仕履不详，郑王臣邀请他任《莆风清籁集》卷四十一参订，而纪晓岚是《莆风清籁集》卷五十九参订。《阅微草堂笔记》卷六十还有记刘景南岳父的事迹。从《阅微草堂笔记》所记可知此三者皆有交往，郑王臣还曾去过纪昀、刘景南家，而且郑王臣亦有诗记事，可惜今存郑之文集中亦不见事中所言之四首诗。

（二）与袁枚、杭世骏交往

袁枚（1716—1797），字子才，号简斋，晚称随园老人，钱塘（今浙江杭州）人，少家贫，刻苦为学，清高宗乾隆元年（1736）诏举博学鸿词，乾隆三年（1738）中举，乾隆四年（1739）进士，授翰林院庶吉士[④]，乾隆七年（1742）外调江苏。郑王臣于

① 纪昀著：《阅微草堂笔记》，上海古籍出版社2016年版，第188—189页。
② 纪昀著：《阅微草堂笔记》，上海古籍出版社2016年版，第292页。
③ 纪昀著：《阅微草堂笔记》，上海古籍出版社2016年版，第292—293页。
④ 傅璇琮等主编：《中国诗学大辞典》，浙江教育出版社1999年版，第625页。

乾隆六年(1741)获"拔贡"后即北上京城,乾隆七年(1742)会试得名后充任武英殿校录。二人当于此时相识。而比二人年长的经史大家杭世骏(1696—1772),是袁的老乡,同为杭州人,于乾隆元年(1736)举鸿学博词,授翰林院编修,官御史,乾隆八年(1743),因上疏言事遭革职,后回乡侍奉其母并以读书著述为事。袁枚《随园诗话》卷六云:

> 福建郑王臣,为兰州太守,年未六十,以弟丧乞病归。《留别寅好》云:"畏闻使过频移疾,懒答人言但托聋。"《闺情》云:"最怜待月湘帘下,银烛烟多怕点灯。"俱暗用故事,使人不觉。杭堇浦题其《归来草》云:"东京风俗由来厚,每为期功便去官。陈实、谯玄吾目汝,莼鲈人错比张翰。""东皋舒啸复西畴,人较柴桑更远游。《七录》异时标别集,竟应题作郑兰州。"①

袁枚、杭世骏皆有评郑王臣之诗,可见三人之间诗艺切磋频繁,往来多有唱和。郑王臣《莆风清籁集》首卷的参订即由杭世骏担当,足见二人交情之重。而袁枚与赵翼、蒋士铨三人时称"乾嘉三大家",又与赵翼、张问陶并称"性灵派三大家",为"清代骈文八大家"之一,文笔与大学士纪晓岚并驾齐驱,人称"南袁北纪"。就这样一位大学问家也向郑王臣学诗,《随园诗话》卷十三记:

> 闽中郑兰州太守《无题》云:"此身愿化催归鸟,到处逢人苦劝归。"余仿其意,贺人致仕云:"我是嘉宾慕高隐,喜人归胜自家归。"郑有骈体自序云:"羊叔子不如铜雀妓,虽近于谐;卓文君得嫁马相如,尚嫌其晚。"②

袁枚仿郑王臣诗意,反悲为喜。袁所引郑诗于今不存,所引骈文序乃出郑之《美人影赋》,存于《兰陔四六》集中。而让袁感触最深的是,郑王臣从兰州辞官归莆,路经随园,停船三日,等袁枚为己之诗集作序。袁枚在《兰陔堂诗序》中详记此事:

> 读诗者,得古人所言,不如得古人所不言。渊明不肯折腰见督邮,乃赋《归来》,是说也,余尝疑之。夫督邮之必至,与县令之腰之必折,渊明岂不知之?胡所见之晚,而初筮仕之轻也?盖当日渊明有他意存焉,不可明言,而藉此为言。兰州太守郑先生以弟丧去官,此东汉独行者之风也,非今令甲也。先生必希古以违俗,殆亦有难言者存耶?然渊明虽不言,而于诗则微言之;先生虽不

① 袁枚著:《随园诗话》,江苏广陵古籍刻印社1998年版,第182页。

② 袁枚著:《随园诗话》,江苏广陵古籍刻印社1998年版,第372页。

言，而于诗亦微言之。读先生诗者，知其为有渊明之心也。先生为渔仲后裔，载万卷书归夹漈，过余索序。余以不文辞，又以不能急就辞，而先生强之甚坚，舣舟以待。余感先生义甚高，交甚广，胡拳拳于野人之一言哉？或先生性耽泉石，亲见枚之乞养者已二十有一年，以归来之人，序归来之人之诗，冀其有同心而无愧词也。呜呼！此先生所以有石城三日之泊也夫！[①]

想必郑、袁二人此番交谈甚多，感慨无限。同样的仕履经历，同样的委曲心志，可以在郑王臣的诗中得以含蓄委婉道出，"诗，可以群"在二人之间长达二十多个年头。郑王臣在随园小住三日，袁枚看着他"买书两船，打桨而去"[②]。

（三）与符曾、周长发交往

符曾（1688—1763），字幼鲁，号药林，浙江钱塘人，清代浙派著名代表诗人。以大理卿汪泷荐，累官至户部郎中。乾隆十二年（1747），举博学鸿词，值父忧，不与试[③]。周长发（1696—1760），字兰坡，号石帆，浙江山阴人。雍正甲辰（1724）进士，乾隆元年（1736年）召试博学鸿词，授检讨，历官侍讲学士[④]。周符二人是同年[⑤]，皆比郑王臣年长。清高宗乾隆二十一年（1756）五月，王臣从莆田北上京城，准备参加顺天府乡试，寄居符曾家，二人整月唱和对吟。六月初一，《药兰唱和集》编成，诗题下注"丙子"二字。周长发作有序，其后在为《燕中怀古诗》作的序中补充道："（郑王臣）岁丙子入都，住余同年符农部药林家，昕夕倡酬。"[⑥]有意思的是，周在《燕中怀古诗》序评论郑王臣的诗作时说："况兰陔之才珠光宝气，讵埋沉于沙砾中哉？读《怀古诗》余益信其不终啬也。持之以质药林（符曾），不知以为然否？"言语亲切，谦逊可人，可见周符二人相处之密，亦见二人对晚生后辈的厚爱，甚至为其诗名不扬而打抱不平。符曾随后亦题跋于此集后，其在《香草草》"题辞"中称："兰陔之情，天下之情也；兰陔之诗，亦天下之诗也。无所激于中，无

① 袁枚著，王英志校点：《袁枚全集新编》（五），浙江古籍出版社2015年版，第212页。

② 袁枚著，周本淳点校：《小仓山房诗文集》，上海古籍出版社1988年版，第1382—1383页。

③ 赵尔巽等撰：《二十四史·附清史稿》第十二卷，《清史稿》（下），中州古籍出版社1998年版，第5834页。

④ 徐世昌编，闻石点校：《晚晴簃诗汇》，中华书局1990年版，第2960页。

⑤ 萨仁高娃编：《清代诗文集珍本丛刊》第二七九册，国家图书馆出版社2017年版，第457页。

⑥ 萨仁高娃编：《清代诗文集珍本丛刊》第二七九册，国家图书馆出版社2017年版，第457页。

所怼于外。惟其心之所至，曲致其思。”[①]对郑王臣“诗以言情”“温柔敦厚”的特色评析透彻，亦赞赏有加。《兰陔四六》集中有郑为周诗集作之《周兰坡学士诗选序》，为符作之《于役河干诗序》。周符二人皆早逝于郑，此等交情，郑当有祭文悼之，惜文今之不存，《兰陔四六》集亦无二人祭文。

因郑王臣的诗名，经周、符二人的介绍，浙江仁和人陈鸿宝结识了郑王臣。陈鸿宝，字卫叔，号宝所[②]。又据光绪《慈溪县志》载：“陈鸿宝，乾隆十六年（1751）乾隆帝南巡召试考取一等第二名，授内阁中书，官至刑部给事中。”[③]《集杜诗》有陈鸿宝乾隆三十一年（1766）作之序，序言有云：“昔五卿周石帆学士、符药林郎中尝为余言，遂获与之（王臣）交，今十年矣。”[④]《药兰唱和集》后有陈鸿宝《题药林兰陔唱和诗后即次集中韵》跋诗一首，《兰陔诗集》之“连云草”陈于乾隆三十一年（1766年）维夏作序，云：“兰陔郑君以闽中著族续学工文，其撰者皆克追步先叶。……有干局擅能吏才……于堆案相仍之下，盖富篇翰……兰陔诗格方日进遒上。”[⑤]以为郑王臣上承家学，勤工诗文，克追先贤。后郑邀请陈参与《莆风清籁集》之卷五十九的参订。

（四）与“吴派”考据学大师王鸣盛交往

王鸣盛（1722—1797），字凤喈，一字礼堂，别字西庄，晚号西江、西沚居士。江苏嘉定（今上海嘉定）人，乾隆十九年（1754）榜眼，历任翰林院编修、官侍读学士、内阁学士兼礼部侍郎、光禄寺卿。早年求学诗于长洲沈德潜，后又从于惠栋问经义，精研经学、史学、小学、目录学等，于史学、经学、考据无不精通，后人称之“吴派”考据大师。

郑王臣于乾隆二十一年（1756）五月即寄居京城符曾寓所，此前在莆田前后达十二年之久。而王鸣盛于乾隆十九年（1754）榜眼及第，任翰林院编修，其于乾隆二十二年（1757）为郑王臣《燕中怀古诗》作序，二人当于此间相识。遍览郑王臣所有著述的序跋，王氏的跋语可谓体现考据本色，与众不同，兹录于此：

> 今京师为幽蓟旧壤，在汉为冀之渔阳，在唐为河北之范阳。辽金元明以来，荒墟废垒，断垣残甃，遗迹尤不可胜数，修地志者主于纪事而已。至于登临

---

① 郑王臣著：《兰陔诗集》，福建师范大学图书馆馆藏本。

② 包杰编著：《清人七言绝句选评》（上），文汇出版社2010年版，第260页。

③ 方煜东编著：《古建筑集锦》，宁波出版社2013年版，第17页。

④ 郑王臣著：《兰陔诗集》，福建师范大学图书馆馆藏本。

⑤ 郑王臣著：《兰陔诗集》，福建师范大学图书馆馆藏本。

凭吊、咏叹长言，则惟托诸诗歌为宜。自昔燕中怀古之作，惟陈正字独为擅场。厥后范致能充通问，使至燕山，其诗亦能具体。暨赵淦水、元遗山、郝陵川、程雪楼、姚牧庵之徒，留题览古，更彬彬盛矣。吾友莆田郑子兰陔，客京师，乃别出新意，取京师旧迹，以笔系事，各为一题。其诗主于怀古咏史，而其体则仿佛乐府之遗声，凡四十章。少或数十言，长者数十韵，以著书之笔论事之识而一寓于诗，不特使登临凭吊之士读之低回感叹，足以发其遐旷之思，而隶事之富、持论之工，抑亦地志家所莫能废也。兰陔为夹漈后人，著述俱有家法，此一篇物其碎金耳。余喜其典实雅正，不徒矜藻之奇也。故为题其端。

乾隆二十有二年丁丑八月二十又五日，东吴同学弟王鸣盛书于城西寓舍[1]

此序考据严谨，燕中古今更替叙述分明，燕中怀古名作比析中肯，郑王臣怀古诗歌之立意、谋篇、用韵以及家学之影响，析理清晰且精辟，又谦称已是郑王臣“学弟”，此等大师的序文必定使郑王臣受益匪浅，特别是对其辑录及品评莆中诗人作品集大有裨益，于今我们也难以拈出《莆风清籁集》之瑕。

（五）与同年的交往

考郑王臣现存的著述，其同年为其诗文集亦多作有序跋之文，亦见其同年之谊。惠安人曾恒德，字惟占，《燕中怀古诗》有其跋文，并“手录开雕”[2]此诗集，同时也是《莆风清籁集》卷二十六的校阅。侯官人张甄陶，字希周，《燕中怀古诗》有其诗跋[3]，并担任《莆风清籁集》卷十八的参订。同年眉山人彭端淑为《连云草》作序。序言：“今年春，有客持《燕中怀古诗》来者……未数日，先生（王臣）枉驾过予，语方毕，即出袖中《连云草》一卷示予。曰：‘曷为我序之？’”[4]序落款时间为“乾隆二十七年四月十六日”[5]，可见此年身在西蜀的郑王臣是特地云拜访同年的。另，同年睢川人朱仕玠（字碧峰）、同年嘉定人曹仁虎（字来殷，又作来应）、同年延平人官志涵（字静夫）皆题有序文诗跋载于《连云草》集中。同时，朱仕玠是《莆风清籁集》卷五十一的参订；官志涵是《莆风清籁集》卷二十的校阅。这些同

---

① 萨仁高娃编：《清代诗文集珍本丛刊》第二七九册，国家图书馆出版社2017年版，第462—463页。

② 萨仁高娃编：《清代诗文集珍本丛刊》第二七九册，国家图书馆出版社2017年版，第501页。

③ 萨仁高娃编：《清代诗文集珍本丛刊》第二七九册，国家图书馆出版社2017年版，第503页。

④ 郑王臣著：《兰陔诗集》，福建师范大学图书馆馆藏本。

⑤ 郑王臣著：《兰陔诗集》，福建师范大学图书馆馆藏本。

年的序跋，都是研究探讨郑王臣其人其诗的最真实可信的资料，而他们参与《莆风清籁集》的校订也使得这部莆田第一部诗歌总集的顺利完成，于公于私，皆为同年情谊的见证。《莆风清籁集》尚有众多校订者应该也是王臣的同年，诗文集中作序跋的有自称“学弟”“小弟”“愚弟”的，如吉水李鸿楷、全椒金启南当与王臣皆有同年之实。

（六）与里人的交往

考《莆风清籁集》，其中有二十四卷的参订者或校阅者前标有“里人”或“同里”，计二十人。分别是：曾洪范，字明贤；宋殿对，字宗万；黄元亨，字日乾；林梦奎，字又文；陈鸣凤，字正丹；叶修，字敬上；廖必琦，字愧荆；郭砥柱，字兼可；林飚，字禹拜；柯九鹏，字子云；黄重光，字亦僎；黄赓元，字亨士；彰洪珠，字崇瀛；林徐质，字实容；林飞凤，字克承；阮道南，字聘上；戴一鹏，字岫翁；宋帝赉，字宗傅；朱南金，字玙思；关进，字世章；黄化龙，字尔遴；潘朝臣，字章卿；螘必第，字瑛侯；潘逢秋，字向友。这些郑王臣的同里当是志同道合之士，于文学创作于家乡文学的辑录皆有极大热情。郑王臣于乾隆十四年（1749）夏日才起意编纂莆人第一部诗歌总集，至其去世前才辑校60卷，前后历时24年之久。若无上述莆邑有识之士惟一之心志，何以成就一部旷古绝今的《莆风清籁集》。

郑王臣于乾隆十年（1745）从京城回莆，至其乾隆二十年（1755）初重新北上京城的十年间，其“学问益富，著作等身”①，也开始《莆风清籁集》早期的搜集工作，同时还组织诗社，名曰“兰社”，想必于其号“兰陔”一致，追慕兰之“不为无人而不芳”的清高。据邑人浙江道御史廖必琦《荔隐居纪遗》记：“兰陔与宋帝赉、曾洪范诸君结兰社。”②又据曾洪范《兰社初集》：“和风春扇暖，淑气晓来迎。唤友莺吭滑，依人燕羽轻。筌蹄欣乍契，少长乐同情。味叶香兰永，心含皓月明。聚谈参玉版，得趣酌银罂。梅麓亲传业（潜斋），泉山远继声（抑关）。关康饶左癖（世章），郑谷擅诗名（兰陔）。早睹青松柄（用来），频怀白足行（法宣）。凤飞推太素（宗传），羊起待初平（亨士）。雅有扁舟兴（岫翁），何惭易酒评（抟九）。新音鸾哕哕，古节铁铮铮。窃笑英贤后，时闻律吕清。漫云吟五字，敢道壮长城。”③据此得知“兰社”共有十人。考《莆风清籁集》里人的字号，可知的兰社成员有郑王臣（号兰陔）、宋帝赉（字宗传）、黄赓元（字亨士）、戴一鹏（字岫翁）、曾洪范（号法宣）、关

① 郑王臣著：《兰陔四六》（上），福建省莆田市图书馆馆藏影印本。

② 涂庆澜辑，于英丽点校：《莆阳文辑·国朝莆阳诗辑》，福建人民出版社2009年版，第1页。

③ 涂庆澜辑，于英丽点校：《莆阳文辑·国朝莆阳诗辑》，福建人民出版社2009年版，第13—14页。

进(字世章)、林鹏(号抟九)七人。另据涂庆澜所辑之《莆阳文辑·国朝莆阳诗辑》(卷一)"周振先"条下记:"周振先,字梅麓。"[①]可知潜斋即是周振先之别字或号。至于抑关、用来二人为谁无考。《荔隐居纪遗》又云:"记其《初集·长歌》,未有句云:'伊余小邦抗大国,偏师巨鹿鏖章邯。险韵强对竞搜讨,长歌短调同研覃。南皮高会今再见,一月一会乐且湛。诗律酒政严约束,如诗不成问酒监。'评者谓足为兰社弁言。"[②]涂庆澜所辑之《莆阳文辑·国朝莆阳诗辑》(卷一)辑有曾洪范《兰社初集》一诗,见诗所述,亦当为诗集的序言。这应是"兰社"的第一次吟哦诗集,集名为《兰社初集》,郑王臣为之题序。另据《莆田县志》"艺文志"记载郑王臣之相关著述:"《兰社诗稿》,本书为王臣与友人唱和的集子。"又,"曾洪范"条下记:"《兰社初集》,见陈奋孙手抄莆田县志艺文稿。"据此看来,《兰社初集》《兰社诗稿》皆是"兰社"人的唱和集子。邑人道光乙未(1835)举人、官台湾教谕宋际春(字柘耕)云:"当雍、乾朝,莆文物少衰矣。犹有好事如兰州(郑王臣)者,能成兰社雅集,留诗至今,可想见前贤余韵。"可见"兰社"对莆邑文人的影响之大,给后世遗留了优秀的文化作品。

四、郑王臣著述考论

郑王臣父辈不可考,其祖父举乡荐并有诗集传世。《莆风清籁集》:"郑亮光,字寅士,号同溪,康熙四十七(1708)乡荐,官寿光知县。有《醉墨堂诗稿》。"[③]集诗后又记:"先大父少学诗于周莘野家,天镜二先生不屑寄人篱下,尝言诗以道性情,三百篇中,役夫田父皆能作诗,彼何知有声律格调耶!然亦未尝废法。古体摄晋魏之踪,近诗抉唐宋之髓,固用法而不囿于法者也。所作颇富,惜已散佚,仅存百一而已,孙王臣谨识。"[④]据此可知,郑家亦可谓诗书传家之族。而且郑王臣在《致谢乾斋明府书》中有云:"观光上国,取道青齐。一百里外,即家祖旧治之邦。望白云而情乌能已;十二年前,乃小子经行之道,抚绿柳而叹何以堪。"[⑤]郑王臣打小(九岁)就跟随祖父做官山东并云游,十岁开始跟人学作诗。《莆风清籁集》卷三十九"周韩瑞"条附"兰陔诗话"云:"王臣十岁时学作诗,太安人述公绪论,以教王臣曰:'诗患不似古人,又患太似古人;学诗者先求合于古,而后求离于古,乃

① 涂庆澜辑,于英丽点校:《莆阳文辑·国朝莆阳诗辑》,福建人民出版社2009年版,第29页。
② 涂庆澜辑,于英丽点校:《莆阳文辑·国朝莆阳诗辑》,福建人民出版社2009年版,第1页。
③ 郑王臣著:《莆风清籁集》卷四十七,福建省莆田市图书馆馆藏三冼斋藏本影印本。
④ 郑王臣著:《莆风清籁集》卷四十七,福建省莆田市图书馆馆藏三冼斋藏本影印本。
⑤ 郑王臣著:《兰陔四六》,福建省莆田市图书馆馆藏影印本。

能自成一家言。'彼时不解为何语,迄今思之,洵诗家之秘钥也。"[①]加之郑王臣"生而颖异"[②],这种天分与自小的言传身教必然会对其以后的诗文创作和学术发凡积淀相当的文化涵养。

现存郑王臣的著述有:《莆风清籁集》(60卷),乾隆三十七年刻本,收入《四库全书》,是一部莆仙诗人的诗歌总集,辑录有唐以来莆人诗歌,共录诗人一千零七十五人,诗作三千一百三十四首;《兰陔诗话》,没有单刻本,依附于《莆风清籁集》中各诗人或诗作之后,品评人物,记传生平,发凡诗歌创作理念;《兰陔四六》,为郑王臣"受业子婿"陈霨汇辑郑之遗集中的72篇四六文而成书的,共4卷。《兰陔诗集》,原有十种[③]。国家图书馆馆藏有"清乾隆二十二年"三卷本刻本,上海图书馆馆藏有"清乾隆二十二年"、"清乾隆三十一年"一卷本刻本各一。这是可见的《兰陔诗集》最早的刻本。现福建师范大学图书馆古籍库存有《兰陔诗集》残卷,为《连云草》与《集杜诗》二种合一册;福建省图书馆古籍库存有《兰陔诗集》之《燕中怀古诗》与《香草草》二种合为一册;《清代诗文集珍本丛刊》存有清刻本《兰陔诗集》三卷,分别是《香草草》《药兰唱和集》和《燕中怀古诗》;《蜀游诗续钞》卷六存有郑王臣《会川竹枝词》14首。另,清兴化府莆阳人涂庆澜《莆阳诗辑》卷一选郑王臣诗40首。郑之同年周长发在乾隆二十二年为《燕中怀古诗》作序时说:"(郑王臣)走笔数千言,晷刻可待,多不自收拾,为他人取去,亦不甚惜"[④]。由此可知,郑王臣的作品应该还有很大一部分于今不传。

光绪二十六年(1900)刘尚文重刊《莆风清籁集》时作"跋"云:"兰陔所著如《兰陔诗集》《兰陔四六》《续南湖风雅》均已经板行,惟《黄石山人全集》高几盈尺,无能代梓。殊为憾事……"[⑤]徐世昌《晚晴簃诗汇》卷八十五"郑王臣"条:"郑王臣……有《兰社诗稿》。"[⑥]今《兰社诗稿》《毛诗识小录》《续南湖风雅》只存书目;《黄石山人诗集》是否是《兰陔诗集》之异名同书,尚不得而知。陈鸿宝在郑王臣《连云草》"题辞"中提及郑王臣另有《雍益集》和《蜀道集》[⑦],今亦不见。

① 郑王臣著:《莆风清籁集》卷三十九,福建省莆田市图书馆馆藏三冼斋藏本影印本。

② 郑王臣著:《兰陔四六》,福建省莆田市图书馆馆藏影印本,陈霨"题辞"。

③ 郑王臣著:《兰陔诗集》(上),福建师范大学图书馆古籍部藏,铁苍跋语。

④ 萨仁高娃编:《清代诗文集珍本丛刊》,国家图书馆出版社2017年版,第458页。

⑤ 郑王臣著:《莆风清籁集》,福建省莆田市图书馆馆藏三冼斋藏本影印本,刘尚文跋。

⑥ 徐世昌编,闻石点校:《晚晴簃诗汇》,中华书局1990年版,第3547页。

⑦ 郑王臣著:《兰陔诗集》,福建师范大学图书馆古籍部藏,陈鸿宝"题辞"。

五、郑王臣的诗学观念

郑王臣一生主要处在乾隆朝，在他的交游中，有崇尚试帖诗学的纪昀，有提倡性灵诗学的袁枚，有师出沈德潜又“折衷了性灵、格调两派精神”[①]的王鸣盛，他们是基于谈诗论艺的交往，这或多或少给郑王臣诗学观念的形成与提出提供了更广更深的思考与探索的可能。乾隆十四年(1749)郑王臣开始编纂《莆风清籁集》，附以《兰陔诗话》，对所辑有唐以来莆田诗人的诗歌进行评点，也论述了各时代诗学理论对莆地诗歌风气的影响和推进。《兰陔诗话》集中表达了郑王臣的诗学理念，我们以《兰陔诗话》为中心，结合郑王臣的诗歌创作以及时人对其诗歌的评价来探讨郑王臣的诗学主张。

首先，他极力抨击竟陵，目之为“邪说”。《兰陔诗话》卷三十六“黄标”条云：“至隆(庆)、万(历)间，景陵邪说盛行。”[②]郑王臣十分赞赏崇祯年间的周婴，评其著“《诠钟》一编，力排景陵之说，尤为精确”[③]。郑王臣提及竟陵学派对莆地诗人的影响直至清初，《兰陔诗话》卷四十三“林麟焻”条云：

> 明末竟陵邪说盛行，同安蔡敬夫(复一)率先从风。吾乡诸名流多染其习，风雅凌替。及国初，林澹亭兄弟与宋牧仲、叶井叔唱酬。玉岩又从王阮亭学诗，归而告诸乡人，互相切劘，一洗从前之习。郭友日赠诗所云“汝从早岁帝乡归，江左文章生面开”是也。[④]

郭友日，名凤喈，清顺治年间诸生。可见，竟陵诗风对莆田诗坛的影响前后近一百年时间。郑王臣重点讥评竟陵诗说“务求幽僻”“刻意求新”的一面。《兰陔诗话》卷四十一评苏承武诗云：“好苦吟，务求幽僻，盖奉竟陵绪言为金科玉律者也。”[⑤]《兰陔诗话》卷四十六评林泌“诗宗钟谭，刻意求新，殊少合作”[⑥]；卷三十四评郑凤来“论诗以雕刻新颖为务，亦当时之风气使然也”[⑦]，明确表态对竟陵诗派此种剑走偏锋的不屑。他十分赞赏万历中诸生郑泾，评其“集(《枝园羁隐集》)中

① 蒋寅著：《清代诗学史》(第二卷)，中国社会科学出版社2019年版，第146页。
② 郑王臣著：《莆风清籁集》卷三十六，福建省莆田市图书馆馆藏三冼斋藏本影印本。
③ 郑王臣著：《莆风清籁集》卷三十六，福建省莆田市图书馆馆藏三冼斋藏本影印本。
④ 郑王臣著：《莆风清籁集》卷四十三，福建省莆田市图书馆馆藏三冼斋藏本影印本。
⑤ 郑王臣著：《莆风清籁集》卷四十一，福建省莆田市图书馆馆藏三冼斋藏本影印本。
⑥ 郑王臣著：《莆风清籁集》卷四十六，福建省莆田市图书馆馆藏三冼斋藏本影印本。
⑦ 郑王臣著：《莆风清籁集》卷三十四，福建省莆田市图书馆馆藏三冼斋藏本影印本。

多与谭友夏唱酬之作，而不染其习”[①]，常年与竟陵派舵手谭元春往来唱和而不被影响，足见诗人独立之诗学思想。

其次，郑王臣“力追古调”，又倡导“用法而不囿于法”。《兰陔诗话》卷三十九云：“诗患不似古人……学诗者先求合于古。”[②]纵观《兰陔诗话》，郑王臣所言之“古调”，上始汉魏下至唐宋之诗歌优秀传统。他激赏周莹，《兰陔诗话》卷十云：“正统间，吾莆风雅凌替，鹤洲（周瑩之号）力追古调，与吴下刘钦谟相唱和，钦谟雅推重之。每奏一篇，人争传诵，莆诗为之一变，起衰之功伟矣。”[③]肯定了周莹的倡导之功；评康熙年间余佺诗歌“六朝三唐，罔不包举”[④]，《兰陔诗话》对富有“古调”之诗的评语多带有“风骨”“风格”字眼，如“风骨峻整”“疏淡有风骨”“绰有唐人风骨”“不失唐人风格”，亦有“力追正始”“依然汉魏之遗”“取法清莲”“奇气纵横，在太白、长吉之间”“可与开元、大历诸子并驱”“甚有古意”“调亦高爽”等论调，此为郑王臣诗学观“合于古”一面，但其又强调要有“离于古”的突破，如卷三十五评崇祯年间余飏“其诗古体发源汉魏，归宿杜李；近体间出宋元别调”[⑤]，并选录其诗21首；卷四十评顺治年间林尧光的诗作“尤为秀拔，上猎汉晋，下汲李唐，又错出苏黄范陆间”[⑥]，并选录其诗16首；卷四十七评其祖父郑亮光诗云：“古体摄晋魏之踪，近诗抉唐宋之髓。”[⑦]取材上可自汉魏。下可至“宋元别调”，推崇“用法而不囿于法”，“乃能自成一家言”。《兰陔诗话》卷三十九“周韩端”条下云：

> 王臣十岁时学作诗，太安人述公绪论以教王臣曰：“诗患不似古人，又患太似古人。学诗者先求合于古，而后求离于古，乃能自成一家言。”彼时不解为何语，迨今思之，询诗家之秘钥也。[⑧]

卷四十七于其祖父郑亮光选诗后记：

> 先大父少学诗于周苇野家天镜二先生，不屑寄人篱下，尝言诗以道性情，三百篇中役夫田父皆能作诗，彼何知有声律格调耶？然亦未尝废法，古体蹑

① 郑王臣著：《莆风清籁集》卷三十，福建省莆田市图书馆馆藏三冼斋藏本影印本。
② 郑王臣著：《莆风清籁集》卷四十七，福建省莆田市图书馆馆藏三冼斋藏本影印本。
③ 郑王臣著：《莆风清籁集》卷十，福建省莆田市图书馆馆藏三冼斋藏本影印本。
④ 郑王臣著：《莆风清籁集》卷四十五，福建省莆田市图书馆馆藏三冼斋藏本影印本。
⑤ 郑王臣著：《莆风清籁集》卷三十五，福建省莆田市图书馆馆藏三冼斋藏本影印本。
⑥ 郑王臣著：《莆风清籁集》卷四十，福建省莆田市图书馆馆藏三冼斋藏本影印本。
⑦ 郑王臣著：《莆风清籁集》卷四十七，福建省莆田市图书馆馆藏三冼斋藏本影印本。
⑧ 郑王臣著：《莆风清籁集》卷三十九，福建省莆田市图书馆馆藏三冼斋藏本影印本。

晋魏之踪，近诗抉唐宋之髓，固用法而不囿于法者也。[①]

郑王臣自小接受出入正变的诗学观，又有诗歌实践的家学熏陶，使得他于学古的路上求变求新。他一边主张“力追古调”，一边倡导“魏晋唐宋相为融化”。《兰陔诗话》卷九批评永乐年间的林长懋诗作“恪守唐人矩矱，不逾尺寸”[②]，批评吴氏“父子为文，力抚三苏，句絜字度，不逾尺寸”[③]，可见郑王臣对明代诗歌创作模拟之风的批评。他欣赏嘉靖年间陈言的“古体气韵沉雄，近诗词采清丽，魏晋唐宋相为融化，不徒以集句擅长已也”[④]，说康琨“学诗于瓯离子，能自出新意，不屑拾前人唾余”[⑤]，又引欧希稷评林炳章其诗“出入正变，冲淡悲壮，超越时辈”[⑥]。这些言论体现郑王臣对诗歌传统的理性认知，展现其对诗歌传统的突破之勇气和自信。郑王臣转益多师、不拘一隅的诗学观，正所谓“无论宋元也好，晚唐也好，汉魏六朝也好，都意味着视野的扩大，传统的丰盈”[⑦]。

再次，郑王臣重视诗歌的艺术造诣，特别注重诗之“清”。《兰陔诗话》卷九评林珪“诗清真雅澹”[⑧]，卷十评林珪子林思承“其诗清丽出尘，卓有父风”[⑨]，卷三十七评余怀“诗清而能丽，绮而不靡，明季吾乡诗人莫能与之抗衡”[⑩]；卷六评刘克庄“其诗词清而腴，旨近而远”[⑪]，卷十七评王凤灵“诗亦清遒粹美”，卷四十评郭巩诗“清逸无俗味”，评林湛露诗“清婉倩丽，诵之齿颊俱芬”，他如“清绮”“清隽”“清稳”，这些字眼的使用，可以看出郑王臣诗学理念中诗歌语言的运用、诗歌意境的营造和诗歌意味的涵养方面的追求与主张，正如袁枚对其的评说：“读先生诗者，知其为有渊明之心也。”（《兰陔堂诗序》）

此外，郑王臣也主张和践行儒家的诗教观，《兰陔诗话》诗评有“婉曲人情，深得风人之旨”“得风人比兴之旨”“其言有裨风教”“诗亦温厚驯雅”“深得风人规刺之礼”之语，可以看作郑王臣对传统诗教的因袭。正如蒋寅先生所论：“历史上的诗

---

① 郑王臣著：《莆风清籁集》卷四十七，福建省莆田市图书馆馆藏三冼斋藏本影印本。

② 郑王臣著：《莆风清籁集》卷九，福建省莆田市图书馆馆藏三冼斋藏本影印本。

③ 郑王臣著：《莆风清籁集》卷四十三，福建省莆田市图书馆馆藏三冼斋藏本影印本。

④ 郑王臣著：《莆风清籁集》卷三十二，福建省莆田市图书馆馆藏三冼斋藏本影印本。

⑤ 郑王臣著：《莆风清籁集》卷五十，福建省莆田市图书馆馆藏三冼斋藏本影印本。

⑥ 郑王臣著：《莆风清籁集》卷二十一，福建省莆田市图书馆馆藏三冼斋藏本影印本。

⑦ 蒋寅著：《清代诗学史》卷一，中国社会科学出版社2019年版，第112页。

⑧ 郑王臣著：《莆风清籁集》卷九，福建省莆田市图书馆馆藏三冼斋藏本影印本。

⑨ 郑王臣著：《莆风清籁集》卷十，福建省莆田市图书馆馆藏三冼斋藏本影印本。

⑩ 郑王臣著：《莆风清籁集》卷三十七，福建省莆田市图书馆馆藏三冼斋藏本影印本。

⑪ 郑王臣著：《莆风清籁集》卷六，福建省莆田市图书馆馆藏三冼斋藏本影印本。

教,原本是从'主文而谲谏'的角度,同时作为艺术创作动机和艺术表现的规范而被接受的,即存心敦厚,措辞温柔,以委婉、含蓄、优游不迫为尚。"[①]王鸣盛作序郑王臣《燕中怀古诗》集亦云:"余喜其典实雅正。"但观其所评此类之诗无多,这当与郑王臣奉行"用法而不囿于法"的诗人性格有关。如其选录蔡京诗共五首,不论是重其诗之内容或是重其诗之艺术,较之前人,已见胆识。但同时,郑王臣也认同"诗如其人"。《兰陔诗话》卷十九评郑大同"诗亦浑厚,似其为人"[②],评魏一恭"《咏松》一诗,可见其特立之操"[③],卷四十七评俞荔"诗如其人,冲淡无烟火气"[④]。

郑王臣交游甚广泛,且皆为有识之士,具有较高的文学造诣和学术修养。而且,郑王臣还请他们参与了莆田本土第一部诗歌总集《莆风清籁集》的编纂,保证了学术含金量,为后世留下珍贵的文化遗产。又附以《兰陔诗话》,以继承、批判与创新之视角,评点莆人诗歌得失,陈述莆地诗风的传承与转捩,记录由唐至清乾隆时期莆地诗坛的种种。"所载诗人,每记其作品流传之概,又载其书画才艺之能,诚可谓一方艺文之薮,故其书向为人所重。郑杰辑《国朝全闽诗录》、何则贤撰《蓝水书塾笔记》、丁芸辑《历代闽川闺秀诗话》《历代闽画记》,均征引此书多则。"[⑤]《莆风清籁集》的编纂也为莆田诗歌,或者说为莆田文学的传播与传承,为莆田文学找到在清代文学史上的立足点、闪光点,提供了一种可能,创造了条件。如闽人学者郑振铎所言:"余不喜收故乡文献,以其过于偏狭,有'乡曲'之见也;尤恶稍稍得志,便事编刊乡里丛著。……近从事'文学考'之纂辑,乃知地方诗文集之重要,复稍稍收之。然实浩如烟海,不能以一人之力一地之'资'搜罗其百一,聊备其所当备者耳。此《莆风清籁集》,余偶得之于抱经堂架上,殊罕见,足资文学考之参订。固非以其乡邦文献而收之也。"[⑥]

(作者简介:庞国雄,福建莆田人,莆田学院讲师,现为广西师范大学中国古代文学专业在读博士研究生。)

① 蒋寅著:《清代诗学史》卷一,中国社会科学出版社2019年版,第103页。

② 郑王臣著:《莆风清籁集》卷十九,福建省莆田市图书馆馆藏三冼斋藏本影印本。

③ 郑王臣著:《莆风清籁集》卷十九,福建省莆田市图书馆馆藏三冼斋藏本影印本。

④ 郑王臣著:《莆风清籁集》卷四十七,福建省莆田市图书馆馆藏三冼斋藏本影印本。

⑤ 蒋寅著:《清诗话考》,中华书局2005年版,第379页。

⑥ 郑振铎著:《西谛书话》,生活·读书·新知三联书店2005年版,第255页。

《石牛》诗作者辨疑

◇李永龙

摘　要：在我国灿若星河的诗歌中，有一首并不十分抢眼的《石牛》诗却被多地志书收录。只是在这些方志中，诗的内容略有差异，作者被冠以不同姓名，诗文所描写的对象"石牛"，也被各志"据为己有"，令人看后莫衷一是，真假难辨。其实，该诗出自元末明初著名诗人高启，是作者托物言志、抒发感情之作，并无具体所指，方志中关于石牛诗的记录，均为无实据的套用或虚构。

关键词：石牛，县志，白居易，姚楚山，高启

不久前，笔者在查阅相关资料时，偶见《庐江县志》中有对家乡名胜的介绍和唐代诗人白居易的诗文，时倍感荣幸！志载：

石牛·白居易

一拳怪石老山边，头角峥嵘几万年。
毛长苍苔春雨夜，身埋芳草夕阳天。
终宵见月曾何喘，尽日和烟自在眠。
恨杀牧童骑不去，数声长笛思悠然。[①]

县志卷之三"山川志"云："黄山，一名黄石山，按黄山在治东南七十里，连峰

① 魏绍源：嘉庆八年重修《庐江县志》卷之一五"艺文·诗"第17—18页，《故宫珍本丛刊》本。

相属，一中峰特起，高耸云际，非清霁素朝罕见。其巅上有石牛、仙人洞诸胜，为东南群山之祖。”显然，诗中所咏之“石牛”就位于这黄石山上。

黄山今称黄山寨，笔者就住在这山脚之下，曾多次上至山顶目睹过“石牛”之尊容。据我所知，诗中所称的“石牛”当地人称“石猪”，它屹立于山巅悬崖之上，雨停水干，周围寸草不生，岂有“苍苔”生长之机？由此，笔者对诗文内容产生了怀疑。于是继续查找资料以求证县志所记录的真实性。真是不查不知道，一查吓一跳：此诗除内容稍存差异外，其诗题有“石牛、卧牛山、题石牛”之异，作者有“白居易、姚楚山、高启”之别；诗中石牛所在地除庐江外，还被江苏的盱眙（原属安徽）和湖北宜城、光化、黄冈、广济等多地争抢。

诗作者与庐江县志记载相同的有《盱眙县志》，其“山川志”载：“石牛山，治南十里。《舆地纪胜》：山在县南五道港，上有石状若牛，因名。唐白居易题《石牛》诗”[①]（诗文略，其中只有首联的“背山巅”、颔联的“紫苔”和颈联的“清宵、白昼看云只自眠”与庐江县志存异）。

两志中都称此诗是白居易之作，可在白居易三千多首诗词中，根本就没有《石牛》或《题石牛》的诗。

而见于湖北省相关方志中俱称诗作者是“姚楚山”。《襄阳府志》“山川志”有（宜城县）“卧牛山在县东南七十里”和（光化县）“卧牛山一名方山，在县西三十里，山麓有富乡村”[②]（乾隆《湖广通志》光化县称“方山在州北十五里”）之载，其“艺文志”未见“石牛”诗。而在其所辖的《宜城县志》中记载比较详细：

> 卧牛山在县东南七十里，形似卧牛，土人云山阳再成有石像牛精灵，曾化牛身，窃食禾稼，被捕伤胯，遂卧不起，因名卧牛，齐谐志怪之说也。旧县志云：有石如卧牛状，今渐震入土中，语亦无稽，今证之。元姚楚山诗，山盖以形名矣，诗见艺文志。山脊有元真观。[③]

卷九“艺文下”载有题为《卧牛山·元姚楚山》及全诗内容，诗文只有首联的“老江边、几百年”、颔联的“头昂芳草”和尾联的“恼被牧童、一声长笛”与《庐江县志》所载相异。志文中既说卧牛山“形似卧牛”，又说旧志云“有石如卧牛状”，令人莫衷一是；但根据诗题判断，应该是山如“卧牛”；而“卧牛山”形似卧牛则明显

① 王锡元：光绪十七年刊本、二十九年重校本《安徽省盱眙县志稿》卷二“山川”第12页，《中国方志丛书》本，成文出版社，1976年版。

② 恩联：光绪十一年刊本《河北省襄阳府志》卷第二·舆地志二“山川”（宜城县）第23页、（光化县）第40页，《中国方志丛书》本。

③ 程启安：同治五年刊《河北省宜城县志》卷一·山川志第22页，《中国方志丛书》本。

与诗文内容相悖。

襄阳府属下的《光化县志》中除"富乡村在县西北三十里"[①]外,既无卧牛山又无方山之载,也无"石牛"诗之录。关于光化县的卧牛山和诗文只见于互动襄阳《鄀地春秋》,内容与宜城县志一致,诗后注称"卧牛山在汉水西,富乡村境内"。又《古诗咏襄阳》中亦录有这首诗,其附注为:"卧牛山:位于谷沈湾,原属光化县管辖。"如今此卧牛山在谷城县冷集镇境内,但《谷城县志》却无此记载。

同属湖北省的《黄州府志》中也有两处记载。一是黄冈县"卧牛石:在中和乡长河中,形如卧牛,昔人诗末句'恨杀牧童牵不去,至今卧在水中央'。"[②]这里既没有介绍诗题、作者和诗作时间,诗文内容也只有末句,从其韵脚看,与上述所载应该差异很大。二是广济县"石牛山:在治西二十里周源舖前,石如牛卧"[③]。卷七"艺文二"载有与宜城、光化县志除"老山巅"外基本一致的诗文。而在其所属的两县志中,《黄冈县志》中的"石牛山"只在"东北之山"条中提及,后又有"卧牛石在中和乡长河中"[④]的记载。只有《广济县志》载有诗的全文[⑤],内容与府志基本一致,但卷三"山川"中只在"秀云山"条下称"南十里为仙姑山……有三女趺坐痕数里为石牛,石立似牛",却无"石牛山"记载。

《湖广通志》各版本之间存在差异,康熙志"黄州府"有与《明一统志》相同记载(见下文),而乾隆志"广济县"中则只有"石牛在县西二十里,元姚楚山有诗"[⑥]的记载,而无诗文内容,艺文卷亦未见其诗。更具权威的还有《明一统志》记载:"石牛,在广济县西二十里,元姚楚山诗……"[⑦]诗文内容与黄州府志和广济县志所载一致。根据志书编纂时间分析,府县志应该是直接摘抄一统志而来。

载于湖北通志及其所属府县志俱称石牛诗作者为姚楚山,这姚楚山何许人也?《广济县志》中有载:"元姚楚山,明爽有智略,高蹈不仕,惟工吟咏,人有过期

---

① 曹璘:正德《光化县志》卷二之二十四,《天一阁藏明代方志选刊》,上海古籍书店1964年版。

② 卢希哲:弘治《黄州府志》卷二"山川"第33页,《天一阁藏明代方志选刊》,上海古籍书店,1965年版。

③ 卢希哲:弘治《黄州府志》卷二"山川"第56页,《天一阁藏明代方志选刊》,上海古籍书店,1965年版。

④ 蔡韶清:乾隆《黄冈县志》卷一"山川"第26页,《中国地方志集成》湖北府县志辑,江苏古籍出版社,2001年出版。

⑥ 黄玉铉:康熙《广济县志》卷一五"艺文·诗"第16页,湖北府县志辑25,江苏古籍出版社,2010年出版。

⑥ 迈柱,夏力恕:乾隆《湖广通志》卷七七古迹志·广济县,影印文渊阁《四库全书》史部第533册,第26页。

⑦ 李贤:《明一统志》卷六一,黄州府·古迹,天顺五年刊本,第29页。

间者，咸指叹曰：'此白云处士家也。'崇祀乡贤。"[①]据此可以判断，如果这首《石牛》诗确为姚楚山所作，那么他写的当是他的家乡广济县的石牛。尽管《广济县志》称姚楚山"惟工吟咏"，但在元代四百多位诗人中并无姚楚山其名，更不用说其诗了。

既然这首诗的作者既不是白居易，也非姚楚山，那么它到底是谁所作，又出自哪里呢？

在我国诸多著名诗人中，有一位被毛主席称作"明朝最伟大的诗人"的高启，其诗歌数量较多，初编有5集2000余首，后自编为《缶鸣集》，存937首；景泰元年（1450）徐庸搜集遗篇，编为《高太史大全集》18卷，这其中就有一首题为《石牛》的诗，还被明代曹学佺选入《石仓历代诗选》中：

一拳怪石老山巅，头角峥嵘几百年。
毛长紫苔春夜雨，身藏青草夕阳天。
中宵望月何曾喘，尽日看云自在眠。
恼杀牧童呼不起，数声长笛思悠然。[②]

要问这首诗中的"石牛"所指何处，诗人没有交代，后人也就无法作出判断。高启是苏州人，苏州虽有不少山，但却没有被称作"石牛山"和"石牛"的地方。据载高启为官只有三年，长期居于乡里以教书治田自给，除明初曾被迫应诏出仕在金陵度过一段较短时间外，其足迹几乎未出吴中，可见，高启诗中描写上述任何一个地方的石牛都几无可能。那么，高启是在什么情况下写下这首诗的呢？

我们知道，诗歌是诗人心灵的坦露、个性的张扬。古人写咏物诗多有托物言志的习惯，诗中所咏之"物"往往就是自己个性和形象的反映。据史料介绍，高启诗中十之八九都是个人述志感怀的。可见，这首《石牛》诗应该是高启为抒发感情而作，并不一定有所物指。如此，高启通过这首诗的咏叹，抒发或寄托了自己怎样的思想感情呢？这必须得先了解其生平、处境和个性特征。

高启（1336—1374）字季迪，长洲（今苏州）人。16岁时，淮南行省参知政事饶介守吴中，闻高启才名，招为幕僚。但他厌恶官场，23岁那年借故离开，隐居于吴淞江畔的青丘。明初又受诏入朝修《元史》，授翰林院编修。高启为人孤高耿介，

① 迈柱，夏力恕：乾隆《湖广通志》卷七七古迹志·广济县，影印文渊阁《四库全书》史部第533册，第36页。

② 曹学佺：《石仓历代诗选》卷二九三"石牛"，影印文渊阁《四库全书》集部第1392册，第33页。

厌倦朝政,不羡功名利禄,从其“不肯折腰为五斗米”的诗句中就能看出他对做官毫无兴趣。因此,洪武三年(1370)秋,朱元璋拟委任他为户部右侍郎,他固辞不受,被赐金放还,但这已惹朱元璋怀恨在心。“自从身退得闲卧,只爱拥纸同山僧。”他对人生目标的选择,既非一向受尊重的达官、游士、隐者,亦非日益活跃的富商,他只愿做一个自由、孤独的诗人。

回过头来让我们再细细品读这首诗。

在现实生活中,人们无不追求名利。而洪武皇帝拟委任高启为户部右侍郎,他却“固辞不受”,难道他嫌官小?不是,他是“厌倦朝政,不羡功名利禄”。这与常人相比,正是诗人与众不同的称“怪”之处;“头角峥嵘”不仅是诗人独领明代诗坛风骚的真实写照,也表现出了诗人充满自信的阳光心理。作者在首联简要介绍过自己后,颔联写自己隐居乡野、过着“教书治田自给”的恬静生活,展示出其放达清淡的性格特征。颈联中的“中宵望月何曾喘”源自成语“吴牛喘月”,汉代应劭《风俗通》中有“吴牛望月则喘”句,意思是吴地水牛见月疑是日,因惧怕酷热而不断喘气,比喻因疑心而害怕。作者在回绝了朱元璋的委任后,知道皇上对他忌恨在心,但他心安理得,毫无惧色,仍是“尽日看云自在眠”,其豪迈之情跃然纸上!尾联总览全诗,直抒胸臆,其中的“牧童”借指朱元璋,意思是管你气恼不气恼,我就是不理你;“数声长笛思悠然”,淋漓尽致地道出了作者不畏权势、视帝王为粪土的崇高气节和“只愿做一个自由、孤独的诗人”的人生选择与追求,足见其心何其平静,其态何其从容,其性何其潇洒,其境何其淡泊!全诗运用了侧面烘托的手法,移情于物,诗境自然流畅,物我交融,语圆意足,韵味悠长!倘若没有亲身经历和体会,又怎能写出如此生动贴切、洒脱自如的诗章!

可见,方志中关于石牛诗的记录,或为无中生有的虚构,或为牵强附会的套用,均无实据。此外,《坚瓠集》在“嫁女题石牛”中讲述明正德(1506—1521)中,时任都御史的王阳明与一郭姓出嫁女同时遇风被阻鄱阳湖对诗的故事,称郭女当场作“怪石崔嵬号石牛,江边独立几千秋。风吹遍体无毛动,雨洗浑身有汗流。嫩草平抽难下嘴,长鞭仍打不回头。至今鼻上无绳束,天地为栏夜不收”一诗而受到“守仁称赏”。但据载此诗为李白幼时所作,如此当时郭女怎就骗过了大才子王阳明?文中接着又称:

《挑灯集异》亦载石牛山诗云:‘一拳怪石老山巅。头角峥嵘几百年。毛长紫苔因夜雨。身藏青草夕阳天。通宵望月何时喘。镇日看云自在眠。恼杀牧童鞭不起。数声长笛思凄然。'"[1]

同样，诗题"石牛山"与诗文"一拳怪石老山巅"相矛盾；又《挑灯集异》据称为康熙四十八年进士周人龙（1681—1745）所作，而《坚瓠集》的作者褚人获（1635—1682）在周人龙一周岁后就去世了，他是怎么引用周人龙《挑灯集异》的呢？同时，《坚瓠集》的问世是在《高太史大全集》成书两三百年之后，若非引用，显然亦有抄袭之嫌！

当然，古诗词语言凝练，意境深远，读一首古诗词，每个人的理解不尽相同，正所谓"有一千个读者就有一千个哈姆雷特"，因而对古诗词的解释可以仁者见仁，智者见智。笔者赐墙及肩，不通韵律，对《石牛》诗的解读权作引玉之砖，以就正于方家！

（作者简介：李永龙，大专学历，中学一级教师，已发表教育、文史、民俗等文章百余篇。）

① 储人获：《坚瓠三集》卷三"嫁女题石牛"。

林云铭事迹编年

◇彭　芳

崇祯元年(1628)　戊辰年　一岁

林云铭,字西仲,又字道昭,号损斋居士,又号沤浮隐者,福建闽县(今福建福州)人,为濂江林氏家族后代。父兆熊,母韩氏,云铭为其仲子。妻蔡氏,女瑛佩、芳佩等,子林沅、林御等。

《挹奎楼选稿·重锓五岳游草序》(上海古籍出版社2010年本)提道:"余产于闽邑"。

《郑堂读书记·挹奎楼选稿十二卷》(民国十年刻吴兴丛书本):"国朝林云铭撰,云铭字西仲,侯官人,顺治戊戌进士,官徽州府通判。"

《民国福建通志·卷三十九》(影印民国二十七年刻本):"公,讳云铭,字道昭,号西仲。父兆熊,邑诸生,公其仲子也。少时,父为人构讼陷狱,几不免。云铭与伯兄云镶发愤读书,以《春秋》中顺治戊子乡试,戊戌成进士,授徽州推官。"

顺治五年(1648)　戊子年　二十一岁

是年领乡荐。先受知于毛亶鞠先生(名未详),由于动乱废学,是年又受知于闵中介先生(名未详)。

《挹奎楼选稿·袁雪山订感应篇序》:"余与雪山同领戊子乡荐。"

《挹奎楼选稿·题茅于纯赠言册页》:"戊子岁,吾闽被寇经年,余已废学,既而受知于苕水闵中介先生。"

《挹奎楼选稿·四书存稿自序》:"未几,受知于督学毛亶鞠先生……即际国朝鼎革,戊子宾兴,复受知于闵中介先生。"

顺治六年(1649)　己丑年　二十二岁

不上春官,专心于读书。

《四书存稿自序》:"己丑,决计不上春官,键户平远之麓,日取先正诸大家传文,苦心探索,窃见其敛之愈约,味之弥永。"

顺治九年(1652)　壬辰年　二十五岁

失闱而携著作游访,向海内名人学习。不料至临清舟覆,著作尽毁。

《四书存稿自序》:"壬辰乙未两闱,佹得复失,余本不以为意。惟挟所著二百余艺,遍访海内名公求益,足迹半天下,罕有所遇。及抵临清覆舟,尽箧而没。因叹末俗龌龊,无可与语,乃忽见收于冯夷,不可谓非世外得一知己,亦不复致惜焉。"

顺治十二年(1655)　乙未年　二十八岁

与袁雪山(名未详)别于京邸,各宦一方。遇郭巩侯(名未详)于柘浦。游张家湾、武城县等地。

《袁雪山订感应篇序》:"余与雪山同领戊子乡荐……乙未岁,别于京邸,各宦一方,南北异地,不相通问者十有六年。"

《挹奎楼选稿·郭巩侯诗序》:"乙未岁,得遇郭巩侯于柘浦,共航而归。"

《挹奎楼选稿·河神》:"顺治乙未岁,余下第南旋,偕二友从张家湾解缆。踰月抵武城县,见有狂人跳跃不止,自称大王,从者五六人……余与二友颇不以为然。"

顺治十四年(1657)　丁酉年　三十岁

云铭进京赴试。是年,云铭得紫阳道人著《金笥箓》三十篇,欣喜若狂,不料此书得而失。

顺治十五年(1658) 戊戌年 三十一岁

登进士第,授江南徽州府推官,司理新安。

《挹奎楼选稿·仇序一》:"登戊戌进士,早已诗、古文、词蜚声都下,始任新安司理。"

《四书存稿自序》:"戊戌缀附南宫,方拟点窜问世,遽膺一命,司理新安。"

《挹奎楼选稿·安序堂文钞序》:"新定毛子会侯,与余同以戊戌释褐。"

《挹奎楼选稿·祭俞殷书文》:"岁当戊戌,对策鹓鹊,余以末材,先后连跻。"

《挹奎楼选稿·先府君行状》:"戊戌,云铭成进士,授江南徽州府推官。"

《清诗纪事初编·林云铭》(上海古籍出版社2012年本):"字西仲,福建闽县人。顺治十五年戊戌进士,官徽州府推官。"

顺治十六年(1659) 己亥年 三十二岁

此时海寇甚恶,云铭与郡守、监司共同守城,建言献策并英勇抗争。另作《徽州南米改折议》、《歙县丝绢改折议》、《闻声暗射记》、《上卫按院》、《上孙兵尊》、《上宜抚军》、《新安宾馆禁约》、《结袜子》、《登陴纪事》(己亥七月)、《会猎城南》(己亥九月)。

《挹奎楼选稿·上张抚军》:"如己亥岁,以海警震邻,而登陴两月。"

《挹奎楼选稿·辞汪越国公祝文》:"岁己亥海逆入犯,邻封失守,众志嚣然不一,某虔祷于公,矫公见梦以镇之公所知也。监司孙公,遣兵夜擒庄芝,某恐惊扰居民,请缨缚献,且焚其箧中书,以安反侧,公所知也。"

毛际可《晋安林西仲传》(《毛际可集》,浙大出版社2015年本)中记载:"己亥六月,海寇犯江南,营弁与主将有隙,引叛兵至郡。君谓太守曰:'事迫矣,贼以得库为利。若城破,总非我有,不若简掾吏可托者,分领埋藏。事平,不虑其侵蚀也。且吾辈左右,皆贼耳目,闻之于贼,可以稍缓其攻。'贼果气沮。"

《祭俞殷书文》:"己亥五月,海氛甚恶,邻封失守,所在风鹤,惟余二人,获保城郭。"

《挹奎楼选稿·登陴纪事》:"己亥夏六月,蹂躏江南北。官民不知兵,相继自顿踣。延及宛与池,闻风堕疆域。新安失唇齿,讹言相煽惑。强者思走险,弱者竞逃匿。我为新安吏,篙目徒恻恻。七月方上旬,防兵反攻逼。晓骑薄西城,飞矢流如织。空拳宿城头，有气难吞贼。海谍七人来，诡辞夸战克。廿三抵郡内，狼狈为鬼贼。歼之演武场，观者无人色。相掣避挑衅，半城生荒棘。叛兵拔营行，所至掠新特。更闻祁门令，邑陷奔劣则。万山尽伏莽，民心多反侧。纷纷羽书驰，军情何其亟。议战苦无兵，议守忧无食。书生何所能，惟有死报国。”

《国朝贤媛类征初编》（清光绪十七年刻本）卷二《林云铭妻蔡氏》载：“先生（林云铭）以顺治戊戌成进士，授江南徽州府推官。次年，海寇犯江南，伪谍四逼，至徽营兵叛，先生与郡守藺矢登碑死守。”

顺治十七年（1660） 庚子年 三十三岁

臬台姚延著来南京审问失城附寇百余案，云铭同审，意见相左，案件未得定判。与王士祯论文。另作《追借支钱粮议》《诘盗议》《访拿议》《歙令异梦记》《白门治狱》《庚子南闱分试》。

《新安谳牍自序》：“岁庚子，为司臬檄赴白门，会鞫失城附寇诸案，累累千命，婉转哀号。”

《上张抚军》：“庚子岁，以大狱审克，而羁旅经年，此莫非王事，虽碎首城头，疲命道左，诚不敢言瘁者。”

《上王阮亭内翰》：“庚子闱中，握手论文，夜分戏述鬼神事，咄咄相恐怖，今已二十余年矣。”

顺治十八年（1661） 辛丑年 三十四岁

刘兴汉重审姚延著经手之案，附和姚延著的官员或死或削职，仅云铭一人幸免于难。作《邵邈秀才诗序》《旅亭雷记》《上刘臬台》《复徐藩台》《王昭君》。

《挹奎楼选稿·上刘臬台》：“海氛甫靖，大狱旋兴，时某奉前宪姚公，檄赴会城，承问百有余案，每阅其情词，未尝不为之悲恻竟日。”

《挹奎楼选稿·上张抚军》：“迨辛丑岁，大部叶尼二公，决狱于金陵，咎爰书之失出，一时挂吏议者十人，四论死而五削职，某以无罪独免……是有大造于某官者一也。”

康熙元年（1662） 壬寅年 三十五岁

于五月开始写作《庄子因》一书。另作《宋名臣言行录序》《邵是龙诗序》《周生诗序》《墨引》。

《上张抚军》:"壬寅岁,谒宪台于皖,命殄休宁三大憝。"

《损斋焚余·庄子因后跋》(《清康熙十年刻本》)云:"是书也。始于壬寅岁之五月,时余理新安者已逾三载。俗吏面目可憎,南华如可作也。为所摈弃久矣。兼以风尘鞅掌,案牍疲劳,即有一二窥豹卮言,亦或作或辍,总不敢为全庄计也。"

康熙二年(1663)　癸卯年　三十六岁

刘国翰诬告司臬蔺一元,牵连云铭,云铭自此频繁往返于徽州、南京两地,闲暇时著书《庄子因》。与二三友游南京雨花台。是年,生女芳佩。另作《题如文上人募疏》《癸卯小像自赞》《上李臬宪》。

《庄子因后跋》云:"癸卯岁,为含沙者所射,对簿金陵。当事慎重驳诘,余晨出夜归,仆仆于司臬之庭者,自夏徂秋,率以为常焉。日则托足于医士之药室,隘而且嚣。蚊虻噆肤,腥秽中颡,凡人世所谓冤苦难堪之事,靡不备尝。而纷纷不入耳之谈,强聒不舍,拒之无策,令人恨恨欲狂矣。因念齐得?忘是非之旨,莫过于庄,遂取而三复之以自广其意。每有所得,辄欣然伸纸疾书。附于本章之后,迨七月初旬汇辑告成。是评述全庄之始末如此。"

《挹奎楼选稿·游雨花台记》:"癸卯夏五朔,余方客报恩兰若。偶与二友缓步雨花台,谒方公景公二忠烈祠毕。"

《上张抚军》:"癸卯岁,旧守蔺一元,为刘国翰奏告,牵诬在疏,司臬者借端留难。自夏徂冬,僕僕往反,日以为常。宪台不能平,传檄趣令早归,事因得白。是有大造于某者三也。"

《挹奎楼选稿·哭亡女芳佩文》序中提及:"字杜若,少名宁,生于康熙癸卯九月十五日亥时。"

康熙三年(1664)　甲辰年　三十七岁

云铭揭发绩溪县令王祚葵贪赃枉法,却遭反噬,惹怒了当时的两江总督郎廷佐。此后,云铭不时前往南京辩白,多寓居报恩塔寺,无聊之时偶读梵典。另作《陈绿厓诗序》《上郎制台》《禁投匿议》《劝当议》《古璋记》《石蚁记》《绿珠篇》。

《上张抚军》:"甲辰之夏,制台叱驭临徽,饬取劣员。某以绩令王祚葵败检,通报会劾,大忤其意,以致并罹露章,连及监司郡守,宪台又以祚葵反噬之故,闻之当宁,是有大造于某官者四也。"

《上郎制台》:"某不能仰体天心,以绩溪令王祚葵八款具报,致干霆怒宣露,遂据其反噬游词并参,连及道府狥庇,罪何敢辞。"

《上郎制台》:"某案既取葵供,而葵案又悉凭葵言。"

《损斋焚余·题篆文心经》:"余自甲辰冬孟,对簿秣陵,栖迟城南报恩塔寺,兀坐一载有余。报膝无聊,偶读梵典,其于性情爽然,心甚乐之,遂纵观《三藏大乘》,窥其广大精微之旨。"

《挹奎楼选稿·四芝歌》中引文提到:"康熙甲辰岁,三月廿三日,忽昼暝骤雨,有雷在地盘旋……击桑倒拆而出其芝。时信安徐文匠、史溪邓侍菴、三山毛文山,玩而异之,各有吟咏见赠云。"

康熙四年(1665)　乙巳年　三十八岁

云铭仍寓居报恩寺,遍读佛经。作《新安赋序》《书刘觉岸黄山赋后》《上张抚军》《自塑小像记》《上黄儆菴给事》《与官雪湄》《复富云麓内翰》《猛虎词》。

《损斋焚余·贝乘标指序》:"余少诵儒书,长搜道函,每苦义趣难贯。乙巳岁,以宦务羁滞白下,寓报恩兰若,日取贝乘遍读之,忽如掘井逢泉,解衣得珠。觉二十年来子夜午窗之蓄积,非同非异,疑团种种,涣然冰释。"

《挹奎楼选稿·损斋记》:"乙巳春,林子行年三十有八,自署其斋曰损,遂号为损斋居士。"

《挹奎楼选稿·舟居记》:"因于乙巳之夏,以三司公署内隙地,请于当事,傍构五间为燕室,计捐赀二百余两。"

康熙五年(1666)　丙午年　三十九岁

《金笥箓》道书失而复得。是年,云铭请吕祖师扶乩。与野云子游。另作《禁轻生议》《盗丐记》《再上郎制台》。

《损斋焚余·金笥箓道书》:"丙午冬,是龙复过新安相访。余适于役金陵。余兄道京复以为请,始胠其箧而归余。余闻之瞿然起曰:'是书为予性命之文,失之易而得之难若此。'"

《损斋焚余·丹元性旨跋》:"岁丙午,我吕祖师下乩新安,余三熏三沐,叩坛恳请,因而直揭出净倮倮、赤洒洒一件大事,作狮子吼如马祖一喝,三日耳聋,令人言下承当脱离生死岸头,绝不道出一句杜撰文字藏头露尾而二十年来千疑万障一旦扫尽矣。"

《挹奎楼选稿·野云子传》:"野云子,姓王氏,不详其里居,生于万历三年,少出家,不缁不黄,亦不素食……康熙丙午年九月十二,犹日行百里,晤余于报恩塔寺……越数日,余往楼霞邀之。"

康熙六年(1667)　丁未年　四十岁

理徽九载,推官裁归,退居建溪。云铭自号沤浮隐者。作《新安谳牍自序》《新安古放生池碑记》《王有一还金记》《林四娘记》《上江苏韩抚军》《辞徽州城隍祝文》《辞齐云山祝文》《辞汪越国公祝文》《猗兰操》。

《挹奎楼选稿·仇序一》:"丁未后退居建溪。"

《损斋焚余自序》:"丁未晚秋,方谋旋籍。"

《损斋焚余·道法外集序》:"丁未冬,挈眷侨寓柘浦。右鼻患塞,静摄无聊,翻阅丹书,并玩及焉。"

《损斋焚余·沤浮隐者传》云:"沤浮隐者,亦不详其姓名,因读《楞严经》认一浮沤之语,瞿然知四大为幻泡,遂举以自号,且以自勉也。避地富沙,为人方颐寡髭,年四十余,于书无所不读,尤好《周易》《庄子》及李卓吾《焚书》,日为文自娱,口不问户外事。有客则呼与较奕,不论工拙胜负,局终则狂喜自矜。好饮酒,与人饮,适醉辄起,不知有主客。人劝之仕,则大笑而止。"

《挹奎楼选稿·题回龙山募疏》:"丁未夏,师谋为弥勒殿永镇而屈于力。余因减俸为倡,庶几以琉璃镜平佛所,立于巽方。"

《挹奎楼选稿·林四娘记》:"康熙六年,陈補任江南驿传道,为余述其事,属余记之。"

《(光绪)重修安徽通志》(清光绪四年刻本):"林云铭,字西仲,闽县进士,任徽州府推官。有府吏稔恶逮至将杖毙之吏,呼曰:'小人罪固当死,但以不能改过迁善,赍憾泉下耳。'遂释之,竟以善称云铭。理徽九载多异政,推官裁归。"

康熙七年(1668)　戊申年　四十一岁

登家楼有感而发,后作《招隐操》。另作《绝奕赋》。

《挹奎楼选稿·招隐操》:"戊申春季望夜,余偶登家楼,开棂凭几,挥琴数曲。俄而淡云侵月,微风拂树,心颇乐之。因记晦菴所著正反二阕,谱入弦中……"

《挹奎楼选稿·绝奕赋》:"余自还山以后,卜宅富沙,门无屐迹,左图右书之外,从事剥啄,日与素心人,偶坐较胜,抵晚客去。"

康熙八年(1669)　己酉年　四十二岁

作《损斋焚余自序》《与陈允宣》。

《郑堂读书记·揑奎楼选稿十二卷》:“西仲于康熙己酉初刻其文,为《损斋焚余》十卷……”

康熙九年(1670)　庚戌年　四十三岁

又与袁雪山(未详)游于富沙。另作《郭巩侯诗序》《定山禅师诗集序》。

《袁雪山订感应篇序》:“乙未岁……不相通者十有六年。忽把臂富沙,问恙无外,摘园蔬共饱。”

康熙十年(1671)　辛亥年　四十四岁

与石潮禅师游。另作《素香堂诗序》《释干石哑吟诗序》《释干石偈赞序》《复石潮禅师》《与白云隐含和尚》《驱蝇檄》《讨蠹鱼文》《代孙郡伯考张别驾》。

《揑奎楼选稿·箫峰堂集序》:“辛亥岁,潮公飞锡晋安,与余订武夷之游。余虽不能从事杖屦,但与执手道故,顿释四五年中蕴结。”

康熙十一年(1672)　壬子年　四十五岁

与郑羽人(未详)问答。另作《人文大观序》《梁琴洲邑令诗序》《异树记》《与友人论婚》《寿李伟吾守戒》。

《揑奎楼选稿·梦记》:“壬子秋九月五日,郑子羽人问太极阴阳……余未能即答,抚枕而卧。”

此外,《揑奎楼选稿》中有《答郑羽人》《再答郑羽人》《三答郑羽人》《四答郑羽人》《五答郑羽人》等文章与郑羽人相关。

康熙十二年(1673)　癸丑年　四十六岁

重修濂江族谱,拜祭宗祠。

《揑奎楼选稿·重修族谱序》:“吾家谱牒,至司空公已五修矣,余先大父义助成书,崇祯癸酉复经续补一次,计历今又四十年矣……癸丑春,诣濂江拜祭宗祠,因与二三族长商榷，捐赀为倡，将原刻旧本，先行重锓，凡应增入新丁，属之各房分董其事，汇选从兄道耿综核，道耿兄老成端慤，为吾族之望，力任厥事，考据精详，可谓克承先志矣。”

康熙十三年（1674）　甲寅年　四十七岁

遭“甲寅闽变”之乱，家宅尽毁，受耿精忠胁迫而不屈服，被囚十八月。作《公无渡河》《甲寅初度》。

《挹奎楼选稿·仇序一》：“甲寅闽逆起，家罹兵燹，田庐一空而身几毙狱。”

《挹奎楼选稿·王阳明全集序》：“耿逆变乱后，幽囚十有八月，就戮者三，不复作生死想。”

《四库全书总目·挹奎楼文集十二卷》（清乾隆武英殿刻本）：“国朝林云铭撰，云铭有《楚词灯》已著录，耿精忠之叛，云铭方家居抗，不从贼，被囚十八月，会王师破闽始得释。”

《听秋声馆词话》（清同治八年刻本）：“叛时，闻林西仲名，胁之不屈，幽挚之。”

毛先舒《赠晋安林西仲二首》（《四库全书存目丛书》，齐鲁书社1997年本）其二云：“骨格孤清玉不如，何妨尘圆历年余。一身九死应无悔，不草邹阳狱底书。”

康熙十四年（1675）　乙卯年　四十八岁

被囚于狱中，做怪梦，用香茗果饼祭灶神。作《七歌》。

《挹奎楼选稿·吴山鷇音自序》：“乙卯二月，余梦余头自落几上，已而飞去。”

《挹奎楼选稿·七歌》：“乙卯六月，余以佯狂被囚籍产，时屏绝笔札，用灰屑画壁而成……”

《挹奎楼选稿·狱中祝灶文》：“乙卯冬十有二月丁丑之夕，林子以香茗清酌果饼之仪，致祭于灶神而祝之……”

康熙十五年（1676）　丙辰年　四十九岁

复做怪梦，时已在狱两载，于是年九月十九日得释。作《丙辰初度》。

《吴山鷇音自序》：“至丙辰八月晦夜，梦头复归。次月王师至，得释。戊午游新安，有回龙寺僧，言余塑有小像在寺，彼时头亦自堕失去，踰年方得之风穴中。”

《挹奎楼选稿·吊狱鬼文》:“丙辰秋七月,林子系狱久,每夜牛卧侧,闻哀啸声……”

《挹奎楼选稿·总督中丞范公告文》:“康熙十有五年九月,余坐系两载,王师抵剑津,耿逆势弱。”

《挹奎楼选稿·醉时歌》:“丙辰九月十九日,余方出狱。”

康熙十六年(1677) 丁巳年 五十岁

作《丁巳小像自赞》。

《挹奎楼选稿·丁巳小像自赞》:“不知天地之内何故有此人,不知此人之生何故当此时,读书不适于用,入世不合于宜,五十年来,拂乱颠蹶,愈出愈奇,今七尺之外,仅剩床头间字,八岁雏儿,我亦无所贻,但道立身自兹始,慎勿学乃父之痴。”

康熙十七年(1678) 戊午年 五十一岁

携家入杭,晚年一直居于此地。与钱朝鼎约见,出闽游新安。作《戊午小像自赞》《柘浦下徐君培塌赋赠》《戊午初度》《如梦令·戊午客夜闻钟》。

《挹奎楼选稿·钱黍古黄山诗序》:“岁戊午,虞山钱黍古先生,以文章钜公,先命余驾。余继至新安,获披云于西郊萧寺,借闻黄山诸胜,且以纪游一编见示。”

《历代画史汇传》(清道光刻本):”钱朝鼎,字禹九,号黍谷,常熟人,顺治丁亥进士,仕至太常卿。”

《吴山鷇音自序》:“戊午游新安,有回龙寺僧,言余塑有小像在寺,彼时头亦自堕失去,踰年方得之风穴中。”

《挹奎楼选稿·戊午小像自赞》:“科头跣足之像,是年余出闽矣。”

康熙十八年(1679) 己未年 五十二岁

与唐梦赉先生定交于吴山。另作《复黄次辰冢宰》。

《挹奎楼选稿·志壑堂后集序》:“余与豹岩唐先生定交于吴山也,逮今八年矣。先生古貌古心,与人交,无世俗伛偻噂沓之习,每相过论文,彼此迭供脱粟,忘其为宾主。余尝谓君子之交淡如水,故南村之心日素,在今日求之不易得者,而忽得之,私以自慰,以故先生所著《志壑堂诗文》,皆为较订授梓,公诸海内。”

《(道光)济南府志》(清道光二十年刻本):"唐梦赉,字济武,别字豹岩,淄川人。"

康熙十九年(1680) 庚申年 五十三岁

与法若真相遇,来往密切。作《南牕文略序》《复蒋旷生》《与曹冠五太守》《浙江潮赋》《黄山诗集序》《唐济武笃友记》《寿王母茅太君八袠》《菩萨蛮·庚申守岁》。

《揖奎楼选稿·李帝侯殡友受报记》:"康熙庚申岁,帝侯与余师法黄石,先后游杭,抵腊过游入楚。"

《国朝画识》(清道光刻本):"法若真,字黄石,胶州人,顺治丙戌进士,官参政。"

《揖奎楼选稿·黄山诗集序》:"法黄石夫子诗集,自戊申至庚申十三年中,按年编辑,不分右风近体,五言七言。夫子以重腿就医虎林,某迎谒之次,胠橐见示。因思夫子为一代风雅宗工,世有得其片言只字,皆珍为拱璧,而某独得尽读全诗,何其幸也。"

《黄山诗留》(清康熙刻本)中有《舟中纪事六十三首》《元日雪中将留别虎林诸君子》《二月十六清明雨中杂咏十二首》《和林西仲長歌用韵》《王丹麓山斋同林西仲置酒话别即寄诸君子二十二首》《立春前寄怀林西仲武林》《哭友人林西仲》等篇与林云铭相关。

康熙二十年(1681) 辛酉年 五十四岁

与游艺游于杭。与程采仪(未详)遇于武林。另作《南窗草堂序》《山辉堂偶集序》《王东查诗序》《蒋旷生三山草序》《程隐菴鼓琴序》《程隐菴谱词入琴序》《复仇沧柱》《上杜肇余少宰》《上王阮亭内翰》《与冯书严》《上黄次辰冢宰》《鹊桥仙·辛酉除夕》《解语花》。

《揖奎楼选稿·天经或问后集序》:"辛酉三月,子六自书林来杭,访余于客邸,握手倾倒间,复出所著《天经后集》相质。"

《揖奎楼选稿·涵清阁诗序》:"余不善为诗,然喜谈诗,忆往岁理新安,与同年友程君北海,晨夕留连,肆谈古今作者……辛酉春,遇北海次君采仪于武林,讯其先人遗稿,云汇辑未锓,为之慨叹弗已,既而采仪出所著诗稿相质。"

《揖奎楼选稿·解语花》:"辛酉上元灯夕,周雨文招饮山斋,以雨阻不能赴,作此谢之，并以自解。”

康熙二十一年(1682)　壬戌年　五十五岁

妻蔡氏卒。与游艺游，受其影响，其《古文析义》一书将授梓。作《古文析义序》《客窗秋兴序》《与毕溜湄刑部》。

《挹奎楼选稿·古文析义序》:“适潭阳友游子六抵杭，见而喜之，怂恿授梓。”

《挹奎楼选稿·哭亡室蔡孺人文》序中记载:“讳捷，字步仙，生于崇祯乙亥十月十六日巳时……康熙壬戌十月四日辰时，卒于杭。”

《清史稿》(民国十七年清史馆铅印本):“林云铭妻蔡，云铭闽人，蔡名捷，字步仙，侯官人……乃出狱，云铭无子，蔡为买妾七，乃生子蔡御……瑛佩为闽清郑郏妻。”

康熙二十二年(1683)　癸亥年　五十六岁

是年春，女林芳佩卒。是年夏末，与同年友姚江俞嶙游，与华州罗贤饮于环柳亭。作《荆南墨农全集序》《复翁渭公铨部》《江神子》。

《哭亡女芳佩文》序中云:“癸亥四月六日丑时，卒于京。”

《王阳明全集序》:“癸亥夏杪，余同年友姚江俞君嵩菴，以宰从化时，所梓《阳明全集》见示。”

《两浙輶轩录补遗》(清嘉庆刻本):“俞嶙，字仲皐，一字嵩菴，余姚人，顺治戊戌进士，官从化知县……嵩菴器宇英俊，喜读有用之书，官岭南时，下车即刻《阳明文集》，以经术饰吏治，不沾沾以词章自命也。”

《挹奎楼选稿·江神子》:“癸亥夏日，罗随园参军招饮环柳亭。”

《今世说》(清康熙二十二年霞举堂刻本):“罗，名贤，字倍千，陕西华州人，七世官郎署，代有闻人，为关中贵族之冠。”

康熙二十三年(1684)　甲子年　五十七岁

是年春，与罗贤饮酒赏桃。是年冬，与茅于纯见于客邸。另作《嵩菴杂稿序》《亦政堂诗话稿》《答丁药园论著作》。

《花心动》:“罗随园招饮赏桃，甲子二月六日，春分后两日也。”

《挹奎楼选稿·题茅于纯赠言册页》:“甲子冬，先生嫡甥茅子于纯，访余客邸。”

《郑堂读书记·挹奎楼选稿十二卷》:"西仲于康熙己酉初刻其文,为《损斋焚余》十卷,越十七载,再刻其寓杭州所作为《吴山𣪍音》八卷……"

康熙二十四年(1685) 乙丑年 五十八岁

见钱稚廉。另作《今文短篇序》《吴山𣪍音自序》《张文石雅音秘珍序》。

《挹奎楼选稿·钱清溪遗稿题辞》:"乙丑夏五,甬东钱子稚廉,持其父清溪先生遗稿见示。"

康熙二十五年(1686) 丙寅年 五十九岁

云铭游章安,见叶修卜(未详)。是年夏,与刘廷玑谈论其诗集。是年秋,与叶燮论诗畅谈。另作《陆冠周诗序》《贺武平卫邑令左迁序》《健松斋全集序》《安序堂文超序》《岁寒堂存稿序》《题杨椒山先生手书册页》《赠刑部司狱应养虚序》《刘在园诗序》《二弃草堂记》《报黎愧会》。

《挹奎楼选稿·题杨椒山先生手书册页》:"丙寅,余游章安。乡大夫叶修卜,示余以杨椒山先生《赠刑部司狱应养虚序》及《王凤洲赠诗》共一册。"

《挹奎楼选稿·刘在园诗序》:"丙寅夏,偶与二三好友,有天台石梁之订,入章安来。得晤二守刘在园使君,相与横谈今夕,伴读其所著诗集。"

《挹奎楼选稿·叶星期诗原序》:"丙寅九月,招余至其草堂,出而见示,促膝讽诵竟日。"

康熙二十六年(1687) 丁卯年 六十岁

是年冬,与周淳夫(未详)相见,且每值岁时,多有往来。谋游燕市,临行时闻顾豹文七十高寿,乃作文。另作《曾公望甲乙吟序》《古文析义二编序》《志壑堂后集序》《赠姚生选诗序》《复武平令卫云石》《上汤潜菴中丞》《复孙静紫中翰》。

《挹奎楼选稿·周淳夫诗序》:"于卯冬积雪泥泞中,驱车惠顾,且每值岁时,谬承存问。"

《挹奎楼选稿·寿顾且菴侍御七十》:"丁卯春,予方谋为燕市之游,襆被濒行,适闻先生以是年六月,寿登杖国,因读其《元日预为约客》之文。"

康熙二十七年（1688） 戊辰年 六十一岁

与周稚廉见于杭邸。与吴陈琰相见，为其《桂阴堂文集》作序。另作《沈戚菴文集序》《周淳夫诗序》《塔江楼文钞序》《俞嵩菴粤游草序》《龚澹岩诗序》。

《挹奎楼选稿·容居堂集序》："云间周子冰持，赋材警敏，博极群书，自制举艺外，旁涉诗赋词曲……初夏，晤余于杭邸，胠橐相质，余穷日夜竟读，窃见其取材最富，炼句独精。"

《清诗别裁集》(清乾隆二十五年教忠堂刻本)："周稚廉，字冰持，江南娄县人，冰持为宿来之孙，鹰垂之子，少以《钱唐观潮赋》得名，因不永年，故诗传绝少。"

《挹奎楼选稿·桂阴堂文集序》："余客西陵，惟以读书求友为务，因得交当世文章名宿，吴子宝崖，齿最少，以制艺历试冠军，而博通敏给，其为诗古文词，下笔辄立就，与余往来倾倒尤密……岁戊辰，持所著《桂阴堂文集》相质索序，余笑曰：'君方从事制艺以应世者也，乃能以余闲他及，且累累若此乎'。"

《两浙輶轩录》："吴陈琰，字宝崖，一字芋町，钱唐监生，官茌平知县，著《桂荫堂文集》……"

康熙三十年（1691） 辛未年 六十五岁

仍客于西湖，作《四书存稿自序》。

《挹奎楼选稿·四书存稿自序》："兹客西湖，偶将注述诸书，次第行世，而坊人日以制艺为请，因于消沉散佚之余，检所仅存已刻未刻稿本，覆加详订，汇成一集，内所载诸名家评语，皆与题义相发明者，其余华衮，概不借光，亦以见风气随时未变，文章定价，在题义中，虽百世不能易也。"

康熙三十二年（1693） 癸酉年 六十六岁

作《庄子因序》《韩文起序》《朱子年谱序》。

《挹奎楼选稿·庄子因序》："余考证诸本，参以管见，栉比其词，檃栝其旨，惟因是因非，因非因是，以治庄之道，读庄之书，求何乎作者之意而止。"

《挹奎楼选稿·韩文起序》："所录汇本，亦不轻以示人，闽变之后，与所注群书，一时具没，然幸此书习之最久，犹历历可记忆，所登《古文析义》前后编，常以额限为憾。近养疴西湖，杜门三载，复去《唐书》磨核，俾全集中一人一事，悉有原委考据，加以篇末总评，发明全文大旨，亟命余子沅校录问世，因以起衰之义，额之日起。”

《挹奎楼选稿·朱子年谱序》：“读兹谱者，能以夫子之学为学，再从事于所著述之书，则百节迎刃自解，真儒善治，或可得而再观，此世道之幸也。”

康熙三十三年（1694）　甲戌年　六十七岁

作《张南轩诗集序》《问田集题词》《南沙文集序》。

《挹奎楼选稿·张南轩诗集序》：“宋儒张南轩先生，史载其颖悟夙成，勇于从义，尝自奋厉，以古圣贤为期。”

《挹奎楼选稿·问田集题词》：“余与蒋君子陆，同举于乡……今追数之，盖四十有六年矣。”

《挹奎楼选稿·南沙文集序》：“余性痴拙自好，虽与当代名人，靡不与交，然其中或有以势力相倾，依阿取容贱态，能避之唯恐不速，故有斥余为迂，悲余为执，讪余为怪妄，而先生独能谅余，交久弥笃，古今知己，亦皆从不可一世中求之，兹当属序，又乌能已于言矣。”

康熙三十四年（1695）　乙亥年　六十八岁

与仇兆鳌见于吴山之麓，知交已有十年。

《挹奎楼选稿·仇序二》：“乙亥夏日，予请假还里，访西仲于吴山之麓，方喜十年知交，义气如故。”

康熙三十五年（1696）　丙子年　六十九岁

又与仇兆鳌见于西湖，仇取《损斋焚余》与《吴山鷇音》二书。于是年立夏日，自题《挹奎楼选稿》一书序。

《挹奎楼选稿·仇序二》：“丙子春，予再过西湖，取《损斋焚余》十卷、《吴山鷇因》八卷，严加存汰。”

《郑堂读书记·挹奎楼选稿十二卷》：“西仲于康熙己酉初刻其文……又越十二载，复取两集严加存汰，益以后来之作编为是集。”

康熙三十六年(1697)　丁丑年　七十岁

卒于杭州,葬于西子湖畔,享年七十。

福建文管会珍藏的《廉江林氏家谱》(民国三年重印乾隆刻本)中云:“林云铭……卒于康熙丁丑(1697年)七月十九日,享年七十。”

林伟功等主编的《林瀚暨廉江林氏先贤文选》(福建省姓氏源流研究会1999年本)中:“林宣治在《林云铭传》中记载:‘他卒于70岁,葬于杭州西子湖畔。’”

林云铭《详订古文析义合编》中其子林沅的《跋》云:“岁甲戌,祝融为虐,家徒四壁,嗣先君子丁丑见背。”

《晋安林西仲传》:“越明年,移寓杭州凤山门外。以痰疾终,享年七十。”

(作者简介:彭芳,安徽师范大学文学硕士。)

王弘撰年谱

◇王娇娇

明天启二年(1622)　壬戌年　一岁

八月十六日生,为王之良第五子,叔父徵华先生抱以为己子。字文修,一字无异,号太华山史,又署鹿马山人,晚号山翁,又曰丽农老人、天山丈人。陕西华阴人。父之良,字虞卿,又字鄰华。曾游于冯从吾之门。长兄弘学,号石渠,又号而时;次兄弘期;三兄弘嘉,字玉质,号云隐;四兄弘赐,号酒臣;六弟弘辉,号允塞。

《砥斋集》卷二《题李长蘅小景》:"予生于壬戌中秋,长蘅写此在是岁之冬,盖与予齐年,俯仰今昔,不觉慨然。"

明天启五年(1625)　乙丑年　四岁

王弘撰之父王之良中进士。

李元春《关学续编》卷二《而时王先生》:"父之良,字虞卿,乡举后六上春官,登天启乙丑进士。"

明崇祯七年(1634) 甲戌年 十三岁

随父居京都。

《王贞文先生遗事》:"先生年十三,就省司马公于京师,知名公卿间,与频阳朱山辉、阙名。有三公子之称。好为古文辞,手钞左、国、史、汉,皆成帙,其志趣高远,已自可见。"

明崇祯十年(1637) 丁丑年 十六岁

接触时政,奋力读书。

《待庵日扎》中《复湄园记》:"昔予同三兄云隐侍司马府君于京师,其时圣人在上,公卿朝退,有燕享之乐焉。"

《砥斋集》卷一上《左传钞序》:"予幼时侍先大人京师,少知读书,大人以汉文三百篇授予,予受而读之,无间寒暑,三年成诵,不失一字。"

明崇祯十一年(1638) 戊寅年 十七岁

王弘撰父之良自御史出为虔州南赣巡抚,王弘撰随任,王之良以左氏春秋授之,复聘临川周师教读。

《砥斋集》卷一下《梁公崇祀名宦录序》:"昔者先司马抚虔州几五载余,虽所职不同,而持己与人其道,与公如合符。"《砥斋集》卷十二《野语》:"先大夫节钺虔州垂六年。"

明崇祯十五年(1642) 壬午年 二十一岁

尝拟作法戒录,参酌历史,供垂危中之统治者所鉴戒。

《砥斋集》卷一下《法戒录序》题下作者自注云:"崇祯壬午,予年二十有一,私拟作。"序文略曰:"今依司马光资治通鉴,断自威烈王以后,取其事之可法者,大书于篇;而以其类相反者,小注于下,以存戒。"

明崇祯十六年(1643) 癸未年 二十二岁

王弘撰父自虔南迁南京兵部左侍郎;谒告归。冬,殁于途。先生三兄弘嘉护丧归华下。

李因笃《受祺堂文集》卷四《王公云隐先生墓表》："迁柩二，留都，谒告归。中途疾剧，公奉汤药，不离侧、不解衣卧。翁薨，哀号闻路人。值巨盗横郧、襄间，行旅断绝。乃奉舆伺间，取道武关。""卒抵里无他虞。时崇祯十六年冬也。"

十月，李自成大军至关中，先王弘撰挺身入其营说之。

南廷铉（鼎甫）《砥斋集序》："余闻当闯逆之乱，王氏以司马裔索响不赀。时山史兄弟凡六人，且析箸久，皆欲偕行。山史毅然曰："不可！同罹其毒，无益也。余当独往，以观其变。"

《续陕西通志稿》中有《王弘撰传略》："逆闯籍系缙绅，拷索金帛。弘撰家在籍中，兄弟畏不敢出。"弘撰曰："不出，祸立至矣。"遂挺身入长安贼营。

同上引南氏序："会他往，寇袭登山。比退，人皆争识其遗以有之，且有为山史识之者。山史归曰：'皆非吾之所有也。'毫无取。"

崇祯十七年、清顺治元年（1644）　甲申年　二十三岁

三月十九日，李自成大军入北京，明思宗朱由检自缢死。王弘撰奉母率戚党徙居穹岩邃谷之中，历八年。

《砥斋集》卷一上《贺田雪崖进士序》："甲申之变，四海鼎沸。二三兄弟徙家穹岩邃谷之中，以延旦夕。时雪崖亦奉其太夫人适至，实结邻焉。"

顺治二年（1645）　乙酉年　二十四岁

王弘撰初与富平李因笃订交于长安。

《山志》初集卷三《李天生》条："予昔邂逅于长安茶肆，隔席遥接，各以意拟名姓。及询之，皆不谬，遂与订交。"

在长安与明宗室朱子斗相交接，后引顾炎武往，为其遗著撰序。

《山志二集》卷三《青门七子》条："余所及与之游者，子斗翁而已。"

《亭林文集》卷二《朱子斗诗序》："子斗没后八年而余至关中。"

王弘撰尝往西安吊友人咸宁孙嗣履之丧，并谋收养遗孤，终未成其志。

《山志》二集卷三《孙氏孤儿》条："先是嗣履丧母，继复丧妻，有妾生遗腹子，而妾亦死。父懋修先生携之避居城南，又殁。乙酉贼遁。序始往吊，唯懋修之妾许氏与乳媪任氏，共守孤儿而已……书之，以识予为义不勇之愧。"

是岁，王弘撰仲兄王弘期殁。

《砥斋集》卷二《祭伯兄石渠先生文》:“乙酉之岁,丧我仲兄。”

顺治七年(1650) 庚寅年 二十九岁

王弘撰次子宜辑生。始游吴、越山水,访一时道德文章之士。

《砥斋集》卷八下《复临川周业师书》:“门生有二男,长者名宜轩,已为娶妇;次子名宜辑,庚寅所生也。”“忆在庚寅,偶游吴、越山水间,访一时道德文章之士。”

《北行日札》中《书自作贺阎先生寿序后》:“昔予在淮上,得交万年少、丘如磐辈;今于燕台,复识百诗,质疑问难,有朋友之乐焉。”

《续陕西通志稿王弘撰传略》:“顺治七年,土寇窃发,遗赀摽掠殆尽。乃纵游,之淮阴,抵建康,至吴门,与江左高士,流连诗酒。越岁归。”

顺治八年(1651) 辛卯年 三十岁

为丘申之先生做寿序。

《砥斋集》卷一上《寿丘申之先生七十序》:“辛卯秋七月二十有三日,申之丘先生览揆之辰,时先生年七十矣。”

在维扬、姑苏之间漫游。

《山志初集》卷一《康山》条:“辛卯春,予寓惟扬,姚永言太史尝招饮康山草堂。”

《砥斋集》卷一上《题自注华山记稿》:“辛卯春,舟次金、焦之下,谈子长益迟余于百尺楼头。酒半,谈子出于鳞华山记,属注。”

《山志》二集卷三《吴司业》条:“忆辛卯余与梅郇同寓虎丘,尝相聚谈。”

《山志初集》卷六《纪游》条:“忆辛卯春,予始游吴门。”

《砥斋集》卷一上《辛卯闻见录序》:“辛卯闻见录者,丘子如磐录其日所闻见以成书者也。秋日,王子将西归、且行,丘子出以示王子,属弁言。”

先生尝遭构陷,吏卒相迫,几蹈不测。

《砥斋集》卷八下《复临川周业师书》:“门生素性狂戆,遭忌构陷,吏卒见迫,几蹈不测。”

顺治十年(1653)　癸巳年　三十二岁

王弘撰母杨太夫人殁。

《砥斋集》卷十一《祭伯兄石渠先生文》:"庚子正月十四日,伯兄殁七日矣,弟弘嘉等致奠柩前而告之以词曰:'今去母殁才八年耳,而大兄复忍舍我而逝耶?'"

顺治十一年(1654)　甲午年　三十三岁

冬,王弘撰父母合葬。

《砥斋集》卷十一《建石坊祭告文》:"曩癸未冬,男学奉我父讣疏,请恩阙下,钦蒙圣论,赠荫如典,已复赐祭葬。""兹不幸我母见背,将以今岁甲午冬奉襄大事。"

顺治十二年(1655)　乙未年　三十四岁

汤斌来为潼关兵备道,对王弘撰极为赞赏。

《砥斋集》卷十二《野语》:"睢州荆岘汤公为潼关治兵使者。""历三年,而迁豫章藩司,分守岭北。弘撰尝为学博士代草一文,公见而亟称之,召与语,忘分降礼,待以国土,故其感公也为尤深。"

己未春,王弘撰曾羁迹京邸。为田雪崖寿诗作序。

《北行日札》中有《田雪崖寿诗序》:"己未春,予羁迹京邸,二月二十四日,鹿苑田雪崖先生初度之辰将届,同人官于朝者赋诗,戒使不远千里而致之以为寿,属予言,序诸首。"

顺治十五年(1658)　戊戌年　三十七岁

尝过安陵(咸阳),留三十日,与韩石华、刘博仲等文章唱酬无虚日。是岁有科场之狱,而高陵田雪崖以治易成进士。

《砥斋集》卷一上《雪舫近诗序》:"戊戌,过安陵。""留安陵三十日,无日不过葱,文章唱酬,晷漏相继。"

同上《藿庵近稿序》:"刘子博仲,人豪也。自弱冠好学,博极群书,名藉甚诸生间,以文豪。又好饮,开筵坐花,飞觞醉月,如长鲸吸穿,以酒豪。"

《砥斋集》卷一上《贺田雪崖进士序》:“戊戌,南宫之有试也,天子方罪迩年幸窦者,诏旨切责在廷诸臣,人人自惴也。是年,田子雪崖用治易成进士。”

从兄简生得子,王弘撰为之作序。

《砥斋集》中有《贺从兄简生举子序》:“岁戊戌秋八月,从兄简生有弄璋之庆,余时为农田间,乃释锸驰畚而往见之,于是嘉宾满座,旨酒盈遵。”

顺治十六年(1659) 己亥年 三十八岁

二月,潼关兵备道汤斌将赴豫章,王弘撰撰野语一卷相送。

《砥斋集》卷一《送汤荆岘兵宪序》:“岁戊戌之冬,吏部臣言:‘潼关治兵使者汤公在职久,宜升去,以藩司分守豫章之岭北。’明年春二月,公且行,则关以西大夫惋于第,士嗟于学,农泣于野矣。”

王弘撰建独鹤亭。当时雅士、遗民多有题咏。

《砥斋集》卷一上《募修法兴寺序》:“唯时己亥之冬,彤云初布,余方卧独鹤亭待雪。”

同上卷八下《与刘孟常》:“润生曩赠一鹤,弟欲构小亭居之,拟颜曰‘独鹤’。”

题咏有王士祯《为王山史赋独鹤亭》、李因笃《独鹤亭诗寄王征君山史》、屈大均《题王山史独鹤亭》、李良年《题王山史独鹤亭图》二首、李楷《咏独鹤亭为王山史作》二首、《独鹤亭观美人雨中饲鹤》一首、汪琬《赠王山史兼寄题独鹤亭》二首等。

顺治十七年(1660) 庚子年 三十九岁

正月,王弘撰伯兄弘学殁;十一月初四兄弘赐又殁。王弘撰抱幽忧之疾,几不起。

《砥斋集》卷十一《祭伯兄石渠先生文》:“庚子整月十四日,伯兄殁七日矣。”“唯我父母,生我兄弟六人。乙酉之岁,丧我仲兄。”

《砥斋集》卷十一《祭四兄酒臣先生文》:“庚子十一月壬子朔十日。”“致奠于四兄酒臣先生之柩。”

《砥斋集》卷一上《寿邑侯刘端伯诗序》:“庚子冬杪,余抱幽忧之疾,几不起。”

是冬,曾为刘孝子题册,辟淫僻邪畸之孝。又尝论妇女贞节。

《砥斋集》卷二《书刘孝子册后》:“庐墓,古也;卦肱,非古也。世衰教微,人唯名是矜,虽修身养志之士,废庐墓卦肱,不以孝称;而所称为孝子者,舍庐墓卦肱外，或无他可述。”

《山志》二集卷二《郭巨丁兰》条：“予谓此二人，皆凶人也，其悍恶无赖，岂但不可称之为孝子哉？”

又尝论妇女之守节。

《待庵日札》中《论节女》一则曰：“今女之行如此，于礼则越，于情则拂，必非其父母之心所安也；若安之，则不慈。父母即安之，又必非其舅姑之心所安也；若安之，则不仁。”

顺治十八年（1661） 辛丑年 四十岁

尝寓长安，与李楷论书法。

《砥斋集》卷二《书临玄秘塔帖后》：“辛丑秋日寓长安，与李岸翁共晨夕，间论及此，岸翁深以为然。”

又尝论王铎书法。

《山志》初集卷一《王宗伯书》条云：“宗伯于书道，天分既优，用工又博，合者直可抗迹颜、柳。晚年为人渐无行简，书亦渐入恶趣。”

康熙二年（1663） 癸卯年 四十二岁

昆山顾炎武历山陕，在太原与傅山订交；在代州，与李因笃订交；旋自蒲州过河，至华阴、富平、盩厔，与王弘撰及李颙订交。

张穆《顾亭林先生年谱》：“康熙二年癸卯，五十一岁。正月，自平阳登霍山，游女娲庙。至太原，访傅处士青主。至代州，游五台，与富平李子因笃羽，遂订交。”“取道蒲州，入潼关，游西岳太华，过访王山史弘撰于华阴。至西安。游富平，馆李子德家。又西至乾州。十月，过访李处士中孚于盩厔，遂订交。”

是岁，王弘撰再游江南，至金陵，登容安阁，望钟山。与画家“金陵八家”相往还。

《砥斋集》卷四《山来阁记》：“癸卯春，予来金陵，曾登其上，望钟山焉。”

《西归日札》有《善画八大家记》：“金陵之以善画名者，众矣；而周栎园，司农独标举八人，曰‘八大家’……癸卯，予至金陵，八人者日相往来。”

康熙三年(1664) 甲辰年 四十三岁。

尝为王雨公跋其华山图册。

《砥斋集》卷二《题王雨公华山图册》:"吾宗兄雨公,胸中富丘壑,于甲辰之夏,挟册登绝顶,遍探诸峰之胜,处处志之。"

康熙五年(1666) 丙午年 四十五岁

屈大均来游关中,与王弘撰在三原相识,旋来游华山,继在长安曾有诗酒高会。

屈大均《翁山文外》卷一《宗周游记》:"丙午正月至温氏馆,遇华阴王山史。""山史邀予为太华游。""三月六日从故道复往华阴。""初八,抵山史独鹤亭。""山史命其子伯佐导上太华,而送予至醉溪。""居西峰二十余日,四月朔下山,返山史砥斋。""五月二日,山史携入西安。李叔则、山史、李天生、伯佐置酒高会,时有十五国客。"

西安府拔郡邑士肄业关中书院,延王弘撰掌院事。弘撰训迪诸生,文章以"简""淡"二字为贵。

《砥斋集》卷一下《关中书院制义序》:"丙午春檄诸郡邑拔士之尤者,肄业书院。""撰受公之教,又受益诸子,尝少有省。窃谓人品不一,以诚为主;文格不同,以简为贵。"

《砥斋集》卷一上《制义选序》:"国家以制义取士,使明道也,时诸先达皆尚简,清真典雅,卓然称盛。"

《砥斋集》卷一下《文稿自述》:"文,君子之言也,以明理,以晓事,以宣情,取其达而已矣,故贵淡。"

冬,王弘撰次子宜辅补博士弟子员,李因笃为文以贺。

《续刻受祺堂集》卷二《王山史先生次子仲和补博士弟子员序》:"吾友王山史先生次子仲和补弟子员。"

康熙六年(1667) 丁未年 四十六岁

陕西巡抚贾汉复聘王弘撰纂修陕西通志。

《续刻受祺堂集》卷二《王征君山史六帙序》:"尚书贾公来抚秦,会纂通志,念秦士无出先生右者，郭聘以董其成；旋都，延教其子若婿。”

孙传庭次子世宁来乞其母碑文，王弘撰为书之。

《砥斋集》卷六《孙夫人殉节碑》：“夫人张氏在西安城中，贼薄城，夫人率诸妾刘氏、张氏、吴氏及二女俱投一井死，三婢从焉。”“越二十有四年定位，世宁复至，乞纪其事。于时华阴王弘撰载笔泐石，树于碑林。

康熙七年（1668） 戊申年 四十七岁

春，和州戴本孝来游华山，过独鹤亭。

《砥斋集》卷一下《守砚庵文稿序》：“犹记戊申之春，有人焉，撰杖履北走太原，访傅公之佗，信宿而西，入潼关，过予独鹤亭，赋诗一章；登太华之颠，作画一幅而去，飘然出尘埃之表，则鹰阿山樵戴子务旃也。”

秋，有燕、赵之行，过祁县，与戴廷栻订交。

《砥斋集》卷二《书宋元人画册后》：“戊申秋七月，余将有事于燕、赵，道经昭余，与戴子枫仲为倾盖交。”

至保定，识陈上年及其兄大来。旋入北都。

《山志》初集卷一《陈祺公》条：“戊申秋，予至保定，始获晤对，朝夕相聚，因并识其兄大来。”

《砥斋集》卷二《书文衡山花鸟册后》：“戊申秋日，携之入都。”

为宣城施闰章崇祀乡贤录作序。

《北行日札》中《施氏崇祀乡贤录序》：“予居京师之三越月，宣城施愚山以其祖崇祀乡贤录见示，且拜而属之曰：‘惟子为序。’”

康熙八年（1669） 己酉年 四十八岁

春三月至昌平，祭告思陵。

《砥斋集》卷首有长子宜辅《刻砥斋集记》：“己酉醇，大人有昌平之行。”

《砥斋集》有《谒思陵祭告文》：“念十七年覆载之恩，心晰书剑；尽三千里草茅之悃，泪洒江山。仰冀皇灵，俯垂昭鉴。呜呼哀哉！尚飨。”

是岁，渭南南廷铉为先生《砥斋集》撰序。

《砥斋集序》曰：“康熙八年季夏同学弟南廷铉鼎甫题于万松山房。”

九月，李颙来游太华。

惠靇嗣《历年纪略》：“（康熙八年）九月，骆公量移常州，先生祖别于长乐坡，遂游骊山，浴温泉，与同游发明洗心藏密之旨，甚悉。乘便东游太华，张郭庵闻而迎至同州。”“冬仲，西旋。”

十月，王弘撰三兄弘嘉殁。

《砥斋集》卷十一《祭三兄云隐先生文》：“今三兄又释，所存者独弟撰与辉耳。”

康熙九年（1670）　庚戌年　四十九岁

元旦，先生自焚诗稿，且痛自悔过，不敢为一切逾分违理之事。

《山志》初集卷一《自励》条：“予自三兄逝后，无日不怆然于中，且自警自惧。故于庚戌元旦谨告先灵，凡一切逾分违理事，必不敢焉。”

《山志》初集卷一《明善》条：“予少攻举子业，时有酒色之失。寻遭寇乱，狂惰自废，德业靡成。年逾四十，始知为学。”

是岁，先生始读周郭颐之书，并为付刻。

《砥斋集》卷一下《周子全书序》：“自孟子而后，传孔子之道者，唯宋之周子为最，二程皆师焉。”

曾游阳陵，主田雪崖汲古阁，得文徵明残画。

《砥斋集》卷四《文衡山残画记》：“昔岁在庚戌，予游阳陵，宿田雪崖汲古阁下，偶同出，见一友屋角积残楮，与粪土伍……诧为文衡山先生笔。雪崖更取一方，乃其署款。”

是岁，朝邑李楷卒，年六十八岁。冬，先生三游江南，至浙。

《砥斋集》卷四《梦游浮玉山记》：“庚戌冬十一月初九日，舟泊桐江。初阻风，水浪汹涌，舟子为动色。”

康熙十一年（1672）　壬子年　五十一岁

曾与范坚（北钥）同游焦山，观杨继盛会唐顺之遗诗。旋西归。

《砥斋集》卷四《梦游浮玉山记跋》尾云：“壬子四月三十日，舟阻京口，同范北钥登焦山，所历皆如曾至者。”“而行不数武，忽见岩上果有‘浮玉’字，与北钥嗟异久之。既观杨忠愍公镌石遗诗‘杨子怀人渡洋子，椒山无意合焦山。地灵人杰天然巧，瞬息神游万古间。’署‘嘉靖壬子，约会唐荆川到此。’乃恍然有悟。”

尝跋天下名山图。

《砥斋集》卷二《天下名山图跋》：“天下名山图，为元、亨、利、贞四册，宋徽宗之所集也。""予窃定为画院诸人所临摹而成者也。"

是岁,新城王士祯入蜀,或华阴相访,不遇。有诗。

《渔洋精华录》卷二《河上寄山史》:"前年君往兰溪道,金华洞中拾瑶草。"

王弘撰西归后,王氏宗祠建成,于冬至日告祭。后五年,顾炎武为之撰记。

《砥斋集》卷十一《告高曾祖神主文》:"昔癸未冬有寇乱,陷我县城,毁我祖庙及神主。""谨于壬子冬至日。""特成神主,冲修祀事。"

顾炎武《亭林文集》卷之五《华阴王氏宗祠记》:"吾友华阴王君弘撰","游婺州二年而归,乃作祠堂以奉其始祖"。

康熙十二年(1673)　癸丑年　五十二岁

秋有诏征李颙。仲冬,李颙过王弘撰草堂,论为学出处之义甚悉。

《砥斋集》卷五《刘四冲传》:"康熙十二年秋,有诏,征盩厔李中孚先生。中孚称疾不就。冬仲,策杖过予草堂,留五日,论为学出处之义甚悉。"

《王山史年谱》:"是年冬,'三藩'之变始起。吴三桂自称天下都招讨大元帅,以明年为周元年。遣将马宝攻湖南,遣王屏藩自川入陕。南部中国为之震动。"

康熙十三年(1674)　甲寅年　五十三岁

是岁,孙延龄以广西、耿精忠以福建相应吴三桂。平凉提督望辅臣亦在秦州参加"三藩"起事。西北为之震动。独甘肃提督张勇支持清廷。

康熙十四年(1675)　乙卯年　五十四岁

春,先生构"读易庐",读易其中。冬,先生长子宜辅、次子宜辑续纂《砥斋集》,得十二卷。

《砥斋集》卷首王宜辅《刻砥斋集记》:"大人夙多疾,乙卯春构学易庐,书朱子语于门曰'闲中今古''静里乾坤',又书座右曰'养身中之天地''游物外之文章',遂谢人事,弃去一切,朝夕讽绎,惟四圣之易而已。"

康熙十五年(1676)　丙辰年　五十五岁

张勇荐赵良栋,赴宁夏之急。夏六月,张勇与王屏藩对垒于伏羌之洛门镇。

"三藩"军受挫,王辅臣又降归清廷。形势遭历反复。

《待庵日札》有《春阴》:"不改青山留暮靄,虚拟杲日向春华。沉吟厥异追郎顗,扶病从谁泛海查。"

冬十一月,王弘撰哲学著作《正学隅见述》写成,自为序。

《正学隅见述自序》:"今掇其旨要,著之于篇……华山后学王弘撰无异识。康熙十五年冬十一月朔。"

康熙十六年(1677) 丁巳年 五十六岁

二月,与顾炎武同至昌平,谒思陵。

张穆《顾亭林先生年谱》,"康熙十六年"条下:"二月至昌平,六谒天寿山及怀宗攒宫。是行也,与王山史偕。"

九月初三日,顾炎武入关,主明善堂,将同筑山居。

《砥斋集》卷四《频阳札记》:"丁巳秋九月初三日,顾宁人先生入关,止于予明善堂,将同筑山居老焉。"

九月十九日,王弘撰至频阳(富平),吊朱山辉(廷璟)之丧,与邑令郭九芝(传芳)及李颙论学于秦王之军砦,并出所著《正学隅见述》相质证。

《砥斋集》卷四《频阳札记》:"丁巳秋九月初三日,顾宁人先生入关,止于予明善堂,将同筑山居老焉。频阳郭九芝明府使来,附朱山辉太史之讣。"

康熙十七年(1678) 戊午年 五十七岁

诏举博学鸿儒,先生辞疾不获,迟迟入都,寓昊天寺。

《北行日札》中有《答阮亭太史》:"病夫不出寺门,左右所知,既忝宗谊,自可垂谅。即不允辞,弘撰亦终不至也。勿罪。"

时,王弘撰有燕中对菊诗,顾亭林遥自陕西和之。

《北行日札》中有《对菊有怀》,顾炎武《亭林诗集》卷五中有《和王山史寄来燕中对菊诗》。

在都,与蔚州魏环溪(像枢)、新城王士祯、宣城施闰章、睢州汤斌、清苑陈僖、山阳阎若璩、秀水李武曾、三原孙枝蔚、泾阳李念慈等,均有往还。

王士祯《渔洋精华录》卷三有《同施愚山陈蔼公集山史昊天寺寓观唐子华水仙图》诗。

《北行日札》有《答总宁环溪魏公》:"弘撰以衰疾掩关,废友朋往来,若不拜客而赴席，恐开罪于人不浅，当亦长者之所不取也。"

同上《复施愚山少参》："读佳稿，气恬而词洁，俨然有道之度，此大雅之宗也。"

同上《潜庵记》："先生独处一室，寡所与，而予亦以病伏迹僧寮。先生过予语之故，且属之记，盖不胜其遂初之思也。"

同上《书自作贺阎先生寿序后》："予为贺牛叟先生寿序成，寄之淮上，先生曰休矣。吾昔者有余哀，将以慰吾子称觞之情。"

《山志》初集卷五《陈蔼公》条云："戊午秋，予入都，遣僮寻一幽僻僧房作寓，乃至昊天寺。明日，陈蔼公来顾，盖先寓于其旁舍。"

《山志》初集卷六《孙豹人》："前戊午冬，孙豹人之应诏入都也，初亦以老病辞。不准。既而回籍。"

李因笃《受祺堂诗集》卷二十有诗云："无异先生同客京师，家书至，有举曾孙之庆，喜甚；既而叹曰，安有为人作曾祖尚可干进者！"

是岁，吴三桂即位于衡阳，旋卒。其孙吴世璠继之。王弘撰在京，尝就"理""气"之辨，答问。

《北行日札》中《答问示耿门人蔚起》："问：'何谓太极？'曰：'太极是理。理气合一，混沦无朕，名曰太极。道家以无极为理，太极为气，故缪。'问：'太极是理，理何以能动静？'曰：'动静是理，不是理能动静。'问：'理气先后？'曰：'理不可以与气言先后。言先，则先是理；言后，则后是理。言理，理在；不言理，理亦在。如云理能生气，是不明也。'"

康熙十八年(1679)　己未年　五十八岁

春三月，西归。悉由长子宜辅、次子宜辑随侍。

《续刻受祺堂文集》卷二《王征君山史六袠序》："甫峻试，膏车驰还……虽然微，贤子海州君伯佐暨文学仲和左之右之，不至此。"

曾因赵韫退之请，为相国益都冯溥撰寿屏文。

《山志》二集卷三《应酬诗文》条："予在都门日，赵韫退为其里人索予文书屏，贺相国冯公寿，韫退先君与先司马为同年好友，予尝兄事韫退。辞之再三不得，勉拟一稿。"

曾与翰林院掌院事叶讱庵（方蔼）札，代李天生告终养事缓颊。

《山志》二集卷三《应酬诗文》条："忆己未予将出都时，叶讱庵掌翰林院事，李天生方授检讨，告终养。”

离京抵华前后，与王士祯、汤斌等互有酬答。

《渔洋精华录》卷八《送山史归华山》：“华山丹顶鹤，清唳向西峰。不羡三珠树，长栖千岁松。”

秀水徐嘉炎亦有赠诗。

邓之诚清事纪事初编卷七《引抱经斋诗集》卷四《赠别华州王山史兼呈秦晋诸同学》：“先生产华阴，人纲复人纪。自署为无异，世皆称山史。其言明且清，其道温而理。手辑山志编，高风轶尘轨……与余遇燕台，相见忘执雉。”

顾炎武来居华下，王弘撰西归后，与共晨夕。

《亭林文集》卷四：“王（山史）、李（天生）赴京，复有刘（太室）、杨（端本）二绅为之地主。”

《砥斋集》卷八下《复施愚山侍讲》：“唯是与顾亭林先生共数晨夕，得日闻所未闻，差足自娱。”

《砥斋集》卷八下《复汤荆岘侍讲》：“西归以来，益复备甚。唯是与顾亭林先生朝夕同处，以古道相砥，优游山水之间，差足娱耳。”

康熙十九年（1680）　庚申年　五十九岁

四月，王弘撰父之侧室张氏卒，顾炎武有免服之议，朝邑王建常辩之。

《亭林文集》卷四《与王仲复书》：“张氏独守节以事太君。二十五年太君亡，又三十余年，年八十一，及见无异之曾孙而终。”“今张氏之卒，无异将为之表其节而报其恩，其可以无服乎哉！”

王建常《复斋余稿》有《复顾宁人书》：“读来教，言免服之制，引经据传，明且尽矣。但以处无异之于母媵，则不可。”

王建常《复斋余稿》有《复王山史书》：“至于合葬，则非野人之所敢拟也。然近世有于茔域后首南趾北葬者，不谂亦可踵行之否乎？”

《亭林文集》卷四《答王山史书》：“今为位受吊，加于常仪，以报其五十余年之苦节，使民德归厚，敬服敬服。若遂欲祔之同穴，进列于左右之次，窃以为非宜。”

十月，赵良栋率师攻入昆明，吴世璠服毒死。“三藩”告平。关中遭此七年战乱，民生痛苦不堪。

《亭林诗文集》卷六《答徐甥公肃书》：“关辅荒凉，非复十年以前风景。而鸡肋蚕丛，尚烦戎略；飞刍转粟，岂顾民生？……此一方之隐忧，而庙堂之上或未之深悉也。”

是岁之末，王弘撰复游江南，是为中年后之第四次。

康熙二十年（1681） 辛酉年 六十岁

往来于苏州、嘉兴等处。

《山志》二集卷二《顾亭林征君卒》条云：“辛酉秋，予至嘉兴。”

康熙二十一年（1682） 壬戌年 六十一岁

正月初九日，昆山顾炎武先生卒于山西曲沃，终年七十岁。夏季，先生在海州始悉噩耗。

《山志》二集卷二《顾亭林征君卒》云：“予来时，亭林亦有山西之行。’秋岳且惊且喜。逾年壬戌夏，予在海州，接阎百诗手札云：‘亭林于春初殁于曲沃。’予为位而哭之恸。秋，予西归，取道扬州，将往昆山，过淮安。”

冬，王弘撰在扬州，与叶井叔、冒襄、童鹿游有往还。

《山志》二集卷首《黄州叶封序》：“康熙壬戌岁暮，余客扬州，山史亦来，则先是出游将盈二稔，闻亭林之殁，且周岁矣。同寓萧寺，朝夕过从。”

王弘撰壬戌小年过访巢民先生，寄赠二首：“浩浩乾坤内，巢居有逸民……”“四海推簪盍，千秋讬简编……不作寻常事，而垂七十年。感时思俎豆，家国总悽然。”

《砥斋集》卷一下《童氏族谱序》：“如皋童太学鹿游昌龄，其先为兰溪人，迁如皋已三世，而鹿游念之不忘，于申寅岁特走兰溪，访高曾遗业，展埽坟墓，宗党咸贤之。壬戌遇予维扬，亟以修其族谱请。”

《冒巢民先生七十有二寿序》：“壬戌冬，予寓广陵，偶于道上遇一士，神采俊发，为目送之，士亦回首，私询从者，既知，为予趋而前，执礼甚恭，则辟疆之仲子谷梁也。”

康熙二十二年（1683） 癸亥年 六十二岁

尝命改华下读易庐为顾庐，李因笃为诗纪之。

《受祺堂诗集》卷二五《题无异先生顾庐三首序》云：“无异先生初辑是庐，学易其中，因以颜之。顾亭林先生至华下，借居之。亭林先生既殁，山翁改署今名。”

是岁，李因笃复补撰王弘撰六十岁寿序，于弘撰有“通隐”之誉。

《续刻受祺堂文集》卷二《王征君山史六袠序略》曰：“先是二十年八月乙未，值先生六袠皇览，海州谋制锦屏，介先生寿，诎于贫未能也。今将补为之。”

是岁秋冬日，王弘撰应张云翼（又南）之请，为其母张勇夫人李氏撰墓志，又为关中士夫撰贺张勇入觐之序。

《砥斋集》卷九《诰封一品夫人靖逆侯张公元配李氏墓志铭》，略曰：“癸亥秋，奉窆有期，公适入朝，间以云翼所自为夫人状，属书其幽宫之右。予谊无辞。”

《砥斋集》卷一下《贺靖逆侯非熊张公入觐序》，略曰：“公将入关，关中士大夫公制清防，跻堂称觥，属予为词。”

康熙二十七年（1688）　戊辰年　六十七岁

为“金陵八大家”撰记。

《西归日札》中有《善画八大家记》：“癸卯，予至金陵，八人者日相往来。”“卯辰，予再至，则六人已化为异物……乃二、三年间亦俱倏然谢世，今遂无一存者矣。可胜叹哉！”

是岁，先生有哭亭林诗六首。

《亭林遗书同志赠言》中有《卯辰哭亭林先生六首》。

是岁，王弘撰应张勇之子张云翼之邀，至福建。

张又南《式古堂集》尺牍中有《寄先生三札》。

《山志二集》卷三《清源山》条：“戊辰，予在泉南，值中秋。”

是岁，郃阳康乃心与李因笃在华山先生山居，共订亭林遗诗。

《莘野集》有《暮春岳麓呈怀李太史三十二韵》云：“握手集灵阙，班荆独鹤庄，山史先生隐居。遗编诗共订，宁人征君。”

康熙二十八年（1689）　己巳年　六十八岁

秋，与曲阜孔尚任订交于白门。

《湖海集》卷七《过王山史乌龙潭寓舍》：“买山钱少家虽累，著易年多道自传。一顷残荷秋剩藕，几层荒寺晚多烟。游人每日潭边望，谁识茅亭寓大贤。”

同上卷一三《与王山史聘君》：“两访清凉山下，门径寂然，不知先生何往也，怅立久之！”

同上另札："同客金陵，如水萍风絮……前有拙诗求教，先送旧寓而不遇，再送新寓而不遇。以为必不遇矣，岂料反遇先生于座上？"

康熙二十九年（1690） 庚午年 六十九岁

王弘撰为宋以伟撰《山来阁记》，并为戴本孝、无忝诗集作序。

《砥斋集》卷四《山来阁记》："庚午秋，重来下榻。其中虽风景如故，而书画散佚，阁已杀其最高一层，不得如昔之所望。以伟亦皤然崎矣。阁故颜'容安'，以伟喜予之来，易之曰'山来'。乃举觞属记。"

《砥斋集》卷一下《守砚庵文稿序》："庚午秋，予涉江上蒋山之下，久之，重见于长干梵宇。"

同卷中有《碧落后人诗集序》："后十七年，戴子无忝之登华山也，予不及以履从，未识无忝之人也。而今在旧京于其兄务旃所得读无忝之诗选，按义词，出入风雅，不第一门之内。""余既为务旃序其文，而务旃又欲余序无忝之诗。"

又尝遇长洲程然明，为之序其诗草，并为其亭作记。

《砥斋集》卷一下《程然明续游草序》："庚午秋，余以大司马东山王氏之招，为其子授易，则吴门程子然明在焉。""孟冬上浣，余将暂之白下，然明以其续游草属序。"

《砥斋集》卷四《止亭记》："予尝读陶靖节止酒诗，而叹靖节之善言'止'也，然其进焉。盖古圣贤之学，莫不以'止'为要也。"

康熙三十年（1691） 辛未年 七十岁

李良年、康乃心均遥寄祝寿诗。在吴门，承为文徵明裔孙文点为其先人竺坞草庐撰记。三年后成之。

李良年《秋锦山房集》卷十有《山史别逾十载闻届七秩不获涉江为寿弥益怀想赋二章寄之》。

康乃心《莘野集》有《寄奉王山史先生客白门兼寿七十》。

《砥斋集》卷四《竺坞草庐记》："与予缔交二十余载，尝为写独鹤亭图，妙得家法，汪苕文、王阮亭、李天生皆亟赏之。重光协洽（辛未）春，予至吴门，相晤于慧庆寺。求予作竺坞草庐记，予诺之而未遑也。"

康熙三十一年(1692)　壬申年　七十一岁。

十一月,李因笃卒于富平,年六十二岁。

吴怀清《三李年谱》《天生谱》,康熙三十一年十一月二十二日卒。

康熙三十二年(1693)　癸酉年　七十二岁

冬,王弘撰在定山(焦山),为秦淮钟纸庵雅集作记。

《砥斋集》卷四《钟纸庵雅集记》:“癸酉冬之日,龚子岁庵、姚子后陶、胡子静夫、叶子桐初、田子志山、先子迁甫、吴子尊五、余子九迪、张子元子、吴子无咎,詹子秋圃为雅集……属余为记。”

康熙三十三年(1694)　甲戌年　七十三岁

冬,复至吴门,作《竺坞草庐记》。

《砥斋集》卷四《竺坞草庐记》:“阏逢阉茂(甲戌)冬,复至吴门,遂挈杖诣之,始识所谓竺坞草庐者,其额为王百穀书。”“小寒日,鹿马山人王弘撰记。”

康熙三十五年(1696)　丙子年　七十五岁

王弘撰中年以来,四游江南,远至闽中,末次竟栖迟十余年之久。至是,始西归。有诗留别南方友人。

《西归日札》中有《丙子元日将西归感述》:“老夫年垂七十五,饱历丧乱心常苦。泉台父母宁知否?”《留别白门友人》:“有梦常依桃叶渡,寂书应到碧云溪。”

行前,作哭戴务旃记。

《西归日札》有《哭戴务旃记》:“昭阳作噩秋,鹰阿山樵戴务旃先生死。华山王弘撰为位而哭。既三年矣。”

归后,赋诗二首。并有门楣榜题。

《西归日札》有《抵潜村旧居》:“荒墟遗败灶,宿莽翳颓垣。不见桑麻长,何知雨露存?迟徊拜家庆,洒泪到黄昏。”

李夔龙《西归日札序》:“山翁,予妻之世父也。携笈游吴、越间者十载余,丙子春始西归。”

抵家前，新城王士祯入川主乡试，过华下相访，又不遇。有诗。

《渔洋精华录》卷十《访山史读易庐时久客淮南未归》："多年华下遂君初，廿载重过访旧庐。"

康熙三十六年(1697)　丁丑年　七十六岁

遂宁张连青来华山祭神赋诗。王弘撰与其结交，并赋诗其后。

《书总宪张公诗后》："康熙三十有六年秋，都察院左都御史遂宁连青张公，奉天子诏，来祭西岳华山之神。""邑宰裕庵董侯诵其诗而美之，泐石以传，属予书其后。"

康熙三十七年(1698)　戊寅年　七十七岁

有怀王建常诗。王建常有答诗。

《山志初集》卷三《王仲复》条："戊寅秋，予怀之以诗。"

康熙四十年(1701)　辛巳年　八十岁

王建常卒，终年八十五岁。王弘撰为之志墓。

康熙四十一年(1702)　壬午年　八十一岁

是年春，王弘撰卒，终年八十一岁。有绝笔诗。门人私谥曰"贞文"。其长子宜辅求先生墓志铭于王士祯。

康乃心《王贞文先生遗事》："先生疾且革，以先朝图画三事、绝笔诗二章授其子。诗曰：'负笈江南积岁年，归来故里有残编。自从先帝宾天后，万事伤心泣杜鹃。''八十衰翁沮溺徒，祖宗积德岂全孤。平生不作欺心事，留与子孙裕后谟。'"

同时谥议："于是尝受教于先生、若友、若门弟子，议曰"，"按：谥法，不隐无屈曰'贞'，道德博文曰'文'，请谥先生曰'贞文'，敢以质之中孚先生。中孚曰：'然。文范、靖节之遗则，先生无愧焉。'"

王士祯《古夫于亭杂录》卷三："华阴王伯佐宜辅来，求其父山史弘撰墓铭，以文五峰画骊山图润笔。"

（作者简介：王娇娇，安徽师范大学文学硕士。）

新书推介

从细部到整体:《清诗考证》系列的基本特征

◇郑　幸

摘　要:近年来清代诗歌研究中,朱泽杰先生的《清诗考证》系列成果尤为引人注目。就其中的清诗总集研究来说,朱先生很早就关注这一领域的研究动向,《考证》系列中,与"总集"有关的篇目占据比较大的比重,或是对既有书目的考辨与补充,或考订清诗总集的序跋、版本、内容、作者等,或利用总集文献作一些延伸性研究。在此基础上,有意识地转向清代诗社与集会研究。作者力图尽可能多地发现并解决清诗研究中的各种问题,不断拓展新的领域,构建起清诗研究的完整体系。

关键词:《清诗考证》系列;总集;诗社;集会

明清诗文研究自近二三十年来,一直呈现出一种异常迅猛的发展态势。对这一现象,近年来有不少学者曾专门加以讨论。例如世纪之交吴承学、曹虹、蒋寅三位先生的谈话录:《一个期待关注的学术领域——明清诗文研究三人谈》,其中对于明清诗文研究的总结与展望影响很大,至今仍被学界反复提及;稍后则有周明初先生《走出冷落的明清诗文研究——近十年来明清诗文研究述评》、张晖先生《元明清近代诗文研究的现状及其可能性》等文,也分别从不同的角度肯定了近年来明清诗文研究的既有成就,并对其可能的发展方向作了十分有益的探讨。而随着全国古籍普查的进一步深入、《中国古籍总目》的编纂以及众多大型丛书的影印和电子化,明清文学在文献上的优势也正越来越显著。其中所包含的海量信息，即便是研究其他各代之文学者，也已经完全不能绕开。回想此前的备受冷落，确实有一种今非昔比之感。

而在明清诗文研究的诸多领域中，笔者尤其关注的又是其中的清代诗歌。这主要是因为笔者硕士阶段曾跟从浙江大学朱则杰教授研习清诗，后来博士论文又选择了清代著名文人袁枚作为研究对象，自此便与清代诗学结下不解之缘。朱先生是钱仲联教授的高足，又是国内第一部《清诗史》的作者，数十年来更是一心专注于清诗研究，在这一领域内取得的成就可谓有目共睹。前段时间，笔者还收到先生（以下或径称“作者”）寄赠的两巨册《清诗考证续编》（浙江大学出版社2019年版），再加上2012年早已出版的《清诗考证》（人民文学出版社，也是两巨册；以下凡笼统提及二书者均简称“《考证》系列”），并且还有尚在撰写中的《清诗考证三编》，前后加起来总字数应当不下三百万，不禁令人咋舌惊叹。而除了体量巨大之外，《考证》系列最令人印象深刻的，应该还是书中巨细无遗的考证。作者在《清诗考证》前言中曾云：

> 从1999年开始，个人的研究重点便集中到了所说的“考证”之上，试图就能力所及，对清代诗歌本身以及现有研究成果中存在的各种实质性问题予以考察……在考证的过程中，或反面批评，或正面引述，基本上涵盖了现有清代诗歌的各种研究论著。这在一定程度上，等于以“考证”的形式为此前的清代诗歌研究做了一个大致的总结。

不难发现，作者用力虽在细部，最终着眼点却仍然是“清诗”这个整体。只不过在当下学术界，比较流行的还是理论框架、系统构建、宏观视野等诸如此类的学术话语，这种通过细部考证所表达的整体性观照，难免还是会受到很大的忽视甚至误解。有感于此，特拈出《考证》系列中又自成体系的两个研究专题，即清诗总集研究与清代诗社集会研究，谈谈自己的一些粗浅看法。

一、清诗总集研究

要谈清诗，一个绕不过去的问题就是其惊人的体量。尽管已经有好几种专门的清代诗文集目录，包括《清人诗集叙录》《清人别集总目》《清人诗文集总目提要》等，再加上《清史稿·艺文志》及《补编》、《清史稿艺文志拾遗》、《中国古籍总目》等综合性目录，我们已可大致掌握清代诗集的基本情况，但要想穷尽阅览，恐怕任谁都无法做到。因此，面对浩瀚的清诗海洋，如何有效率地筛选其中之精华，以凸显研究之价值，就成为清诗研究中一个非常重要的问题。传统的做法一般是选择已经得到后人高度肯定的一流诗人，例如吴伟业、王士禛、袁枚等人，对之进行比较全面的个案研究。然而随着清诗研究者队伍的不断扩大，这种个案研究已开始逐渐面向一些二流甚至三流作家。这里当然并非否定这些二三流作家的学术价值，只不过这种向下的视角最好是建立在博览基础之上的一种自觉选择，否则就非常容易影响研究者的审美判断，也无法站在一定高度上去把握清代诗歌的整体走向。从这一点来说，汇集诸家作品的总集，特别是一些全国性或地方性的大型总集，先天便带有一定的宏观优势。至于那些带有强烈文学批评色彩的诗歌选本，则更是清诗理论、文学流派等相关研究的文献渊薮。因此，在以别集为文献基础的个案研究渐趋细化之际，选择清诗总集作为研究之对象或者基本文献，则不失为一种非常有益的探索。

关于清诗总集的专门研究，已知最早的是日本学者神田喜一郎先生发表于大正十一年（民国十一年，1922）的《清詩の總集に就いて》，但较为简略。其后日本学者松村昂先生又分别在1989年、2010年出版了《清诗总集131种解题》《清诗总集叙录》两部专著，可以说是比较深入关注清诗总集的首位学者。随后在1998年，海外学者谢正光、佘汝丰两位先生又合作出版了《清初人选清初诗汇考》。对这些成果，朱先生都很早就予以关注并积极向国内引介。其中早在1994年，就撰写了《清诗总集研究的硕果——读松村昂先生〈清诗总集131种解题〉》；次年又对此书概要加以翻译，即《〈清诗总集131种解题〉纲要及示例》。与此同时，先生也开始陆续撰写一系列关于清诗总集的补遗、考订类文章，至今已发表者约四十余篇，大抵均收入《考证》系列。2006年，先生又以“命题作文”的形式，指导其第一位博士夏勇撰写了以《清诗总集研究（通论）》为题的学位论文。该论文后获得了2013年全国优秀博士学位论文提名奖，除了夏勇博士本身之优秀勤奋外，先生作为其指导老师在这一领域有着多年的积累，想必也是重要原因之一。

纵览《考证》系列，与“总集”有关的篇目占据着特别大的比重，主要见于《清诗考证》第二辑“总集别集类”和《清诗考证续编》第一辑第三题“清诗总集丛考”之中。就具体内容而言，则主要可以分成三类。一类是对既有书目的考辨与补正，包括《四库全书总目》《清初人选清初诗汇考》等；一类是围绕具体的清诗总集，对其序跋、版本、内容、作者等各个方面的情况作比较细致的考订；还有一类则是利用总集文献作一些延伸研究，例如对名家集外诗文的辑考、一些清代诗社的考论等。

其中最值得关注的是第一类。作者显然特别著意于纠正现有清诗目录中的细小失误，除了总集部分，其他篇目中也有大量关于目录的考订和纠谬。这当然不是为了与编纂者过不去，而是试图为清诗研究奠定一个基本可靠的目录学基础，并总结出一些在编纂上可以依循的规律。例如《清诗考证》第二辑中的"四家诗钞"条，作者先后翻检了《四库全书总目》《四库全书总目辨误》《中国丛书综录》《中国古籍善本书目》《清史稿艺文志拾遗》等各种目录，指出其中著录的所谓王企堉《四家诗钞》《五家诗钞》与《畿辅七名家诗钞》，实际上都是同一种总集。作者在文末云："至于与此集'四家''五家'之类书名相同或相近，而实际非同一种书、编者也不相同的清诗总集，则另外还有一些，不可混淆。"这里虽未作展开，却涉及古籍目录编纂中一个非常重要的现象，即丛编类书籍常常存在以零(残)本误作足本的情况。一方面，分册装订的丛编书籍容易缺失卷册，如果能够反映全书情况的总目、序跋恰好缺失或根本没有(亦不乏书贾故意作伪者)，则非常容易将零(残)本当作足本；另一方面，丛编类书籍在刊刻时因卷帙相对较多，故成书过程往往较为复杂，可能会形成好几种卷数、内容不一的先后印本，也容易导致著录上的讹误。有鉴于此，笔者迫切希望看到的，是学界能够尽快出版一部现存清诗总集的总目，且最好能附有提要。这是因为撰写解题则必须检阅原书，这就能在一定程度上避免因辗转抄录其他目录而造成的错误，也更方便相关研究者深入利用。对此，前述日本学者松村昂先生《清诗总集叙录》实际上已经先行一步，只因受限于日本汉籍的收藏数量，因此很难作全面的展开。听闻近两年来，安徽师范大学刘和文教授已着手编纂新的《清诗总集叙录》，而玉林师范学院王卓华教授则正领衔主持"全清诗歌总集文献整理与研究"课题。尽管这些研究都尚未完成，但其成果还是很令人期待的。朱先生从2005年开始陆续编纂、在《考证》系列中一再提到的《清诗总集序跋汇编》，则近期也将交付出版。

至于第二、第三类的研究，粗看之下，题目都非常平实，解决的也都是具体而微的细小问题。这是因为作者的治学风格，一般是比较偏向于解决实际问题，即无论大小，随手补缀，有话则长，无话则短，颇有古人之风。这在追求意义之提升、价值之拔高的当今学界，似乎显得有些格格不入。但诚如作者在"前言"中所说："每辑内部，自成系统；各辑之间，则互有联系，总体上都归结于清代诗歌。"作者所追求的，是从考订每一个细节、纠正每一个错误、解决每一个问题入手，像拼图一样一步步还原出"清诗"的整体面貌。事实上，研究方法本没有优劣之分，要看你想要解决的是什么类型的问题。面对海量的清代文献，宏观研究常能够提供开阔的视野，理论研究则能寻找新颖的视角，这些显然都是不可或缺的。但其立论的基础，还是必须建立在准确的文本和事实之上。作者对清代文献所展开的巨细无遗的"考订",无疑就是从这个角度出发的。

举例来说,如《清诗考证》第二辑"总集别集类"之"《国朝诗别裁集》误收前代人诗"条,提及清诗大家宋荦、王士禛、沈德潜俱将北宋秦观之作误当成清代无名氏作品,不免令人发噱。这本来或许只是一个小的失误,毕竟古人阅读条件不如今人,无法通览宋诗,也是可以理解的。但是当一力标举"唐音"的沈德潜,将这首宋诗煞有介事地选入他那部具有强烈宗唐倾向的诗选《国朝诗别裁集》中,那么在清中叶"唐、宋"之争的背景下,这件事就显得比较有意思了。如果后世研究者能够注意到这一细节,想必就能够更加全面、立体地了解沈德潜的选诗标准。值得一提的是,在《别裁集》出版后不久,袁枚即针对"唐、宋"之分与选诗标准等问题向沈德潜发难,引发了清中叶格调、性灵之争。如果袁枚当时也发现了沈德潜的这一失误,这场论战想必会更加有趣吧。

二、清代诗社与集会研究

在总集研究取得了相当丰硕的成果之后,作者又将目光转向了清代诗社和集会研究。从"总集"到"诗社",看上去似乎跳跃很大,但稍作了解,就会知道这完全是一种非常自然的过渡。因总集中有一类专门围绕结社或集会活动而编纂的"社诗总集",如乾隆年间《长溪社诗存》、道光年间《红梨社诗钞》、光绪年间《翠屏诗社稿》等,仅据书名,就能清楚知道其与诗社有关。此外还存在大量题名上并无彰显,但实际上却是围绕某个诗社或集会而编纂的总集。例如作者公开发表的第一篇有关清代诗社的论文《〈清尊集〉与"东轩吟社"》(2010年),就是围绕道光年间诗社"东轩吟社"及其社诗总集《清尊集》而展开的。据笔者的不完全统计,《清诗考证续编》第二辑"结社集会类"中至少运用了四十馀种社诗总集的资料,至于偶尔引用或稍加提及的清诗总集,则更是数不胜数。总集的文献价值,至少在诗社研究这一层面,可谓被发挥得淋漓尽致。

值得注意的是,关于"东轩吟社"的这篇文章,末尾原来有一个"余论",当初发表时因为篇幅关系被删略,而在《清诗考证》中则能够完整读到——作者在那里着重阐述了"东轩吟社"在清代诗社史上的地位和作用,由此可以推测他至少当时就已经对清代诗社有一种整体性的考量。同年两个月之后作者的另一篇《"潜园吟社"考》发表,表明这方面的文章即将"批量"到来。因此,"东轩吟社"这篇文章虽然在《清诗考证》中是唯一一篇关于诗社的专文,却从标题到内容预示着作者两个研究重点之间的过渡。同样,作者在《清诗考证续编》之《毕沅"苏文

忠公生日设祀”集会唱和考》一文中,也曾回顾了自己治学思路的转变:

> 笔者在1988年因参加一次苏轼学术研讨会,结合清代诗歌写过《略论苏轼在清代诗人中的影响》一文,第一部分“清代诗人对苏轼其人的钦慕”最末一段曾经叙及“他们广泛地为苏轼做生日这一点”。如今时隔二十余年,又重新涉及这个问题,而角度却换到了集会唱和。这不仅是个人具体研究方向的一种变迁,而且也从一个侧面说明了清代诗歌研究的发展。

所谓“清代诗歌研究的发展”,指的自然是近二三十年来,清诗领域所取得的巨大进展。其中具体到清代诗社这个问题上,则又有些复杂。事实上,并不是所有的清代诗社都乏人问津。至少在明末清初这一阶段,因其特殊的历史与文化背景,曾经涌现出相当数量的社集活动,并得到许多学者的关注。例如比较有代表性的专著就有谢国桢先生的《明清之际党社运动考》、何宗美先生的《明末清初文人结社研究》及其《续编》等;此外关于“复社”“几社”“望社”“冰天诗社”“惊隐诗社”“蕉园诗社”等重要诗社的个案研究,则更是数不胜数。但相比清初,清中叶直至清晚期的研究就显得比较沉闷一些。清末民国虽稍见起色,但也多集中在“南社”这样的个案研究上。事实上,清末至民初的诗社数量极多,可以说是清代诗社发展的又一个高峰期,故颇有待于进一步的拓展与深入。当然这些状况在近十年来还是获得了很大的改善。总的来看,大致呈现出这样一些倾向,即由清初拓展到整个清代包括民国,由重点关注名家或大型社集转向同时讨论一些虽然名气略小却更具典型性或普遍性的中小型社集。关于清代诗社的研究概况,可参考作者另一位高足胡媚媚后来的博士论文《清代诗社研究》中的相关综述,此处不赘。

而作者在2010年以后的近十年间,不仅撰写了大量关于清代诗社的文章,而且尝试从各个角度、各个层面发现并探讨清代诗社的各种形式和特点,可以说是清代诗社研究不断向前的重要推进者。这些文章目前主要收录在《清诗考证续编》第二辑“结社集会类”中,共涉及清代诗社、集会多达41个,其中有21个作了比较详细具体的展开,另外20个则以“清代诗人结社丛考”的形式组成一个专题。从题目上看,这些全部都是个案研究,粗看之下难免会觉得彼此之间并无联系。但细细品读以后,又会发现这些个案是经过精心选择和安排的。一方面,从时间线上说,其中固然有对清初名家、名社、名会的讨论,例如“惊隐诗社”“红桥修禊”“姑苏杨柳枝词唱和”等,但更多篇幅还是留给了清中叶以后的社集,从而比较均衡地展示了整个清代诗社的整体面貌。另一方面,也是在笔者看来更重要的,作者既列举了几个普通意义上的“诗社”“诗会”，同时又拈出了“观剧”“修禊”“续修禊”“唱和”“千叟宴”“九老会”“设祀会”“联句会”“消寒会”等各种形式，向我们展示了清代诗社集会形式的丰富性与多样性。因此将这些篇目放在一起，仿佛自然而然就是一部清代诗社发展史，从而使诗社研究同样逐渐发展成清诗研究领域之内的一个重要分支。

然而作者显然无意做过多的理论阐述，因此关于这些社集的研究意义，每次都只是在开篇或结尾处稍作总结，可谓点到即止。尽管如此，却仍能带给我们很多有益的启示。例如关于王士禛“红桥修禊”这一著名集会，前人多着意于考察其对文学史的意义和影响，作者却在开篇就提出了一个非常重要的观点：

> 诗人结社、集会、唱和，三者既有可能相互重合，也有可能相对独立。顺序而言，结社必有集会（个别特例另论），集会必有唱和（无唱和的集会不论），这是相互重合。而倒过来说，唱和不一定都要集会，集会也不一定都是结社，这就是相对独立。因此，结社、集会、唱和，各自都可以成为专门的研究领域。同样，在涉及具体对象的时候，也需要认真甄别，使之尽可能符合客观实际。

随后在正文中，作者以一系列细致而详尽的推考，为我们展示了所谓“认真甄别”的具体意义。文中先是对参会人员之数量、因“修禊”一词而导致的对集会时间的误解等细节问题，一一作出令人信服的考释；接下来，则对此次“红桥修禊”集会的唱和诗作了三个批次的分类，依次为“当场诸家同作”“事后友人和作”以及“事后他人和作”，其中第二批次又分为三组，并指出其中只有第一批次属于真正的集会唱和，其他两批次都是事后追和。这正提醒我们，对待集会类的唱和诗需要仔细甄别，不能仅仅依据诗题就简单认定此诗作者曾参与现场集会，很多唱和之作实际上作于事后，且作者很可能与此次集会没有任何关系。现在电子古籍及网络检索功能十分发达，很多研究生甚至学者在搜集资料时，往往在输入关键词检得大量相关内容后，不加细考，即下结论，难免张冠李戴，错讹丛生。事实上，作者早年曾自学过简单的编程与数据库，是国内很早就开始利用计算机辅助研究的学者之一，在2000年甚至还有过“近百年清诗研究资料信息数据库的建设及索引工具书的编纂”的构想（惜未果）。面对清代诗歌这一无比浩瀚的文献海洋，一方面固然要合理利用现有技术以实现高效率的资料收集与筛选；但另一方面，如何甄别并准确地运用这些资料，亦是治学者需要时时谨记的。笔者亦当以此自警。

三、余论

多年前在朱门求学时，先生最喜欢带着我们逛西湖，于湖光山色中娓娓讲述清代诗学，此情此景，至今难忘。犹记得有一次是带我参观孤山上西泠印社“题襟馆”中所保存的清代诗人丁敬的石刻诗集《砚林诗墨》，这让我第一次领略到清代诗集在形式上的多样性。后来我还围绕这部石刻诗集，撰写了平生第一篇小论文，并发表在《古典文学知识》上，就此算是走上了学术研究的道路。

而在我求学的三年中，印象最深的，是先生常常教诲我要有研究整个清代诗学的全局观。这一点我始终没有做到，而先生却始终都在践行。无论是最初编纂《全清诗》的宏伟理想，还是近年来从总集、诗社入手对清代诗歌作各个层面的梳理，在我看来，其中之核心要义，就是要穷尽毕生之力，尽可能多地发现并解决清诗研究中的各种问题，不断拓展新的(子)领域，建构起完整的体系。因此先生总是不遗余力地将手中资料，无偿赠送给相关研究者。因为在他看来，研究清诗更像是一种使命，多一人便多一份力量，而丝毫不计较所谓“个人成果”上的得失。这种不争不抢、无私“共享”的精神，在当下这个因为种种利益牵制与考核要求而显得浮躁与焦虑的学术圈中，实在可以算得上是一股清流吧。

（作者简介：郑幸，上海大学文学院副教授，著有《袁枚年谱新编》等。）

普通知识分子的学术世界

——《江顺诒研究》的学术价值及其启示意义

◇黄振新

摘　要:《江顺诒研究》是学界第一部系统研究江顺诒的专著。论著首次对江顺诒的著作进行了系统整理,对其生平行事进行了深入考察,并以此为基础对其学术、文学主张和作品风貌予以了解析,将江顺诒研究提到了新的高度。论著采取的"眼光向下"的治学路径和体现出的治学方法,对开展学术研究具有重要的启示意义。

关键词:《江顺诒研究》;学术价值;治学方法;启示意义

江顺诒(1823—1884),字子穀,号秋珊,安徽旌德人。其虽系清末一名普通知识分子,然其平生问学领域广泛,著述颇丰,涉及政论、经学、文学、报刊文献、中外文化比较等多个领域。近代名人王韬评价江顺诒政论性著作"皆风行于世,不胫而走"[①];谭献评其词学"能求音之原",誉其词作"婉润之致,不伧劣矣"[②];现代美学家宗白华受到江顺诒"始境,情胜也;又境,气胜也;终境,格胜也""词之三境"的启发,提出他的"境界层深创构"思想;现代"新红学"家们亦受到江顺诒《读红楼梦杂记》"悟书""解脱""自传""殷鉴"等主张的诸多启迪。然而,由于江顺诒的著作多处于尘封状态,学界对其研究并未深入,更无系统性的专论成果。

杨柏岭教授(以下简称"作者")的《江顺诒研究》是学界第一部系统研究江顺

① 王韬著,刘文忠校点:《淞滨琐话》,齐鲁书社2004年版,第140页。

② 谭献著,范旭仑、牟晓朋整理:《复堂日记》,河北教育出版社2001年版,第52页。

诒的专著。全书计60余万字，分为上下两编。上编是研究性内容，在对江顺诒的生平、著述进行深入考察的基础上，第一次对其政论及文化思想、诗学主张及诗歌风貌、词学理论及词作风格、《红楼梦研究》的主要观点及其开拓性意义等进行了全面阐述。下编是江顺诒相关作品校辑，首次对江顺诒各类著作进行了整理，内容涵盖《窳翁自撰年谱》《江秋珊先生事略》《呰窳子》《越俎卮言》《梦花草堂诗钞》《词学集成》《愿为明镜室词稿》《江顺诒散曲辑补》《读红楼梦杂记》等，汇聚了丰富的江顺诒研究第一手资料。论著材料翔实、论述细致，读后颇受启发。兹就阅读心得发表一二，以便同行获悉相关内容，亦期从中求得学术研究之感悟。

一、眼光向下、走向历史：《江顺诒研究》的治学路径

长期以来，学术研究更多地关注于大家和名家，相较于普通知识分子常常更加关注精英话语。在史学界，近年出现了"眼光向下"的学术转向，主张"走向历史现场"，通过关注普通人的日常生活来把握历史，弥补局限于国家的或精英的"话语"的缺陷。[①]笔者以为，这种眼光向下的研究视角，宜于无数个历史碎片的组合，构筑一幅规模宏大的历史画卷，从中可以更加真实地窥见历史本相。事实上，对系列普通人的管窥，就是"碎片"性的历史存在的掇拾。在文学界，近年也有越来越多的人关注中小作家，这是在大家研究已经比较深入的情况下拓展研究领域的一个重要方法。大家和中小作家研究齐头并进、相互发明，可以呈现出"面"的特征，深化我们对文学史的理解。正如有学者指出，研究文学史上的大家固然重要，但如果缺乏对众多二三流作家的深入研究，不仅对所谓大家的研究缺乏立体感，而且对整个文学史的研究构成了"短板"效应，那些宏大的文学史建构，也缺乏应有的基础的支撑，仅变成了一些"点"的连缀。[②]

清代学术昌盛，名家辈出，江顺诒作为一名普通知识分子，身为小吏，但他对时务具有深入的思考，在文学上也有所成就，他的许多主张较好地体现了普通知识分子的立场和观点。《江顺诒研究》借助一位普通文士的视角，展示了清朝道光、同治、光绪年间普通知识分子的生活、思想和文学创作状况，纠正了一些浮于表面而产生的误读现象，对于我们把握当时的历史和文学具有重要意义。著作这种"眼光向下"的治学路径，还体现在对作品涉及人物的考证上。据统计，论著共计考证80余人，考察内容涉及名姓、字号、生卒年、著作、生平行事等多个方面。

① 常建华：《社会史研究的最新发展趋势》，《安徽师范大学学报》，2014年第1期。

②《宋代文学研究年鉴》编委会编：《宋代文学研究年鉴2006—2007》，武汉出版社2009年版，第385页。

他们多是同治、光绪年间的中小作家，有不少人物在当时地域性空间具有一定的影响。这些考证既有利于深化对江顺诒的认识，也为相关人物研究提供了资料与线索。据此可知，《江顺诒研究》的意义，既在于寻得了一个像江顺诒这样一个在时务、文学、文化等方面卓有成效而声名不显的对象，也在于突出了一种研究路径，这对于推动中小作家研究具有重要的借鉴作用。学术争而能鸣，不同研究方式的交流、碰撞和融合有利于助推学术繁荣；治学路径转变所提供的研究范式，能给学界带来一些思考，这便是《江顺诒研究》的一个贡献。

二、广搜细校、去伪存真：《江顺诒研究》的文献价值

文献整理是学术研究的重要基础，没有文本支撑研究就难以展开。关于江顺诒研究的成果不多，一个重要原因就是他的很多著作此前未能得到整理与出版。《江顺诒研究》首次较为系统地对江顺诒生平资料及重要著作进行了整理和校勘，为学界深化研究提供文献基础。

一是广搜细整。江顺诒著述颇丰，然因部分作品毁于战火，部分作品未得以刊刻，已刊行作品多分散馆藏于各图书馆，故而资料的收集和整理有一定的难度。作者非常重视文献工作，历时数年，投入大量精力，从各大图书馆馆藏图书中广泛搜求江顺诒作品。先后从上海图书馆搜集到《窳翁自撰年谱》《江秋珊先生事略》等手稿，从北京图书馆整理出《呰窳子》三卷、《越俎卮言》二卷和《愿为明室词稿》九卷，从芜湖图书馆查找到《呰窳子集证》五卷，从华东师范大学图书馆查阅到《愿为明室词稿》二卷，从安徽师范大学图书馆、湖南省图书馆、华东师范大学图书馆等查阅到《西泠消寒集》和《西泠酬倡集》(初集、二集、三集)，并从《清稗类钞》《武林坊巷志》《西湖文献集成》《瀛寰琐记》《词章杂志》等各类著作和刊物中广泛收集江顺诒诗文词等作品。

多年来，学界多征引江顺诒有关词学、《红楼梦》研究等方面的观点，但因其生平行事不详，无法深入研究。该著首次全面整理了《窳翁自撰年谱》《江秋珊先生事略》等手稿。不过，江顺诒手稿以行草为主，部分文字难以辨认。作者经上百次与多位书法家、古文字研究专家交流，反复斟酌，力求校辑准确。同时，作者对此并不掠人之美，受人启发、指点处，均一一注明，严谨治学之用心值得学习。江顺诒《词学集成》八卷以征引文献为主，且征引时会按照自己的理解加以删改。有鉴于此，该著对江顺诒所征引的文献给予了考释，在查明文献来源的前提下，指出江顺诒删改情况。同时，《词学集成》之《词话丛编》本流行半个多世纪，然唐

圭璋先生为之所拈标题，存在背离或曲解江顺诒之意的情况。对此，该著均予以了改正。《愿为明镜室词稿》有九卷本、二卷本，学界对此多有误识。该著以九卷本为基础，统筹二卷本，并从各类文献中辑佚40多首，列为卷十一“愿为明镜室词稿补”。《梦花草堂诗钞》未见刊本，上海图书馆所藏《窳翁丛稿》稿本存有部分作品。对此，该著从《西泠消寒集》、《西泠酬倡》（初集、二集、三集）、《铁花吟社诗存》以及相关报刊中，辑录280余首。在文献整理中，该著纠正了不少学界流行的误见，此处不再赘叙。

二是精心校释。王鸣盛在《十七史商榷·序》中说：“尝谓好著书不如多读书，欲读书必先精校书。校之未精而遽读，恐读亦多误矣；读之不勤而轻者，恐著且多妄矣。”[①]对于整理出的作品，除了一般性的释义外，该著注释还具有六个方面的特点。

其一，注重原作呈现。关于校勘古人提出“克复其旧”“归其真正”，论著注重还作品本来面貌。根据字迹书写风格不同和文字内容等信息综合评判，对作品中江顺诒所撰内容与后人补写内容作了区分，对原稿书写时涂改情况等亦作了说明。[②]这些细节，有的正是把握相关问题的关键所在。在《词学集成》校勘中，对江顺诒征引词论所删内容用【】标识，增添文字用（）标识，辑录文字原本注释性文字用〈〉标识，校勘所得置于【说明】【校勘】之中，既保存了江顺诒辑录稿面貌，也可见出辑录前原稿状貌。

其二，注重版本对照。将作品多个版本进行对照，见出优劣、正误，此种情况在《词学集成》校释中最为常见。比如，“景祐初，宋祁、郑戬建言”句，光绪刻本为“景初”，《词话丛编》本为“景德初”，因宋祁“景德初不足十岁”，建言的可能性极小，故论著据《词林正韵》本改正为“景祐初”。

其三，注重精准阐释。除了字词阐释精准到位外，论著还对《词话丛编》关于《词学集成》各条目所拟之标题进行了斟酌，将与江顺诒主张不合处一一作了修改，改后之题更符合江顺诒的思想，也更加清晰明了。

其四，注重出处标识。对所引文字出处予以明确标识，提供了准确的信息来源，方便读者检索。论著在注释中还征引了作品论及的相关资料，让各类著作相互印证，澄清事情来龙去脉。比如，西泠消寒社第八集《拟古，拟李义山烧香曲》题解，征引《三借庐赘谭》之《消寒社》内容，列其所记“消寒诗社开，寓公需次，事

① 王鸣盛著，黄曙辉点校：《十七史商榷》，上海古籍出版社2013年版，第2页。

② 比如，“明年六十岁”有注“原写‘今年’，后涂改为‘明年’”，“甲申七月，年六十二，卒于省垣”有注“此处原有‘月病过世’四字后圈涂”。

暇联吟,极一时之韵事”。

其五,注重勘误工作。带着求真、求实的态度,纠正了作品中的多处错误。比如,将《窳翁自撰年谱》中的“敦衎”更正为“惇衎”、“大开”更正为“达开”、“风山城门”更正为“凤山城门”、“三七”更正为“卅七”等。

其六,注重地名考证。对“蟠龙巷”“广信府”“龙头”“草鞋岭”等地名进行了考证,对“玉环”“南田”“西塍”“九里洲”“退省庵”等地名作了交代,对“上元县”(今南京市)、“仪征”(今镇江)、鄞(今宁波)等地名作了备注。地名考证与人物考证相承接,更加清晰地展示了江顺诒的活动轨迹,也方便读者获悉相关知识。

三、论从史出、力求深入:《江顺诒研究》的提质拓新

由于此前江顺诒生平行事并未明晰,一些研究具有因文献不足而带来的浅表解读情况,有些判断亦呈现为观念先行的逻辑判断。论著在对江顺诒生平行事进行考证的基础上,深入探求他的学术思想和作品风貌,既有提质效果又有拓新功能,实将江顺诒研究提到了新的高度。

一是知人论世。知人论世是我国传统文论的一种评介方式。《孟子·万章下》说:“颂其诗,读其书,不知其人,可乎? 是以论其世也。”只有对作家及其所处的社会状况有全面的了解,才能深刻把握作品的内容,规避从文本到文本的浅层阅读现象。《江顺诒研究》以《窳翁自撰年谱》《江秋珊先生事略》为基础,以其他文献为辅助,考察了江顺诒“姓名、字号”“祖系、家世”“籍贯”“生卒年”“举业、官禄”“社集、交游”“述撰、著作”,将其生平行事和著述情况清晰地展示出来,纠正了学界的一些模糊认识。关于江顺诒的姓名,有人书写成“江顺贻”或“江顺怡”。据该著考证,前者主要出现在中国美学研究领域,始自宗白华,杜信孚、蔡鸿源等人沿袭了这种错误;后者主要出现在“红学”界,始于顾颉刚,俞平伯、冯其庸等人接其踵。关于江顺诒的生卒年,相关资料多言不详,部分成果虽有标识,然均不太准确。论著据潘钟瑞《香禅日记》、江顺诒《年谱》《事略》及相关诗作、丁立诚《挽秋珊》诗、丁丙《月会约》跋语等资料,考证出其道光三年(1823)秋生于安庆、光绪十年(1884)七月卒于杭州。关于江顺诒的籍贯,论著据《年谱》《事略》以及谭献《复堂日记》、王韬《淞滨琐话》、徐珂《天苏阁笔记》、《愿为明镜室词稿》等著作中的相关信息,确定其为“安徽旌德县人”,纠正了丁立中“元和江秋珊丈顺诒”、陈乃乾“长洲江顺诒”、黄秀文“江苏扬州人”等说法。

江顺诒生平行事的梳理,实为深入理解其各类著作提供了条件。譬如,江顺

诒素有“抵掌天下事”的抱负，然而却五应秋试不第，最终通过捐纳走上仕途，担任职务多为小吏，正是知晓了他的这些遭遇，我们才能理解其诗词中对功名的渴求以及失意时“曲江八月怒涛横”的悲愤；江顺诒性格坦诚，多情重义，以“愿为明镜”为号，对水仙子情深意笃，廿载回首仍难忘怀，正是理解了他的这种情愫，我们才能准确解读他的情词作品。诸如此类，对于把握江顺诒的思想特征和作品内容，都具有积极的意义。

二是彰显特色。论著深入挖掘了江顺诒的诗、词、小说理论，首次全面阐释了关于江顺诒政论、文化传播、诗歌、词学及“红学”等的心得，将其理论主张和作品风貌立体地展示了出来。在词学理论方面，全面阐述了江顺诒的词学思想及其在词学史上的地位，涉及词学系统构建、词体音律系统考察、“词派”论和词学发展史观、“词境”论和“词品”观等内容。在诗学理论方面，从乐歌体式演变的角度探讨了江顺诒“诗与词本同一源”的主张，从诗学宗尚的视角指出江顺诒颇重“风骚”及唐诗的特点。在小说理论方面，集中论述了《读红楼梦杂记》关于《红楼梦》主题的思考、创作意图的认识、江顺诒的评判标准及其读小说产生的身世体验，揭示了其观点在“红学”研究史上的开拓性意义。

江顺诒的诗词文著作，论著以彰显特色为归旨，对其进行了深入分析。关于江顺诒的政论文，论著指出其可作为研究晚清时局和洋务运动史的宝贵资料，用大量笔墨论述了“西学东渐”背景下江顺诒对“新学”的认识，凸显了其在中国近代政治思想史上的独特价值。关于江顺诒的诗歌，从书写有心为宦的小吏境遇和情志出发，展示了其作为普通知识分子的创作特色；从张扬个性、“淋漓酣畅”风格入手，展示了其有异于同光体诗作的别样风貌；以《海上新乐府》组诗为重点，展示了其对“大事件”和“新事物”的抒写及其在近代诗史上的独特价值。关于江顺诒的词作，指出其填词的目的在于“移我性”“移我情”，并期望达到“任吾性”的“人文合一”境界；结合其人生经历，揭示了词作中流溢的香艳气息、体现的造景造境之美和渗透的英雄末路之悲；结合才人之词、词人之词的身份特征，揭示了词作凄清婉约的格调。如此系统的评述，在江顺诒研究史上均属首次。

三是力求新颖。论著提出了许多与众不同的见解，抓住了江顺诒思想的关键，彰显了其作品的价值。一方面，论著提出了很多新颖的观点，带给学界一些新的认识。比如，论著指出《词学集成》的轴心是由“审律考音”寻觅宫商门径，探求“词皆可歌之源”。检读《词学集成》可知，词体音律问题确实是江顺诒词学思想的核心。江顺诒撰写词学论著的目的在于“存前人之正轨，示后进之准则”，而面对“词体之多，芜杂实甚”的情况，他把合音律、可入调、能播之弦管作为“正其误，删其复”的终极标准，并提出了“旁通曲证”探求词之音律的方法。比如，关于《红楼梦》的创作意图，论著指出《读红楼梦杂记》是学界首次关于“自传”说的明确表达，开辟了《红楼梦》研究的新路。论著有述，江顺诒针对“影射小说”的论断，否定其是“毁谤旗人之书”，实乃作者自道生平的“自传小说”，同时突出了其“劝来世而赎前愆”的创作意图，标明了江顺诒小说批评的史学意识，突出了《红楼梦》的史鉴价值。这些论断都是对江顺诒思想的精准提炼，也与《读红楼梦杂记》的学术贡献相吻合。

另一方面，论著用独特的视角分析作品，给人以耳目一新之感。其中，从传播学角度对江顺诒政论文的解读就是一个很好的案例。论著从传播主体的角度论证了江顺诒文化传播的自觉意识，肯定了其面对时代新变之于文化建设与传播的使命担当；从传播内容的角度诠释了江顺诒对中外关系的理解和古今之变的思考，指出江顺诒的思想实是以“西学中源”为底色的“尊西方—超西方”①，透析了他“泥古者非，背古者亦非”的观念；从传播效果的角度考量了江顺诒政治文化思想的社会反响，肯定了其“腐儒俗吏骇愧汗下”的传播效果。这种独辟蹊径的解读，既符合当下传播学亟待从传统文化中汲取思想资源的需求，也契合江顺诒的思想实际，展示了他的改革意识和开放心态，让19世纪的著作在新时代焕发出新的生命。此外，从咏叹新生事物的角度对“海上新乐府”组诗的解读等，都体现了该著关注时代价值的眼光，彰显了江顺诒诗歌的特色。

四是掘发意义。论著系统阐释了江顺诒的思想，论证旁征博引、有理有据，分析问题清晰明了、深刻透彻。比如，论著关于江顺诒诗体源流问题的探讨就值得学界关注。据《西泠酬倡集》初集卷四“江顺诒”条记载，江顺诒著有《诗话》，但至今未睹其本，或已佚亡。论著依据《词学集成》等作品中关于诗歌的看法，对江顺诒的诗学主张进行了提炼，其中从乐歌体式演变的角度讨论诗体源流问题就是其关注的一个重点。论著详细论述了江顺诒“一代有一代之乐”的音乐发展史观和“一点两线”的中国文体分类及其演变规律②，并结合诗乐离合演变历史和中国传统文学不限字限格的书写传统，对江顺诒的观点进行了评价。这确实是有见地的见解，抓住了中国诗歌的本质属性，也有利于强化对中国传统诗歌也重无

① 据江顺诒《龆龀子集证·序》记载，时人“多斥其(《龆龀子》)抑中而扬外”，故十年间辑录与其学说吻合者，证明所论“非一人之私言”。时人认为他的思想“抑中而扬外”，后人或以为他走的是“反西方—超西方”的路径，这些都是为未深入理解江顺诒作品而产生的误解。

②《江顺诒研究》指出，关于中国文体分类及其演变规律，江顺诒提出了“一点两线”的观点，“一点”指的是“不限字，不限格”，“两线”指的是“无韵之文”与“有韵之文”。(杨柏岭：《江顺诒研究》，安徽师范大学出版社2019年版，第102页)

韵之文的认识。论著关于江顺诒文学“代胜”思想的诠释也颇为精道，从“阴阳倚伏之理”阐释了江顺诒“物莫能两大”的观点，呈现了诗歌生命由弱而强、由强而衰、由衰而亡的自然消长史，体现了江顺诒的个性思考。再比如，论著对《读红楼梦杂记》关于小说主题的思考也非常深刻。论著指出，针对《红楼梦》是“情书”还是“悟书”的不同观点，江顺诒并非像人们所理解的反对“情书”说，他反对的只是对《红楼梦》的儒教解说模式，他的“悟书”说是由“以情悟道”“以情悟情”走向“因悟而解脱”，“繁华之迷—阅历之味—觉悟之醒—解脱之达”是其学说的内在逻辑。论著结合红学史上关于《红楼梦》主题的探讨和江顺诒“悟书”的影响，指出“悟书”说虽非江顺诒首创，但是其独具特色的分析在红学史上具有拓展性的意义。论著还结合江顺诒家道中落、半生潦倒的生平，对其读《红楼梦》的身世之感进行了挖掘，解读了他“同病相怜”“涕泪从之”的深情，这是深入了解江顺诒生平而获得的新见。

四、精思细悟、积微至著：《江顺诒研究》的治学态度

从某种意义上说，在当前追求科研产出量的时代，选择“江顺诒研究”这个话题，并不是明智之举。然而，作者潜心学术，勉力为之，坚持从“小课题”中求学问，于“小人物”处见真知。笔者读后，感触尤深，兹列举数端，以求大家批评。

一是“小题目”课题的学术致思。学术研究的根本目的在于探求真理，在于追寻人间世事的真相和事物发展的道理。作为学者，需要具有披荆斩棘的执着和勇往直前的勇气，尽己所能推动学术进步，助力社会发展。因为此前学界关于江顺诒的研究不多，作者在选题时也曾产生过疑问，即该课题是否具有深入研究的价值，后来他在文本研读的实践中坚定了信念，找到了答案。论著以江顺诒为研究对象，集中考察了在中西文化交流碰撞中这位普通知识分子的政治主张、文化观念、学术态度、作品风貌，首次将江顺诒的思想系统地、全面地、深入地展示出来，确有拓新之功。

二是“小人物”研究的学术空间。古人说：“博观而约取，厚积而薄发。”《江顺诒研究》始终在学术史的架构中考察问题，如在词学发展史上分析了《词学集成》之于词学体系构建的意义，论证了江顺诒、宗山对传统词话的写作方式的反思及其构筑词学系统的自觉意识[①]，结合“源、体、音、韵、派、法、境、品”的内涵阐释，揭

---

① 虽然《词学集成》是江顺诒对前人词论的引证与己论的抒发，但宗山条分缕析，撮其纲、衍其流，使词学体系得以明晰化、逻辑化，故论著将二人并论。

示了词学研究系统的概貌。同时，在“同光新政”时期词学的大背景下，交代了江顺诒对杳渺难闻远古之音的参究，指出这种心平气和的写作心态是时代心理的折射，在大格局中揭示了江顺诒词论的价值。再如，论著将江顺诒的“境界”理论与蔡宗茂的“境界”说、宗白华的“境界”观一同考察，提出宗白华将江顺诒见解视为蔡宗茂主张的观点，揭示了江顺诒的学说对现代意境学说发展的积极意义，可以启发读者思考。

三是问题导向的思维特征。该著具有强烈的问题意识，善于提出并解决学术问题。比如，在江顺诒祖系、家世考部分，不仅交代了江顺诒祖辈和家世情况，而且还理清了其与胡适之妻江冬秀的同宗不同支关系，回应了胡适“他是冬秀同族人”之语；在社集、交游考部分，既陈述了江顺诒社集、交游活动情况，体现了他首倡西泠消寒社、刊印《西泠消寒集》之功，又阐明了“西泠消寒社缘起”等学界悬疑问题。论著还提出了一些值得学界研究的课题，比如朱彝尊等人是否见过张炎《词源》一书。因为据相关资料记载，《词源》一书“元明收藏家均未著录”，“几乎佚逸”，“万氏红友、朱氏竹垞，俱未言及，其未见此书可知”，但是朱彝尊等人的词学思想与张炎主张确实有诸多一致之处，这已成为学界共识，其中缘由何在，值得进一步探讨。

四是考证为基的理论透析。关于如何保证学术研究做到实事求是、客观准确，程千帆提倡将文献学与文艺学相结合，提出“将批评建立在考据基础上的方法”①。该著写作态度端肃，在对江顺诒系列作品进行深入研读，并开展大量考证工作的基础上，对江顺诒的学术观点和作品进行解析，所论皆言之有物，避免了空疏之弊。论著还采取了“数据统计法”，比如统计出《花底拾遗集》三卷各则的“话题出处”，呈现了其对黎美周《花底拾遗》、张潮《补花底拾遗》的传承，突出了名花美人寄托情思的传统，彰显了江顺诒词作了本色特征。这种方法体现了论著重考证的特点，也使得观点的提出顺理成章、令人信服。

五是持之以恒的不懈追求。学术研究是一种特殊的精神劳动，其中既充满了乐趣，同时也有饱含艰辛。苏轼在《晁错论》中有说：“古之立大事者，不惟有超世之才，亦必有坚忍不拔之志。”诚然，只有经历了“衣带渐宽终不悔”的执着坚守，才能有“那人正在灯火阑珊处”的喜悦收获。在浮躁之风日盛的当下，该著作者能够怀着一颗做学术的虔诚之心，数十年如一日地坚守，努力建构自己的学术人生，实属不易。作者曾说：“教书育人是作为教师必须做好的本职工作，因为它可以为国家培养人才；读书治学则是可以选择的最优生活方式，因为它可以提高

① 程千帆，沈祖芬著：《古典诗歌论丛》，上海文艺联合出版社1954版，第263页。

人生境界。”从中我们正见出他始终坚持治学的内在原因。《江顺诒研究》正是作者十多年研究积成的作品。早在20世纪之初，作者就发表了关于江顺诒研究的专题论文，在专著《晚清明初词学思想建构》中关于江顺诒的思想亦多有论及。此后，无论是春华秋实还是寒来暑往，他对于该课题的研究都未曾停歇，为之倾注心血，确实令人感动。

由上可知，《江顺诒研究》确实是一部经过潜心研究而推出的力作，其学术贡献有目共睹。当然，作为第一部系统研究江顺诒的著作，其中的缺憾亦在所难免。正如该著前言所言：“《窳翁丛稿》稿本以行草为主，辨认整理还需进一步完善；江顺诒诗集未见刻本，辑佚工作仍需加强；由江顺诒拓展至更多普通知识分子群体的研究，如与西泠、铁花诗社关系的研究还需加强……”笔者以为，学术之行远于千里，能有一个高水平的起点，这已是幸事。随着这部专著的出版，包括该著作者在内的研究者必将会弥补这些遗憾，推动江顺诒研究向更深处延伸。

（作者简介：黄振新，安徽师范大学中国诗学研究中心讲师，文艺、文化与传播方向2019级博士研究生。）